国家科学技术学术著作出版基金资助出版

绿色园区
电动微公交系统与应用

张 毅　封 硕　胡坚明　著

化学工业出版社

·北京·

内容提要

本书为破解大城市出行困难，解决"最后一公里"交通出行问题，率先提出建设园区电动微公交系统的理念。本书结合世界范围内智能交通的发展趋势，围绕园区微公交系统的发展，结合校园微公交电动车示范系统的实施，系统和全面地介绍了绿色园区微公交系统的基础理论和关键技术，包括园区微公交线路设计、运营管理、安全分析、评价体系设计、服务水平评价和政策建议等。

本书可供从事城市交通规划、管理和控制的高等学校师生、科研院所研究人员、企事业技术人员以及政府管理人员等参考使用。

图书在版编目（CIP）数据

绿色园区电动微公交系统与应用/张毅，封硕，胡坚明著.—北京：化学工业出版社，2020.9
国家科学技术学术著作出版基金资助出版
ISBN 978-7-122-37215-4

Ⅰ.①绿… Ⅱ.①张… ②封… ③胡… Ⅲ.①城市交通系统-公共交通系统-研究 Ⅳ.①U491.1

中国版本图书馆 CIP 数据核字（2020）第 104391 号

责任编辑：郝英华　唐旭华　　　　　　　　　　文字编辑：吴开亮
责任校对：王素芹　　　　　　　　　　　　　　装帧设计：韩　飞

出版发行：化学工业出版社（北京市东城区青年湖南街13号　邮政编码100011）
印　　装：北京虎彩文化传播有限公司
710mm×1000mm　1/16　印张17½　字数302千字　2020年10月北京第1版第1次印刷

购书咨询：010-64518888　　　　　　　　　　　售后服务：010-64518899
网　　址：http://www.cip.com.cn
凡购买本书，如有缺损质量问题，本社销售中心负责调换。

定　　价：88.00元　　　　　　　　　　　　　　　　　版权所有　违者必究

前 言

交通安全、高效出行和节能环保已成为世界范围内智能交通系统发展面临的重大挑战。伴随城市道路交通的快速发展,大城市公共交通系统在满足居民不断增长的出行需求的同时,"最后一公里"出行难问题日见明显,且已逐渐成为影响城市公交系统效率提升的重要因素,而大型园区更是出现"最后一公里"交通出行问题的主要区域。

作为对主干公共交通的有效补充,园区微循环交通系统将有效提高公共交通末端的出行效率;特别是以电动车作为微循环交通系统的运营载体,可以充分彰显其无噪声、低能耗、零排放的特点,提供安全、便捷、绿色、可靠的"最后一公里"交通解决方案,并可有效降低能耗、减轻污染、改善环境。目前,国内外正在围绕绿色园区及周边建设微循环电动车智慧出行服务系统,通过开展智能、安全、环保、节能型微循环电动车系统的关键技术和推广应用研究,探索适宜大型园区的可持续发展的绿色微循环电动车交通模式,为规模化推广微循环电动车系统提供参考依据。

智能车路协同系统(intelligent vehicle-infrastructure cooperation systems, i-VICS)代表着当今世界范围内智能交通系统的发展方向。它采用先进的无线通信、新一代互联网和人工智能等技术,全方位实施车车、车路动态实时信息交互,并在全时空动态交通信息采集与融合的基础上开展车辆主动安全控制和道路协同管理,充分实现人、车、路的有效协同,保证交通安全,提高通行效率,从而形成安全、高效和环保的道路交通系统。该系统是绿色园区电动微公交系统的基础与条件,可以完成实时交通信息的提取、融合和交互,提供园区电动微公交系统的协同安全保障措施,并实现全景交通信息环境下的智能交通管理和服务的集成与协同。

智能交通是我国城镇化建设的重要内容之一,绿色出行是国内外智能交通发展的首要选择。借助新近发展的电动车等新能源汽车,建设和完善园区微公交系统可以有效解决"最后一公里"交通出行问题,以解决大城市交通出行难题。由此建设的绿色园区微循环电动车示范系统具有三大特点:第一,面向大型园区;第二,以纯电动车为载体;第三,采用全部拥有我国自主知识产权的智能车路协同关键技术。

本书结合世界范围内智能交通系统的发展趋势，重点围绕园区微公交系统的发展，结合校园微公交电动车示范系统的实施，系统和全面地介绍了绿色园区微公交系统的基础理论和关键技术，包括园区微公交线路设计、运营管理、安全分析、评价体系设计、服务水平评价和政策建议等。本书相关内容反映了我国智能交通系统领域的最新发展，涉及的关键技术均属前沿科技，突出相关技术和标准协议的系统性，对国家和各城市在制定面向环保的绿色智能交通系统的研究、建设和部署方面具有参考意义，对国家和行业相关管理部门在推进园区微公交系统的建设方面具有借鉴作用，对高等院校和科研单位开展相关研究和教学工作方面具有理论和应用价值。

本书的创新性主要体现在：

① 以系统工程的观点将园区微公交系统的需求分析、规划设计、运营管理、安全分析、评价体系和政策建议等整合，形成了完整的理论和方法体系，具有明显的系统性、一体化、协同性特征；

② 率先提出建设园区微公交系统的理念，可有效提高出行效率，减少环境污染，助力绿色园区建设；

③ 将国际领先的车路协同关键技术运用于园区微公交系统，形成了园区复杂环境下的微循环公交车安全辅助系统，并经过了相当时间的运营验证；

④ 形成了一种适应大城市土地利用特征的大型园区"安全、绿色、快捷、舒适"的出行新模式，提出的若干管理政策建议可为系统的推广应用奠定基础和创造条件。

本书的出版将对我国绿色园区微公交系统的设计、建设和管理提供重要的理论依据、应用指导和决策支持。

在本书的撰写过程中，得到了清华大学自动化系姚丹亚研究员、李力副教授、裴欣副研究员等在研究和实验方面的大力支持和帮助，研究生丁季时雨、贺瑶涵、杨柳、杨卓、李袁守、叶晗捷以及本科生岳阳、李娇阳等参与了相关方法的研究工作。作为本书主要应用案例的北京市科委科技计划项目"绿色校园微循环电动车示范"，在项目申请、组织和实施过程中得到了北京清华工业开发研究院的大力支持；同时，以北京亿华通科技股份有限公司为主体完成了清华大学园区微公交运营管理系统的设计和实现。在此一并表示感谢。

限于作者的水平和能力，本书难免存在不妥之处，衷心希望得到广大读者的批评和指正。

作者

2020 年 7 月于清华园

目 录

第1章 绪论 1

1.1 智能交通系统与应用 1
    1.1.1 智能交通系统发展趋势分析 1
    1.1.2 城市交通出行需求分析与实践 3
    1.1.3 园区交通出行需求分析与实践 6
    1.1.4 绿色环保交通出行分析与实践 7
1.2 绿色园区微公交系统 11
    1.2.1 微公交系统 11
    1.2.2 国内外微公交系统研究与应用 11
    1.2.3 绿色校园微公交系统的产生与发展 13
    1.2.4 绿色校园微公交系统的主要特征 14
1.3 绿色校园微公交系统设计主要内容 15

第2章 微公交系统设计与应用关键技术 17

2.1 微公交系统设计原则 17
2.2 微公交系统总体设计 18
    2.2.1 系统结构设计 18
    2.2.2 物理结构设计 19
    2.2.3 网络结构设计 21
    2.2.4 数据结构设计 21
2.3 微公交系统应用关键技术 22
    2.3.1 车路协同系统 22
    2.3.2 多模通信技术 25
    2.3.3 状态协同感知技术 29

2.3.4 大数据融合处理技术 …… 32
2.3.5 云计算服务技术 …… 33
2.3.6 信息交互安全技术 …… 35

第3章 微公交系统需求分析 …… 40

3.1 园区发展需求 …… 40
3.1.1 园区及其功能 …… 40
3.1.2 园区发展历史 …… 42
3.1.3 园区管理现状 …… 44

3.2 城市公共交通系统分析 …… 46
3.2.1 城市公共交通现状分析 …… 46
3.2.2 城市公共交通问题分析 …… 51
3.2.3 城市公共交通发展需求 …… 52

3.3 园区微公交系统需求分析 …… 58
3.3.1 园区微公交系统评价 …… 58
3.3.2 园区微公交服务现状 …… 58
3.3.3 园区微公交需求分析 …… 60

第4章 微公交系统线路设计 …… 64

4.1 园区交通出行调查 …… 64
4.1.1 园区交通出行调查方法 …… 64
4.1.2 园区交通运行数据采集 …… 65
4.1.3 园区交通出行调查案例分析 …… 66

4.2 微公交线路设计方法 …… 74
4.2.1 微公交线路设计体系 …… 74
4.2.2 微公交线路建模 …… 75
4.2.3 遗传算法原理 …… 76
4.2.4 基于遗传算法的园区微公交线路设计 …… 77

4.3 设计路网仿真评价方法 …… 84
4.3.1 仿真系统的数据结构 …… 84

4.3.2　园区乘客出行仿真与分析 ·· 87
　　4.3.3　设计线路仿真分析 ·· 90
　　4.3.4　设计线路评价分析 ·· 91

第5章　微公交系统运营管理 ·· 98

5.1　微公交运营线路规划 ·· 98
　　5.1.1　常规线路规划 ·· 98
　　5.1.2　专线线路规划 ·· 104
　　5.1.3　实际运营线路选择 ·· 107
5.2　微公交发车频次设计 ·· 109
　　5.2.1　微公交车辆调度模型 ·· 109
　　5.2.2　微公交发车频次设计 ·· 114
　　5.2.3　微公交发车频次影响分析 ·· 116
5.3　微公交调度管理 ·· 125
　　5.3.1　调度管理系统结构 ·· 125
　　5.3.2　调度管理主要功能 ·· 125
　　5.3.3　微公交调度管理系统 ·· 126
5.4　微公交线路运营保障 ·· 139
　　5.4.1　微公交运营技术框架 ·· 139
　　5.4.2　微公交设施建设 ·· 139
　　5.4.3　微公交信息发布与服务 ·· 143

第6章　微公交系统安全分析 ·· 147

6.1　园区道路交通安全研究 ·· 147
　　6.1.1　驾驶安全系数 ·· 147
　　6.1.2　行人安全系数 ·· 148
　　6.1.3　车辆安全系数 ·· 149
　　6.1.4　道路安全系数 ·· 150
6.2　行人车辆冲突分析 ·· 151
　　6.2.1　行人车辆冲突模型 ·· 151

6.2.2　冲突模型实用性修正 …………………………………………… 159
　　6.2.3　基于实验数据的冲突分析 ……………………………………… 164
6.3　无灯控交叉口安全分析 …………………………………………………… 169
　　6.3.1　问题描述与信息获取 …………………………………………… 170
　　6.3.2　完备信息条件下的动态博弈分析 ……………………………… 171
　　6.3.3　基于插车情形的安全分析 ……………………………………… 174
　　6.3.4　基于仿真的无灯控交叉口安全分析 …………………………… 175
6.4　灯控交叉口安全分析 ……………………………………………………… 179
　　6.4.1　问题描述与信息获取 …………………………………………… 179
　　6.4.2　数据驱动的灯控交叉口安全分析 ……………………………… 179
6.5　园区交通安全研判与防护 ………………………………………………… 188
　　6.5.1　园区道路交通安全评价 ………………………………………… 188
　　6.5.2　园区交通安全研判与防护需求 ………………………………… 192
　　6.5.3　园区交通安全研判与防护系统 ………………………………… 193

第7章　微公交评价体系设计　195

7.1　评价体系设计原则与依据 ………………………………………………… 195
　　7.1.1　设计目标 ………………………………………………………… 195
　　7.1.2　设计原则 ………………………………………………………… 196
　　7.1.3　设计依据 ………………………………………………………… 197
7.2　微公交评价体系设计 ……………………………………………………… 199
　　7.2.1　总体框架 ………………………………………………………… 199
　　7.2.2　系统评价 ………………………………………………………… 200
　　7.2.3　运营评价 ………………………………………………………… 202
　　7.2.4　效用评价 ………………………………………………………… 205
7.3　系统评价指标设计 ………………………………………………………… 207
　　7.3.1　线路规划 ………………………………………………………… 207
　　7.3.2　站点规划 ………………………………………………………… 210
　　7.3.3　停车场规划 ……………………………………………………… 211
　　7.3.4　充电设施规划 …………………………………………………… 214
7.4　运营评价指标设计 ………………………………………………………… 215

  7.4.1 安全性 ·············· 215
  7.4.2 经济性 ·············· 216
  7.4.3 合理性 ·············· 217
  7.4.4 高效性 ·············· 218
  7.4.5 可靠性 ·············· 219
 7.5 效用评价指标设计 ·············· 220
  7.5.1 便捷性 ·············· 220
  7.5.2 快速性 ·············· 221
  7.5.3 舒适性 ·············· 222
  7.5.4 实用性 ·············· 223

第8章 微公交系统服务水平评价 ·············· 224

 8.1 微公交系统服务水平评价方法 ·············· 224
  8.1.1 层次分析法 ·············· 224
  8.1.2 灰色关联分析法 ·············· 226
  8.1.3 模糊综合评价法 ·············· 227
  8.1.4 数据包络分析法 ·············· 228
 8.2 评价方法对比分析 ·············· 229
 8.3 校园电动微公交系统案例分析 ·············· 231
  8.3.1 评价方法选择 ·············· 231
  8.3.2 典型案例分析 ·············· 231

第9章 微公交系统政策建议 ·············· 257

 9.1 系统规划建议 ·············· 257
  9.1.1 园区微公交标准规划 ·············· 257
  9.1.2 园区微公交系统规划 ·············· 258
  9.1.3 园区微公交形态规划 ·············· 259
 9.2 系统建设建议 ·············· 260
  9.2.1 园区微公交充电网建设 ·············· 260
  9.2.2 园区微公交数据网建设 ·············· 260

9.3 系统运营建议 …………………………………………… 262
　9.3.1 园区微公交运营机构 ………………………………… 262
　9.3.2 园区微公交运营模式 ………………………………… 263
9.4 系统管理建议 …………………………………………… 263
　9.4.1 园区微公交管理水平 ………………………………… 263
　9.4.2 园区微公交技术水平 ………………………………… 264
9.5 系统服务建议 …………………………………………… 264
　9.5.1 园区微公交信息发布服务 …………………………… 264
　9.5.2 园区微公交安全辅助服务 …………………………… 265
　9.5.3 园区微公交智慧出行服务 …………………………… 266

参考文献 ……………………………………………………… 268

第 1 章 绪 论

1.1 智能交通系统与应用

1.1.1 智能交通系统发展趋势分析

智能交通系统(intelligent transportation system,ITS)又称智能运输系统,是将先进的科学技术(电子控制技术、计算机信息技术、数据通信技术、自动控制理论、传感器技术、运筹学、人工智能等)有效地运用于交通运输控制和管理,加强人、车、路之间的协调,形成一种可有效提高效率、改善环境、节约能源、保障安全的综合运输系统。智能交通是当今世界交通领域的热点和前沿,在现有交通基础设施和运载工具的基础上,通过将先进的信息、通信与控制等技术集成应用,构建安全、便捷、高效、绿色的交通运输体系,充分满足了公众出行和货物运输的多样化需求,是现代交通运输业发展的重要标志。

随着信息与智能新技术的层出不穷与快速发展,国际上越来越重视通过采用先进的信息化、智能化技术建立高效、安全、便捷、绿色的智能交通运输体系。美国《2050年远景:国家综合运输系统》提出,21世纪将建设成具有整体化、国际化、联合化、包容化、智能化、创新化的6I型交通运输系统,并以此为导向在2050年建成安全、经济、环保、高效、畅通的国家综合交通运输系统。欧盟《未来交通政策白皮书》提出通过制定综合完善的政策促进未来技术的开发、集成与融合,建设高效协同、绿色环保的交通运输系统,并重点关注道路网、公交网、铁路网、水运网的合理配置与相互衔接,建设便捷舒适的综合交通枢纽。德国《联邦交通网发展规划》提出将建设低排放、低成本、高效率、高协同的环境友好型交通运输网络，综合考虑自然环境、区域发展与城市建设的整体利益，重点关注与发展面向未来的区域分配型交通运输网络。日本《综合交通政策体系》提出要注重交通总体规划和交通方式的集约化，将内陆、海岸、航空的交通方式紧密结合，重视交通资源配置的有效性和环境影响，建立安全、舒适、便捷、绿色的综合交通运输网络。

  我国政府十分重视和支持智能交通技术的发展和应用。自 20 世纪 90 年代以来，我国逐步开展了 ITS 方面的理论方法、技术研究与工程试验。"十五"期间，科技部实施了"智能交通系统关键技术开发和示范工程""现代中心城市交通运输与管理关键技术研究"等国家科技攻关计划项目，率先在北京、上海、广州等城市，以城市、城间道路运输为主要实施对象，开展了智能化交通指挥、调度与管理，智能公交调度，综合交通信息服务为主要内容的示范工程建设，取得了一定成效。"十一五"期间，国家高技术研究发展计划（简称 863 计划）设立了"现代交通技术领域"，并针对智能交通系统技术部署了一批前沿和前瞻性项目，以提高原始性创新能力和获取自主知识产权为目标，突破产品和系统的关键核心技术，实现重点方向的技术集成。"十二五"期间，交通领域 863 计划瞄准国家智能交通技术发展热点问题，对智能车路协同、区域交通协同联动控制等技术进行了部署。国务院制定的国家《"十三五"现代综合交通运输体系发展规划》明确指出，到 2020 年要基本建成安全、便捷、高效、绿色的现代综合交通运输体系，部分地区和领域率先基本实现交通运输现代化，重点在综合衔接一体高效、运输服务提质升级、智能技术广泛应用和绿色安全水平提升等方面取得突出成果。国家科技项目的实施，推动和提升了我国智能交通运输行业的总体水平，培养形成了我国智能交通专业一大批研究队伍和基地，并使我国智能交通系统的现状接近或部分达到了当今国际先进发展水平。

  与其他发达国家智能交通已经走过的发展过程相似，我国交通运输的快速发展在有效满足物资运输和居民出行需求的同时，也给社会和经济发展带来了一些负面影响，道路交通发展过程中的交通拥堵、安全事故、尾气排放、能源消耗等问题日益严峻。为了促进经济社会的可持续发展，绿色交通这一理念应运而生。绿色交通（green transport），广义上是指采用低污染、适合都市环境的运输工具，来完成社会经济活动的一种交通理念；狭义上是指为节省建设维护费用而建立起来的低污染、有利于城市环境多元化的综合交通运输系统。从交通方式来看，绿色交通体系包括步行交通、自行车交通、常规公共交通和轨道交通等。从交通工具上看，绿色交通工具包括各种低污染车辆，如双能源汽车、天然气汽车、电动汽车、氢气动力车、太阳能汽车等，还包括各种电气化交通工具，如无轨电车、有轨电车、轻轨、地铁等。

绿色交通是一个全新的理念，与解决环境污染问题实现可持续性发展一脉相承。它强调的是城市交通的"绿色性"，即减缓交通拥堵、减少环境污染、促进社会公平、合理利用资源，其本质是建立维持城市可持续发展的交通体系，以满足人们的交通出行需求，以最少的社会成本实现最大的交通通行效率。绿色交通理念应该成为现代城市交通网络规划的指导思想，将绿色交通理念注入到城市交通网络规划优化决策之中，研究城市的开放强度与交通容量和环境容量的关系，使土地利用和交通系统建设两者协调发展，也应该是通达与有序、安全与舒适、低能耗与低污染三方面的辩证统一与结合。因此，建设可持续性发展的绿色交通需要遵循以下原则。

① 公平原则：当代人与后代人、发达地区与欠发达地区、高收入人群与低收入人群都享有同等的发展权利。

② 协调原则：协调好城市道路交通与土地使用质量、交通与环境、交通供需平衡关系、动静态交通以及市内交通与市外交通之间的关系。

③ 有序原则：把握好绿色交通可持续发展的长期与短期效应、整体与局部关系，分阶段有序实施相关建设措施。

④ 继承原则：注重地方传统风貌以及历史文脉的延续与现代化经济发展的协调，不断充实地方特色。

绿色公共交通是发展绿色交通的重要承载途径，电动公交车将是城市未来公共交通的发展方向。电动公交车主要是指全部使用电能行驶的纯电动公交车，它噪声小，行驶稳定性高，可实现零排放；具备良好的动力性能，持续行驶里程可达500km；随着电池技术的不断发展，使用寿命也得到了有效增长。建设电动公共交通系统，有利于实现交通能源结构的多元化，维护国家能源安全，减轻汽车排放污染，保障社会可持续发展，提高我国汽车工业的自主创新能力，实现汽车工业的跨越式发展。

1.1.2 城市交通出行需求分析与实践

近年来，随着我国经济快速增长和城市化进程加快，人口在大城市中大量聚集以及机动车保有量快速增长，使得城市交通出行需求激增，特别是在北京、上海、广州等特大城市，交通供需矛盾日益加剧。

事实上，交通出行需求可以分为两类：

① 必要性需求。指生产与生活活动过程中必须发生的人的流动需求，它们在确定的时段内是相对稳定的，受交通供给条件的影响相对较小，直接影响因素是城市规模、形态、布局，如上下班、上下学等一些固定的、具有规律性的交通出行需求。

② 非必要性需求。指生产与生活过程中具有一定弹性或灵活性的出行需求，其流向、大小与分布受交通方式、交通组织及道路设施等因素的直接影响，具有一定的不确定性，如购物、娱乐、旅游等具有随机不确定的交通出行需求。

以北京市的出行情况为例，即可深入地理解和分析大城市交通出行的一般特征与潜在规律。根据《2019年北京市交通发展年度报告》，2018年中心城区日均出行总量达3924万人次（含步行），比2017年同比增加0.8%；从图1-1中可以看出，2018年北京中心城区不同交通方式日均出行量中，常规公交出行量为630万人次/日，轨道交通出行量为635万人次/日，小汽车出行量为916万人次/日，自行车出行量为453万人次/日，出租车出行量为103万人次/日，步行出行量为1145万人次/日，其他方式出行量为42万人次/日。

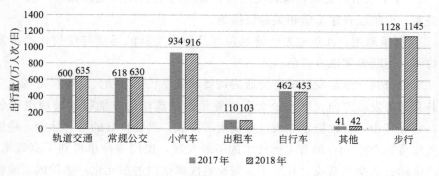

图1-1 2017、2018年北京中心城区不同交通方式日均出行量比较

图1-2给出了北京市1986～2014年交通出行方式占比统计数据。其中居民2014年公共交通出行比例进一步提升，小汽车出行比例略有下降；各种交通方式出行构成中（不含步行），地铁出行比例为19.4%，较2013年减少了1.2个百分点；公交出行比例为28.6%，与2013年相比增加3.2个百分点；小汽车出行比例为31.5%，较2013年减少了1.2个百分点；出租车出行比例为6.2%，较2013年减少1.2个百分点；自行车出行比例为12.6%，较2013年增加了0.5个百分点。

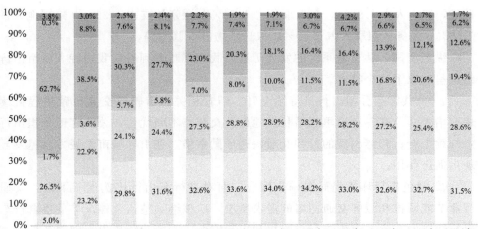

图 1-2　北京市 1986~2014 年交通出行方式占比统计数据

同样，以 2014 年北京市居民出行情况为例，可以看出居民的不同出行需求对交通方式的服务质量要求是不同的。2014 年北京居民出行入户调查得到的出行目的构成细化见图 1-3 所示，其中中心城区通勤类出行占出行总量比例为 51%，生活类出行占出行总量比例为 48.6%。而在生活类出行中（图 1-3 右侧），回家、购物及休闲娱乐健身占比较高，分别达到了 21.90%、8.30% 和 7.70%；

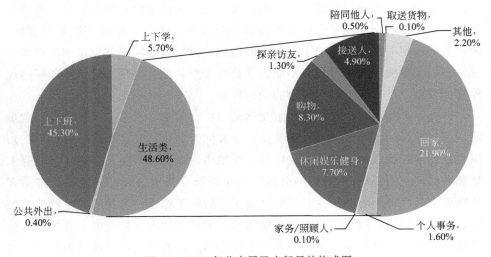

图 1-3　2014 年北京居民出行目的构成图

此外，接送人占 4.90%，个人事务占 1.60%，探亲访友占 1.30%，陪同他人占 0.50%，家务或照顾他人占 0.10%，取送货物占 0.10% 等。

纵观我国公共交通系统的发展历程，我们不难看到目前我国特大城市出行结构呈现以下两个特点。

① 公共客运分担出行量持续上升。随着相关城市轨道交通运营里程持续快速增长、公交专用道里程增长及地面公交线路不断优化，公共客运分担出行量继续上升；相继出现的公共交通快速通勤网络，在引导城市发展方面越发显现出促进作用。

② 绿色出行环境仍需进一步提升。面对自行车出行比例逐年下滑、交通行业节能减排和缓解交通拥堵的需求激增，应该继续整治乱停车等危害自行车出行环境的行为，保障自行车路权和出行安全，不断为绿色出行创造条件。

1.1.3 园区交通出行需求分析与实践

园区是指政府或相关部门统一规划设定的城市区域，区域内专门设置某类特定行业和形态的企业，由单位行政或物业公司进行统一管理。中国的园区主要包括工业园区、农业园区、科技园区、物流园区、住宅园区等。这些园区在空间布局上主要呈现封闭性、复合性和综合性。

因此，大型园区的建设往往会产生大量的交通出行需求，在城市中形成较大的稳定交通源流，从而增加城市道路的交通容量，使本已超负荷运转的城市道路雪上加霜，交通更加拥堵。此外，园区的封闭性会使得城市动态交通的选择减少，从而将交通流量全部集中到园区外围的主干道，使得交通更加拥堵。园区的存在也对静态交通产生了较大的影响。园区需要匹配建设足够的停车位置，否则大量的交通流量最终不能得到合理安置，就会出现车辆围绕园区违规停靠的现象，严重影响园区周边的交通环境。

另外，大型园区分布现状导致交通出行的"最后一公里"问题显著。"最后一公里"（last kilometer），在英美也常被称为 last mile（"最后一英里"），原意指完成长途跋涉的最后一段历程，在城市交通里通常用于描述公共交通末梢和微循环交通系统。"最后一公里"不是特指一公里的距离，而是泛指乘客从轨道交通、地面公交等主要交通站点下车后到工作单位、住所等目的地的距离，但由于其偏离城市交通主体运输体系，无法使用固有的交通工具作为运输载体，给人们的出行生活带来极大的不便。当前，我国大城市现有的公共交通系统不能有效覆盖城市园区，园区内又没有有效的微公交系统，使得城市园区

"最后一公里"问题显著。据北京市交通发展研究中心调查数据显示,"最后一公里"已成为制约北京公共交通系统效率的重要因素,尤其是在大中小学校园、大型社区、工业以及科技园区尤为突出。城市虽然构建了高效的公共交通网络,但出发地、目的地与公共交通网络节点之间的低效接驳,已大大抵消了快速公共交通网络的优势。

因此,针对大城市的园区交通,构建由中小型电动车运营的园区电动微公交系统,作为对主干公共交通的有效补充,以提高出发地、目的地与快速公共交通网络节点之间的交通效率,从而增加城市公交系统对出行人群的吸引力势在必行。特别是以电动车作为微公交系统的运营载体,可以充分发挥电动车的无噪声、能耗低、零排放的特点,对降低燃油消耗、减轻环境污染、改善空气质量及推动社会经济发展都将起到重要作用。

1.1.4 绿色环保交通出行分析与实践

绿色交通是全新的理念,目前对绿色交通尚未形成统一的定义,其中比较有代表性的阐释主要来自经济合作与发展组织(Organization for Economic Co-operation and Development,OECD)、世界可持续发展工商理事会(World Business Council for Sustainable Development,WBCSD)以及我国2003年由公安部和建设部出台的《绿色交通示范城市考核标准(试行)说明》等(如表1-1所示)。除此之外,相关学者也分别从减轻交通拥挤、减轻环境污染、以人为本、可持续发展、以较低的成本最大限度地实现人的移动等不同角度定义了绿色交通。尽管阐述各有侧重,但被普遍认可或接受的观点为,绿色交通是适应人居环境发展趋势的城市交通系统。具体而言,就是与城市发展、规划和功能分区相协调,以节能、环保、通畅、安全的交通设施为基础,以公共交通、慢行交通(步行、自行车)、适量新能源、环保型汽车为工具,以高效、智能管理为依托的、可持续、可拓展的城市综合交通系统。

表 1-1 绿色交通的定义

出处	定义要点
OECD	以安全、经济、实用和可被社会接受的方式满足人员和货物流动的需求,并且达到公认的卫生和环境质量指标
WBCSD	满足个人和社会基本需求,按照人类和生态系统健康发展和公平繁衍的方式发展,并以适度、公平和有效的方式运作,充分利用可再生资源,最大限度地控制排放、减少土地利用和噪声生成

续表

出处	定义要点
《绿色交通示范城市考核标准(试行)说明》	适应人居环境发展趋势,以建设方便、安全、高效率、低公害、景观优美、有利于生态和环境保护、以公共交通为主导的多元化城市交通系统为目标,以推动城市交通与城市建设协调发展、提高交通效率、保护城市历史文化及传统风貌、净化城市环境为目的,运用科学的方法、技术和措施,营造与城市社会经济发展相适应的城市交通环境
百度/维基百科	采用低污染、适合都市环境的运输工具,适应人类居住环境、生态均衡及节能的交通运输系统

由此可见,绿色交通就是可持续发展理念在交通领域的具体体现,既阐述了一个理念,也是一个目标。因此,对绿色交通概念的理解还应该注意以下几点:

① 绿色交通是实现交通可持续发展的一种有效手段,可持续交通是交通领域贯彻可持续发展观的体现,也是交通发展的宏观方向;

② 绿色交通是交通可持续发展得以实施的微观理念,绿色交通只有符合可持续发展才会具有生命力,交通可持续发展通过绿色交通的实施得以实现;

③ 在交通可持续发展理念的指导下,绿色交通系统的规划和建设需要满足社会的可接受性、经济的可行性、能源的可承受性以及环境的可持续性。

绿色环保的交通出行可以有效减轻环境污染,充分利用资源,实现经济社会的可持续健康发展。绿色交通的主要特征包括:

① 实现多目标优化的综合交通　绿色交通是理念也是目标。绿色交通注重以较低的成本发展低污染的、有利于城市环境的多元化城市交通方式,通过有效的交通管理策略、合适的交通技术措施以及道路系统规划等,达到缓解交通拥挤、减轻交通对环境的污染和促进社会公平的目的,是通达有序、安全舒适、低能耗、低污染的完整统一结合。

② 基于可持续发展理念下的可持续交通　交通的可持续发展是城市可持续发展的重要组成部分,绿色交通是实现城市可持续发展的一种有效手段。绿色交通的最根本目的就是实现人和物的移动,在这一过程中,绿色交通应与可持续发展的理念相吻合,满足可持续发展的基本要求,即经济的可行性、社会的可接受性、环境的可持续性。

③ 具有良好环境和经济效益的和谐交通　绿色交通充分反映城市社会经济和生态环境的发展需求,与社会经济系统和生态环境系统构成的互动反馈关系,是一种和谐的城市交通系统,包括与环境的和谐以适应生态发展的需求,

与资源的和谐以适应可持续发展的需求,与社会的和谐以适应安全、以人为本的需求。

④"以人为本"的环保交通　绿色交通以实现社会的公平为目标,实施公众乐意接受的、以人为本的交通措施,从宏观和微观上实现社会经济活动中的"以人为本",最大限度地满足各个阶层用户的需求。"以人为本"的绿色交通系统其各种交通方式的优先发展顺序如下,步行、自行车、公共交通、高占位车辆、私人小汽车,其不但体现"以人为本",更能有效降低碳排放,改善城市环境。

绿色交通作为21世纪城市交通发展的重要理念已被全世界所关注。自1992年"可持续发展"战略和1994年"绿色交通"概念提出以来,在全球范围内迅速引发了城市交通发展的"绿色风暴"。国际上很多城市结合自身的发展特点,在城市交通系统由可持续发展宏观理念到绿色交通的具体实践过程中,形成了一套因地制宜的绿色交通发展策略和具体实施方法。总体来看,国外绿色交通建设较好的先进城市（如表1-2所示）在绿色交通发展方面所采取的主要措施可归结为六点。

表1-2　国外绿色交通发展先进城市的主要措施及其实施力度

城 市	协调交通与土地利用	发展公共交通	采取经济手段	改善慢行交通	加大公众宣传力度	强化政策保障
新加坡	***	***	***	**	***	***
伦敦	**	***	***	***	**	**
斯德哥尔摩	***	**	***	**	*	***
哥本哈根	***	***	**	***	**	**
维也纳	***	***	**	***	**	**

注：*代表弱，**代表中，***代表强。

① 协调交通与土地利用,实现城市与交通系统的互动。科学合理的土地利用模式是减少交通需求、降低机动车出行、方便绿色出行的有效策略。具体措施包括步行邻里开发模式（TND）、以公共交通为主导的土地开发模式（TOD）等。如新加坡推行的微型居住区计划,哥本哈根以公共交通为导向的城市"五指形"轴向发展等。

② 发展公共交通,提高公共交通核心竞争力。从国际绿色交通发展经验来看,大力发展公共交通、提高公共交通竞争力是缓解城市交通拥堵的最有效的措施。具体措施包括大力发展轨道交通、优化常规公交运营、完善公交扶持政策,以便提高公交运营质量和效率,引导人们选择公共交通作为首选出行方

式。如新加坡公共交通的总体目标为实现门对门和无缝衔接的出行服务，伦敦和斯德哥尔摩将拥堵收费收入补贴公共交通发展，维也纳通过设置公交专用道和专用信号提高服务的准时性等。

③ 运用经济杠杆，实现交通资源的优化配置。经济刺激是推动绿色交通发展的常用手段。国际上通常的做法包括实施缴纳牌照税政策、拥堵收费政策、差别化的停车收费政策、清洁能源汽车利税刺激政策等。如丹麦对汽车征收牌照税和25%的消费税，伦敦对固定时段、划定收费范围内的市中心区出入车辆征收交通拥堵费等。

④ 改善慢行交通，体现以人为本。慢行交通是发展绿色交通的重要方式之一。其主要措施包括在城市支路、巷道建造适宜步行的绿道系统，完善城区自行车道网络包括停车系统，以及大力发展城市公共自行车廉价租赁系统等。如伦敦、斯德哥尔摩和哥本哈根等城市都推出了自行车租赁业务，鼓励绿色出行。

⑤ 注重公众参与，宣传绿色交通。国际经验表明，要想实现绿色交通可持续发展，就必须使绿色交通成为全体市民的追求目标和共同行动，成为一种社会风尚。具体措施如开展"公交周""无车日""少开车"等活动，宣传倡导乘坐公共交通工具、骑自行车和步行等绿色出行方式。

⑥ 依靠政策保障，整合多种资源。政府相关职能部门的深层次、有目的和强有力的政策引导是实现绿色交通的重要保障。国际上主要绿色交通城市大都结合本市发展特征，适时出台促进绿色交通发展的政策、法律或法规。如伦敦出台的《交通2025》明确了未来限制私家车和鼓励电动车的城市交通发展政策等。

在我国，随着近年来城市化和机动化进程的加快，城市正面临着日益严峻的交通问题。建设城市绿色交通体系是建设资源节约型、环境友好型社会的必然选择，是推动城市科学、可持续发展的必由之路。自2000年"畅通工程"实施以来，我国先后采取了一系列促进绿色交通发展的措施。在国家宏观政策的引导下，国内一些主要城市纷纷开展了绿色交通的研究和规划。由于发展阶段的不同，不同城市绿色交通的发展重点也各异，各城市根据自身发展特点，分别因地制宜地提出了适合自身发展的绿色交通措施。

绿色交通对于提高城市出行效率以及推动城市可持续发展具有重要作用，可以满足现代城市发展的需求，可以预见发展绿色交通体系将成为我国今后城市交通发展的目标和导向。

1.2 绿色园区微公交系统

1.2.1 微公交系统

我国优先发展公共交通的战略布局提出，以提高公共交通分担率为突破口，缓解城市交通压力；要求统筹公共汽车、轻轨、地铁等多种类型公共交通以实现协调发展，到2020年超大、特大城市公共交通分担率达到40%以上，大城市达到30%以上，中小城市达到20%以上；加强城市综合交通枢纽建设，促进不同运输方式和城市内外交通之间的顺畅衔接、便捷换乘。因此，微公交系统的建设将会成为我国常规公共交通的有效补充，成为优先发展公共交通战略布局的内容之一。

所谓微公交系统就是指与常规公共交通类似，在社区范围内承担居民"最后一公里"交通出行的运输系统，是近年来发展起来的一种全新的交通运输模式。在绿色环保交通系统建设发展的条件下，通常采用清洁能源车辆作为主要运载工具。随着电动车的快速发展，目前采用纯电动车为主要运载工具已成为一种时尚，是电动车参与公共交通运营的一种尝试，对推广电动车应用、缓解城市交通拥堵和停车资源紧张等问题有很大的现实意义。

近年来，我国机动车保有量平均增长速度约为20%，而在校园、大型社区、工业以及科技园区内，交通压力正逐步从动态向静态转化，静态交通和动态交通的失衡造成的"交通拥堵""停车难"和"管理难"已成为园区发展的一个共性难题。为解决这些问题，结合"最后一公里"接驳路程短、站点少、速度快、客流相对集中的特点，构建由中小型电动汽车运营的园区电动微公交系统，可以作为对主干公共交通的有效补充，以提高出发地、目的地与快速公共交通网络节点之间的交通效率，从而增加城市公交系统对出行人群的吸引力。

1.2.2 国内外微公交系统研究与应用

随着中国城市化进程的不断加大，城市公共交通设施也得到了不断发展，但是从城市主干公共交通到各大园区的"最后一公里"出行问题一直难以得到妥善解决，因而构建基于园区居民出行特点的微公交系统成为一种切实可行的方案。特别是采用电动车承担微公交系统的运行，既能对主干公共交通系统进行有效补充，吸引更多的人群公交出行；又可以在改善城市空气质量、降低噪声、减轻环境污染等方面做出贡献。

在微公交系统的发展方面，国内不少城市已经开始了尝试，并且在微公交方面取得了不少的经验。微公交线路相对于常规公交线路来说，客运量不大，但是作用非常明显，特别是在地铁周边的小区，需求很大。自2010年6月26日北京首条社区公交线548路开通运营以来，2011年公交集团新开通19条"微循环"线路，2012年公交集团又开通"专"字头社区公交线路11条。截至2017年6月，北京微公交线路已达104条，线路长度628.04km，解决了125km新建道路有路无车问题。这些微公交线路采取工作日早晚高峰时段运营、低峰时段和节假日全天停驶的运营模式，重点解决早晚高峰期市民通勤出行问题。

上海市自从2011年3月开始在浦东率先开通1001路、1002路以来，先后开通了百余条微公交线路，不但给市民的出行提供了便利，同时由于微公交多数都能直接到达小区门口，高峰时段的间隔也缩短到只有5min，深受广大居民欢迎。武汉市公交部门从2013年开始尝试微公交系统的建设，以解决偏远区域居民的出行难问题，武汉首批微公交线路有9条，计划建设62条微公交线路。无锡市开通3条微公交线路，方便云林苑、云林小学、建鼎公司等社区及企事业单位居民出行。黄石市也分别开通了301、302、303三条线路，解决铁山、黄金山工业新区及团城山广州路公交盲点，方便居民出行。

香港设立的小型巴士主要分为公共小型巴士和学校私家巴士。公共小型巴士主要作为地铁的辅助以及接驳交通工具，载客量一般为16人左右；而学校私家巴士则多作为学生往返于学校与家之用。截至2013年底，香港共有3107辆绿色公共小型巴士，运行354条专线，乘客可在固定车站等候，也可在路线途经区域截停上车。

美国摩根敦市早在1975年就建设了世界上最早的个人快速公共交通运输系统。它跨越摩根敦市区、西弗吉尼亚大学校园和医学中心等地，主要为这里的大学城服务，学生、教师等大学职员和本地的居民都可以乘坐。该系统采用先进的单轨列车，通过8km长的专用轨道实现快捷、准时、舒适和安全的载客服务，将原先需要用16辆穿梭大巴联系的校区连接起来，每天运送1.5万人次乘客，平均出行距离约为2.3km。在校园之外，微软位于西雅图的雷德蒙德总部正在建造中的微软总部园区的个人快速公交系统将包括29个站点，总共5条运行环路，总里程在10英里❶左右（约16km）。

---

❶ 1英里=1.609044千米。

国外对于公共交通线路优化设计方法的研究较早，发展进程一般可分为三个阶段。早期采用经验定线法，主要依据某些权威机构或司机的个人经验确定路线；随着智能交通系统工程学科的迅速发展，中期的公交路网的设计则主要采用系统分析法，即将路网设计问题视为一个使整个系统花销最小的优化问题，目标函数则包括了公交车的运营花费以及乘客的旅行时间；而进入后期，相关理论研究工作取得了丰硕成果，出现了各种先进算法，以解决动态交通需求条件下的线路设计问题。

对于公交线网设计问题，国内很多学者也做了大量的理论研究工作，分别在单条公交线路优化、公交线网多目标优化、公交线路层次优化、公交线路站点布局优化以及公交线路服务综合评价等方面提出了解决方案。对于发车频次设计问题，相关学者分别以乘客总费用最优、乘客等车成本最小和公交公司运营收益最优为目标，设计并形成了一系列的公交发车频率优化方案。

1.2.3 绿色校园微公交系统的产生与发展

校园作为一种特殊形式的园区，同样面临小区范围内交通出行的困难。由于大学具有与其他园区截然不同的形态和功能，其对园区交通出行的模式与管理也有完全不同的要求。这些要求在校园交通的形态上主要表现为实时性、潮汐性、定向性和可靠性。因此，进入21世纪后，建设绿色校园微公交系统已成为国内外各大学所追求的共同目标。

经过多年来的探索和实践，国内外相关大学都在不同程度上建设了一些各具特色的校园微公交系统。哈佛大学校园微公交线路共有9条，不同线路运行的时段不尽相同，其中仅在工作日运营的线路有5条，仅在假期（含周末）运营的线路有2条，工作日与假期均运营的线路有1条，此外还有仅在夜间运营的线路1条。在工作日运营的6条线路中，有2条仅在上午运营，2条仅在晚上运营，1条仅在白天运营，另有1条全天候运营。加州大学伯克利分校校园微公交线路共有5条，其中4条为全天运营线路，1条为地铁接驳专用线路；地铁接驳线路仅在早晚时段运营。在西雅图的华盛顿大学提供的微公交线路共有7条，其中日间运营6条，主要完成校园与附属组织、分校区、特定社区间的接驳；夜间运营1条，主要提供夜间师生回家所需的交通服务。

2015年5月浙江大学开启了"微公交"试验项目，校园微公交车采用小型化的电动车（如图1-4所示），使用锂电池供电，每辆车可乘坐1～2人。2016年6月清华大学正式启动了绿色校园微公交电动车系统，采用30辆宇通

图 1-4　浙江大学校园微公交电动车

图 1-5　清华大学绿色校园微公交电动车系统

电动车（如图 1-5 所示），有 3 条运营线路，为全校师生提供全天候的校园交通出行服务，同时在假期和节日可提供定制服务。清华大学的微公交系统基于智能车路协同平台，由宇通电动车、配套充电设施、运营调度平台、安全预警平台和信息服务平台等组成，是目前国内规模最大、正式运营的校园电动车微公交系统，可支持绿色园区微循环电动车系统运营指挥调度和线路实时调整、多模式通信环境下的安全预警、个性化定制出行与智能化信息服务等。

1.2.4　绿色校园微公交系统的主要特征

近期建设的绿色校园微循环电动车系统是在车路协同平台环境下，由电动车、配套充电设施、运营调度平台、安全预警平台和信息服务平台等组成的。

采用电动车作为微公交系统的主要运载工具，使系统具有如下一些显著特征：

第一，面向大型园区"最后一公里"出行需求，可推广应用。园区微公交系统面向校园、大型社区、工业及科技园区等大型园区，利用中小型公共汽车，实现居住点、办公点等区域与公交、地铁站点等的有效接驳，满足大型园区内部出行需求。绿色校园微公交电动车系统可以成为大城市园区微公交系统的示范，可为城市大型园区建设同类型微公交系统提供借鉴。

第二，以纯电动车为载体，代表着绿色交通出行方式。电动公交车具有无噪声、低能耗、零排放的特点，是绿色园区建设的重要组成部分。在国内建设"绿色大学"的总体目标下，建设绿色校园微公交系统是"绿色大学"建设的一个重要内容，拓宽了绿色校园建设的范畴，为学校绿色校园建设增添了新的元素、新的内涵。

第三，应用智能车路协同关键技术，保障交通安全，提高通行效率。智能车路协同关键技术是863科技计划创新成果，智能车路协同系统是采用先进的通信技术，全方位实现人、车、路动态实时信息交互，并在全时空动态交通信息采集与融合的基础上开展车辆协同安全和道路协同管理，充分实现人、车、路的有效协同，保障交通安全，提高通行效率，从而形成的安全、高效和环保的道路交通系统。智能车路协同关键技术在提升微公交系统安全性方面将发挥至关重要的作用。

1.3 绿色校园微公交系统设计主要内容

绿色校园微公交系统是发展绿色交通的重要承载途径，其建设系统性强、集成关键技术多、涉及面广。因此，绿色校园微公交系统的建设应该首先完成系统总体设计，在进行规范的需求分析的基础上进行校园公交线路设计、系统运营管理功能设计、车辆行驶安全分析等，为保证系统建设的实施效果，还需要确定微公交系统的评价指标并实施服务水平评估，在总结系统运营效果后为政府的决策提供支持与建议。

绿色校园微公交系统的具体设计工作包含以下内容。

（1）微公交系统总体设计

按照微公交系统建设的总体目标和建设任务，完成系统的总体设计，包括体系结构设计、功能结构设计、信息结构设计和数据结构设计，为系统的设计与建设奠定必要的技术基础。

（2）微公交系统需求分析

根据微公交系统建设的总体目标和建设任务，从现有园区微公交系统的服务水平评估出发，重点分析园区出行的交通服务现状以及潜在的交通需求，进而开展详细的园区交通出行需求分析。

（3）微公交系统线路设计

在需求分析的基础上，结合园区类型、发展历史和管理现状，在完成必要的园区交通出行调查的基础上，采用必要的理论方法完成微公交系统的线路设计，同时结合仿真系统实现微公交系统的仿真分析。

（4）微公交系统运营管理

针对园区微公交系统的服务需要，研究系统运营管理所需的相关技术与系统，包括运营线路规划与调度方法、园区微公交系统调度系统、线路运营保障措施与技术和信息发布与服务等。

（5）微公交系统安全分析

结合园区交通特点，重点研究和分析影响园区交通安全的因素、驾驶人员和行人出行行为、行人车辆冲突分析、无信号灯交叉口交通冲突分析以及预防园区交通事故的安全评判与防护等。

（6）微公交系统评价指标设计

设计可实现对园区微公交系统运营服务水平进行评价的指标与体系，从系统评价、运营评价和效用评价三个方面，分别评价园区微公交系统的安全性、经济性、合理性、高效性和可靠性，以及便捷性、快速性、舒适性和实用性。

（7）微公交系统服务水平评价

在设计完成的园区微公交系统评价指标与体系的基础上，研究和分析多种评价方法，并选择合适的评价方法实现对园区微公交系统的总体评价，并结合实际案例剖析系统应用效果。

（8）微公交系统政策制定

结合园区微公交系统的建设与实践，从规划、建设、运营、管理和服务等层面，为政府加速园区微公交系统的建设与推广，提供必要的政策建议。

第2章 微公交系统设计与应用关键技术

2.1 微公交系统设计原则

绿色园区电动微公交系统虽然系统规模不大，但涉及的技术较广、包含内容较多、需求的系统功能较全，因此在系统设计初期必须结合微公交系统应用环境和需求确定必要的设计原则，选定需遵循的相应标准，并重点结合最新技术应用现状、可持续发展需要以及系统运行的实用性，确定切实可行的系统技术方案设计原则，以便更好地指导整个系统的设计。

绿色园区电动微公交系统方案设计应遵循以下基本原则：

① 方案设计须体现系统思想和功能集成的概念；

② 方案设计应能适应不断变化的环境和需求，并具备不断进行升级的能力；

③ 方案设计应该采用开放的体系结构，各子系统既可独立运行，又可集成运行，既是松散的集成，又有紧密的耦合，并保证系统可重构和可扩展；

④ 方案设计须考虑统一配置的系统服务器以及支持二次开发的软件，软件接口要规范，软件访问要透明；

⑤ 方案设计应具备可分期实施、逐步集成、按需升级的能力。

在以上设计原则的指导下，为了保证系统的先进性、实用性、可靠性和有持续发展能力，在方案设计和其后的系统建设中应落实以下要求。

① 集成与综合相结合：一方面需要考虑各子系统的独立应用能力，另一方面也要考虑系统的集成应用。从系统集成的角度出发，降低对各子系统的设计和建设要求，这样既可以保证系统整体功能，同时又能缩减投资，提高

成效。

② 集中与分散相结合：集中有利于信息和系统的管理，有利于系统的安全，但适度分散有利于操作，可有效降低系统网络的通信压力，也可分散系统故障和危险，从而在一定程度上提高系统整体可靠性。

③ 实用与先进相结合：系统的设计必须保证技术上的先进性，以确保系统具有可持续发展的可能，但又要切实考虑园区微公交系统的实际应用情况，兼顾技术前瞻性的同时突出系统的实用性，坚持实用性与先进性并重。

④ 采用分层分块结构：在纵向上采用分层结构，将不同要求的功能根据应用情况划分到不同层次的子系统中；在横向上采用分块结构，将同一层次的功能根据应用范围划分到不同的功能模块中，使系统整体上具有可扩展性。

⑤ 采用开放系统结构：系统的总体设计应采用开放式体系结构，提供必要的外部接口和数据交换通道，采用开放式的协议和电气标准，以保证系统具有良好的开放性。

⑥ 采用标准技术结构：系统的各部分都要遵循国家标准和协议，以确保系统的开发性和兼容性。

总之，"先进、实用、经济、可靠、可扩展"是绿色园区电动微公交系统设计和建设的指导思想。

2.2 微公交系统总体设计

2.2.1 系统结构设计

园区微公交系统结构设计主要需要完成系统的总体结构设计，以及各子系统和功能模块间的结构关系设计。根据我国园区微公交系统的一般需求，可将系统结构设计成如图 2-1 所示的总体框架。

园区电动微公交系统的核心是运营管理系统，它主要集成园区交通状态感知系统、电动车运维管理系统、充电站运维管理系统、电动车停车场管理系统和园区道路盲区预警系统等，并在系统集成的基础上完成数据管理、优化调度、安全分析、定制服务和信息发布等主要功能。

园区交通状态感知系统是微公交系统的基础性子系统，负责对园区道路交通状态、乘客出行和公交车运维等涉及的所有信息的采集，并通过相关处理实现信息融合，以支撑微公交系统的运行。电动车、充电站和停车场的运维是微公交系统的保障性子系统，是支撑微公交运营的前提和基础设施。园区道路盲

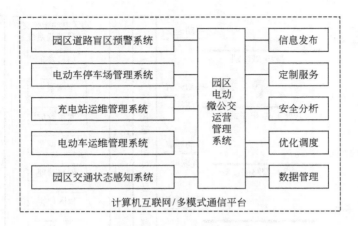

图 2-1　园区微公交系统总体框架

区预警系统是提高微公交系统在园区运行安全的一种有效手段，不仅可对微公交提供安全预警与辅助驾驶，也可为园区社会车辆、非机动车和行人提供预警信息，是提升微公交服务水平的一种综合性子系统。

建设的园区电动微公交系统还可根据实际需要，在综合分析园区居民选乘微公交的相关数据的基础上，对长短期的出行行为进行分析和预测，以保证不同星期、不同时间段和早晚高峰的微公交优化调度，提高微公交的利用率；借助车路协同平台建设的园区微公交系统，可借助园区应用环境和网络通信条件，有效实施安全预警措施，包括园区盲区安全预警、电动公交车行驶安全预警以及非机动车和行人的在途安全危险提醒等；在支持功能性园区出行方面，微公交系统还可提供个人和团体的定制服务，实现专车、专线、定时接送服务。为减少居民和人员的等待时间，提高微公交的利用率，并鼓励选用微公交出行模式，尽可能解决城市"最后一公里"出行难题，园区微公交系统也可实现实时信息发布，提供丰富的服务内容。

2.2.2　物理结构设计

园区微公交系统物理结构设计主要需要完成系统各实物和子系统间的物理结构设计，并描述实物子系统与相关功能模块间的物理连接关系。根据我国园区微公交系统的一般需求可将物理结构设计成如图 2-2 所示的关系。

园区微公交系统的实物子系统涉及电动公交车、微公交站点、盲区预警装置、园区乘客、充电站和停车场等。每辆电动公交车都安装有智能车载终端，

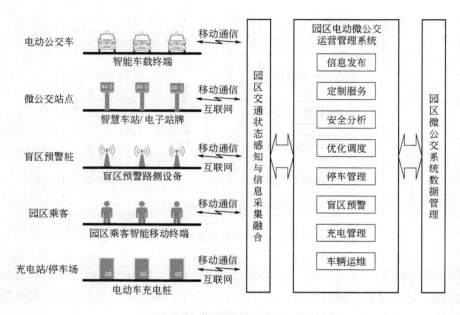

图 2-2 园区微公交系统物理结构

完成公交车行驶状态和乘客的信息采集并实现相关信息融合，然后将车上乘客状态、车辆行驶状态和安全预警信息等传递给园区微公交运营管理系统；微公交站点应该是智慧型的车站，提供可与微公交车辆和运营管理系统进行信息交互的电子站牌；园区道路盲区预警系统是局部自治的子系统，可独立与通过的微公交车辆完成盲区安全预警，也可将相关安全预警信息实时抄送给园区微公交运营管理系统；通常情况下园区乘客都携带有智能移动终端，除乘客上下车和票务信息可以被电动车自动采集外，乘客还可通过自带的智能移动终端进行微公交位置查询、到站时间查询和定制公交专门服务等；微公交电动车充电站和停车场是微公交系统的后勤保障，优化微公交车辆的充电和停车管理，将有效提高微公交的运行效率和服务水平。园区微公交系统的以上实物子系统都可以通过移动通信平台与运营管理系统进行信息交互，而部分子系统还可通过计算机网络（有线/无线）实现与园区电动微公交运营管理系统的实时信息交互。

　　基于以上系统物理连接，园区电动微公交运营管理系统可以实现在交通状态感知与信息采集融合的基础上，全面提供车辆运维、充电管理、停车管理、优化调度、安全分析、定制服务和信息发布等主要管理，并最终支持园区微公交系统的数据管理与分析。

2.2.3 网络结构设计

园区微公交系统的网络结构关系如图 2-3 所示，其中实现系统网络连接的途径主要分两类：计算机互联网和移动通信平台。

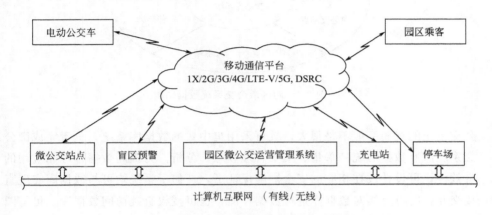

图 2-3 园区微公交系统网络结构

计算机互联网可以是有线 Internet/Intranet 网络，也可以是无线 WiFi，采用 Internet 的相关协议实现网络连接；移动通信平台可以支持现存的所有无线通信模式，包括 1X/2G/3G/4G/LTE-V/5G 和 DSRC（dedicated short range communication）。

由于电动公交车和园区乘客始终处于移动过程中，因而它们只能通过移动通信平台完成与系统的网络连接，并实现与园区微公交运营管理系统的实时信息交互。其中电动公交车与园区微公交运营管理系统的实时信息交互是通过智能车载终端完成的，而园区乘客则是依靠自带的智能移动终端完成的。除此之外，微公交系统的其他子系统，包括微公交站点、园区道路盲区预警、充电站和停车场等都可以根据基础设施和网络条件选择计算机互联网或移动通信平台实现与园区微公交运营管理系统的实时信息交互。

2.2.4 数据结构设计

图 2-4 描述了园区微公交系统的数据库与相关子系统提供的相关信息间的关系。

园区微公交运营管理系统的数据库是微公交系统的核心内容。考虑园区微

图 2-4　园区微公交系统数据结构

公交系统的规模一般不是很大，故可采用集中式的数据库系统，负责完成微公交系统所有数据的统一采集、集中管理和融合分析。为提高数据管理和应用的有效性，可设计成在相应的安全措施保证下，任何子系统均可与数据库实现直接交互，既可直接对数据库进行数据存储，也可授权直接访问数据库。可与园区微公交运营管理系统数据库实现信息直接交互的子系统可以包括电动公交车、园区乘客、微公交站点、园区盲区预警系统、充电站和停车场等。

2.3　微公交系统应用关键技术

随着国内外智能车路协同技术与系统的日益成熟和快速发展，智能车路协同技术已成为建设微公交系统的首选，还将成为微公交系统应用的必要平台和载体。考虑智能车路协同技术与系统研究和应用涉及的关键技术较多，这里重点讨论近年来国内外最新发展的车路协同系统，以及支持车路协同系统实现的、目前应用较为广泛的多模通信技术、状态协同感知技术、大数据融合处理技术、云计算服务技术以及信息交互安全技术等。

2.3.1　车路协同系统

智能车路协同系统（intelligent vehicle-infrastructure cooperation systems，i-VICS）采用先进的无线通信和新一代互联网等技术，全方位实施车车、车路动态实时信息交互，并在全时空动态交通信息采集与融合的基础上开展车辆协同安全控制和道路协同管理，充分实现人车路的有效协同，保证交通安全，提高通行效率，从而形成安全、高效和环保的道路交通系统。该系统是智能交通系统发展进入最新阶段的标志性产物。它通过建立包括交通参与者、运载工具和交通基础设施在内的人、车、路一体化的交通协同管控系统，基于数据实时、管控协同和服务集成，借助无线通信、云计算和大数据分析，可以完成实时交通信息的提取、融合和交互，实现全景交通信息环境下的智能交通管理和服务的集成与协同。车路协同的出现与应用，已从根本上改变了我们对传统交通系统的认识与实践，其大规模应用和推广必是现代交通系统发展的必由之路。

图 2-5 给出了基于 V2X 通信的车路协同系统所拥有的各种信息交互流程。由此可见，车路协同系统就是将人、车、路通过现存的无线通信方式连接起来，进而基于车路协同平台实现任何车辆、任何时间和任何地点的互联、全时空动态交通信息的采集与融合，最终达到在交通安全和管理上的有效协同。

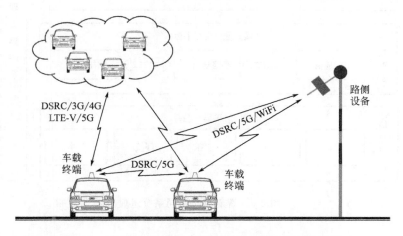

图 2-5　基于 V2X 通信的车路协同系统信息交互流程

车路协同技术的发展和规模化应用，给现代智能交通系统带来了全新的系统特点，包括交通要素的实用化和信息化、海量信息的简明化和精确化、用户参与的主动化和协同化以及服务组织的柔性化和绿色化。这些特点的出现为车路协同技术在园区电动微公交系统方面的应用和推广创造了有利条件。

智能车路协同系统由以信息为核心的、提供不同层次功能的五层平台和一个支撑体系组成，如图 2-6 所示。智能车路协同系统五个层次的功能平台，从下至上依次为信息平台、交互平台、协同平台、保障平台和服务平台，它们分别完成不同层次下以信息为中心的层次化功能，即信息采集融合、信息交互共

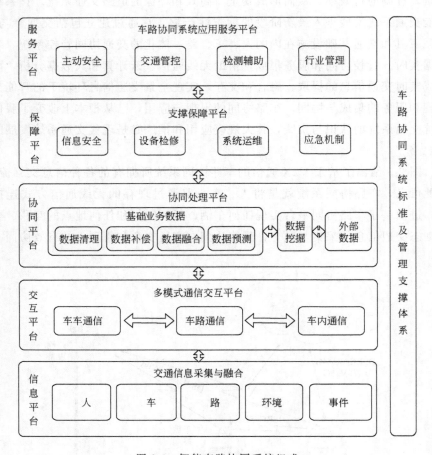

图 2-6　智能车路协同系统组成

享、信息协同处理、信息安全保障和信息功能服务等；同时，智能车路协同系统通过制定的统一的系统标准与管理支撑体系对接外部系统。

① 信息平台：智能车路协同系统的基础平台，负责完成所有交通数据的采集与信息融合。它通过综合应用多类传感技术，获取交通参与者（行人、驾驶员、乘客）、交通工具（汽车、火车、飞机等）、交通对象（旅客、货物）、交通基础设施（道路、铁路、港口、机场、航线等）、交通环境（天气、温度、湿度等）、事件（事故、管制等）等交通要素的基础数据、身份信息和运行状态等。

② 交互平台：智能车路协同系统的通信平台，负责完成所有交通要素间交通数据的实时交互和共享。它依托多模式无线通信手段，包括无线通信、无

线网络和专程通信等，实现车路协同环境下的车内通信、车车通信、车路通信和人车通信等，完成所有交通要素间的实时、动态联网，从而构建起有效的信息交互平台，支持人、车、道路和环境的实时状态和信息的有效交互。

③ 协同平台：智能车路协同系统实现任务协同的重要平台，负责实现系统级的各类交通信息的协同处理，以提供系统运行所必需的基础性功能。它将整个交通系统看作交通参与者、交通工具、交通对象、交通基础设施、交通环境所构成的整体，通过数据清理、数据融合、数据预测、数据补偿和数据挖掘等方法，对交互平台提供的交通信息实施协同处理，为系统相关功能服务的开发奠定数据基础。

④ 保障平台：智能车路协同系统的辅助性平台，但确是不可或缺的重要环节，负责完成系统感知层、网络层和应用层的信息安全管理。它采用相关的认证技术、编码技术、容错技术和防灾技术，保证用户安全、数据安全、网络安全和系统安全，通过提供信息安全、设备检修、系统运维、应急响应等功能，为车路协同系统的正常工作提供必需的安全和服务支撑保障。

⑤ 服务平台：智能车路协同系统得以应用的重要平台，负责支持系统所有功能的开发和实现，并在此基础上提供必需的车路协同功能和服务。它在信息平台、交互平台、协同平台和保障平台的基础上，采用统一的系统标准和管理协议，支持基于跨平台的服务功能开发，面向个人、企业和行业管理开放各类服务，并提供包括主动安全、交通管控、检测辅助和行业管理等在内的相关服务。

⑥ 系统标准与管理支撑体系：智能车路协同系统联系其他已有交通系统的重要纽带。它通过一系列的标准和协议，保证不同交通系统间的互通互联、信息交互、功能协同和服务集成。

2.3.2 多模通信技术

高速、可靠、双向和由多种通信平台集成的综合通信网络是智能车路协同系统的基础平台，通过该平台可以将先进的传感技术、信息融合技术、智能控制方法以及决策支持系统整合成一个有机的整体，以实现高效、安全和环境友好的智能交通协同管理。用于智能车路协同系统的网络平台应该能够支持全景状态感知、信息交互与融合、协同控制与管理以及定制化的服务等功能，并根据不同层次的需求提供相应的通信保障。该通信平台的终端网络是传感器网络（sensor network，SN），以无线组网为主，支持各类交通状态的感知；支持交通系统底层信息互通互联的是车联网（Internet of vehicles，IoV）和物联网（Internet of things，IoT）等功能性通信网络，属有线无线混合组网，但多为无线组网；互联网（Internet 或 Intranet）实现海量交通数据的传输和信息融合，属有线无线混合组网，但以有线组网为主；支持系统功能和服务集成的是高速互联网，如下一代互联网（Internet Ⅱ 或 IPv6），以有线组网为主。

由此可见，在智能车路协同系统中采用多模通信技术是实现以上各种通信网络互联互通的技术基础和必须，其可同时支持 DSRC（802.11p）、LTE-V、EUHT、WiFi（802.11n）和 3G/4G/5G 等通信模式的数据通信分层标准架构，如图 2-7 所示。目前可以支持智能车路协同系统工作的各种通信模式主要可分为移动通信模式、无线通信模式、专用通信模式和其他通信模式。根据目前的应用情况，这些通信模式的支撑系统及使用范围如表 2-1 所示。

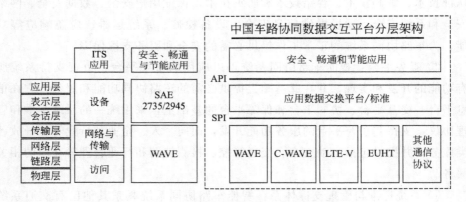

图 2-7　车路协同数据通信分层标准架构

表 2-1　通信模式支撑系统及使用范围

名　　称	通信模式	支撑系统	建议使用范围
移动通信模式	基于移动设备通信	GSM/CDMA/3G/4G…	车/车/路通信
无线通信模式	基于无线网络通信	WiFi（AD hoc/…）	车/车/路通信
专用通信模式	基于专用网络通信	RFID/DSRC/…	专用通信
其他通信模式	基于其他方式通信	蓝牙/红外/…	出行者/路通信

目前国内外主要针对不同的车路协同系统应用场景，对通信技术进行了深入和全面的研究工作。下面分别从车内通信、车车通信、车路通信和异构网络融合技术等方面具体说明相关技术的研究和应用进展。

(1) 车内通信

近年来，随着智能网联汽车的快速发展，大量传感器和电子装置在新型汽车上得到广泛应用，这些变化使得车内通信技术成为现代汽车行业不可或缺的关键技术之一，其传输速率和可靠性都得到了大幅提升。

车内通信网络主要基于各种高速总线（controller area network，CAN）展开，可实现汽车发动机管理系统、变速箱控制器、仪表装备和电子主干系统等关键系统和部件间的有线组网。随着对汽车安全和舒适性的需求不断提高，要求配置的相关功能越来越多，支持这些功能的传感器、传输装置、电子控制单元（electronic control unit，ECU）的数量也在持续上升。因此，原有车载CAN总线必须进行改进和提升，要求新的车内通信协议不仅能够为各类功能提供高速且可靠的数据传输，而且还需支持具有容错保证的分布式网络系统。

同时，车内通信网络还可以支持部分无线通信组网，以保证在特定检测环境下稳定可靠地获得车辆速度、质量、温度、湿度和胎压等关键物理量。车载自我诊断系统（on board diagnostics，OBD）通过与胎压检测装置、车道偏离警示系统、后方碰撞预警系统、驾驶人状况监测装置整合，即可为驾驶者提供更舒适的驾驶体验、更安全的驾驶保障、更绿色的出行。

(2) 车车通信

专用短程通信（dedicated short range communication，DSRC）可以完成车与车间的点对点通信，但是只采用专用短程通信技术将车与车之间构成一个无缝的、连通的网络仍存在挑战。随着专用短程通信技术的提升，包括数据传输速度的提升、通信带宽的扩大和安全机制的完善，目前已形成了基于专用短程通信技术的车车自组织网络的协议与技术标准，解决了短程通信环境下车载通信单元数据量突发与带宽受限的矛盾，可提供专用短程通信自组织网络中的身份认证及隐私保护技术框架。

近年来，移动通信和无线通信的发展及其在交通领域中应用的拓展，为车车通信带来了新的发展空间，尤其是下一代互联网 IPv6 的推广和 5G 技术的逐步应用，使多模式通信环境下的车车通信环境的构建得以实现，成为智能车路协同系统中车车通信技术的一个崭新的发展方向。

随着汽车的智能化水平的提高，车载通信网络技术的成熟，车车通信将给人类出行带来一场全新的革命，对车辆安全领域、交通效率领域和个人娱乐服务领域将产生深远的影响。目前，车车通信已经进入实质推行阶段，制定了短、中、长期目标，形成了行业与行业之间、国家与国家之间的联盟。

(3) 车路通信

车路通信网络是建立在车载单元和路侧单元之间的无线通信网络，以高效的广播数据传输、端到端数据流存储、低延迟动态多跳路由协议、高速运动节点网络自组织传输控制、基于优先级的流量公平性控制和安全认证与信息加密为主要特征。基于该通信网络高效、标准、开放、安全和可自动维护与升级的特性，可在车载单元和路侧单元间进行高速和双向的数据传输，支持基于图像辨识的交通事件识别、交通信息查询、交通出行引导和电子收费等多种服务。

在智能车路协同系统环境下，车辆的相关信息包括工作状态、运行参数和报警信息等，可以通过车路通信通道传送到路侧设备，并可根据不同需求经融合处理后再集中传送到交通管控中心，同样地，道路及基础设施的相关信息包括静态信息、运行参数和管控指令等都需要实时地发送给道路上行使的车辆和交通管控中心；而另一方面，交通管理中心的相关信息包括交通环境状态、交通管控指令和在途诱导信息等则需要及时地通过车路通信通道传送给在途车辆。

专用短程通信 DSRC 可支持车路之间的点对点通信，同时移动通信和无线通信也可以支持车路之间的点对点通信。除专用短程通信 DSRC 外，目前有多种公共网络可用于车路通信，比如各种制式的 2G/3G/4G/5G（GSM、CDMA、TD-SCDMA、CDMA2000、WCDMA、LTE TDD/FDD）、宽带无线接入网（WLAN）、基于 MESH 和 RFID 的车载无线自组网（VANET）以及无线广播网（FM/DMB-T/CMMB）等。

(4) 异构网络融合技术

纵观国内外智能交通系统的发展过程可以看到，为全面发挥车路协同技术的优势，使未来交通系统实现安全、高效和环保的目的，必须将车车通信和车路通信集成起来形成一个有机的整体，即新开发的车载装置应该能够同时支持车车通信和车路通信，从而实现真正意义上的智能车路协同。

为使智能车路协同系统能够在不同的工作条件下，构建形成具有实时性和可靠性保证的通信环境，应尽量支持已经在日常生活中得到广泛应用的各种通信网络。目前，主流的无线通信异构网络有移动通信网络（2G、3G、4G 和 5G）、卫星网络、GPRS、WLAN、移动自组织网络（MANET）、WiFi 和无线传感器网络（WSN）等。因此实现这些网络在智能交通环境下的无缝连接，是智能车路协同系统发展的必然要求。

事实上，以上异构无线网络的出现是面向不同应用场景和目标用户的，但其在车路协同环境下的融合必须采用通用且开放的技术，其融合包括接入网融合、核心网融合、终端融合、业务融合和运维融合等。这些异构无线网络技术融合的研究内容主要包括面向高速多媒体应用的服务质量（quality of service，QoS）和服务体验（quality of experience，QoE）保障技术、异构网络中的多无线电协作技术、异构无线网络互联安全问题、车路协同系统中的认知无线网络、面向海量数据的混合网络编码技术、车路协同系统中面向海量数据传输的绿色通信技术等。

2.3.3 状态协同感知技术

传感器网络技术、无线通信技术的快速发展，自动感知和泛在感知技术的出现，极大地改变了传统观念上的交通系统检测方法和手段，宽覆盖、长寿命、高精度、网络化和移动性的多维状态感知已成为智能车路协同系统的重要且基础的内容。

现代交通状态的感知内容，包含对道路环境如干线公路和城市路网等不同交通环境的感知，也包含对交通实体如路侧系统和车载系统等不同载体的感知，还包含对交通方式如步行、骑行、公共交通、地铁和私家车等不同出行模式的感知。因此，智能车路协同系统借助这些新型的综合交通状态智能感知新技术和新装备，可提供面向交通控制与管理的综合交通状态感知系统化体系和方法。

现代交通状态技术与传统状态感知技术的最大区别，就是近年来引入的传感器网络、车联网、物联网和下一代互联网等技术，由此催生了宽覆盖、长寿命、高精度、网络化和移动性等新特性。这些新技术的最新发展，有效拓展了交通状态和信息的获取途径和手段；以服务交通出行为目的，交通状态感知模块还可实现基于出行者视角的多模式交通状态感知、基于视觉感知的交通状态识别和基于移动式设备的交通状态感知，为兼顾效率和环保的多模式绿色出行诱导策略提供支撑。

根据交通信息的获取过程和发展阶段，交通状态的感知可分为直接感知、间接感知和泛在感知三个阶段。下面分别从直接感知、间接感知和泛在感知三个阶段分析常见的交通状态感知手段和方法，并阐述一种新型的感知技术——协同感知。

(1) 直接感知

纵观智能交通系统的发展过程，传统的交通信息采集手段和方法即是我们所说的交通状态直接感知。传统的交通信息采集大多依靠分布在各个道路断面上的交通参数检测器实现，如线圈、超声波、红外和微波等，但这些手段一方面只能获取道路交通断面信息，另一方面获取的信息种类有限，大多仅以车辆检测为主。

基于视频的交通状态感知也是一种直接感知手段，是对其他传统感知手段的提升，大大扩展了能够感知的范围和种类。它利用视频信息的丰富性，可以实现包括基于车辆模型的运动估计、基于行人微观行为的轨迹识别等。以这些研究成果为基础形成了一些视频检测系统，在美国华盛顿州 Lynnwood、意大利 Brescia 和 Verona 之间的高速公路等地都有配备，在我国北京、上海、广州等城市也已得到广泛应用。

此外，新的交通状态感知手段还包括采用传感器网络和移动自组织网 Ad-Hoc，采用车载传感器采集交通信息并通过网络传输与融合得到较为全面和准确的网络交通状态等。美国加州大学伯克利分校（University of California, Berkeley, UC Berkeley）和加州大学洛杉矶分校（University of California, Los Angeles, UCLA）在传感器网络建模、路由管理、能量优化、系统复杂行为分析等方面都开展了比较多的工作。

(2) 间接感知

浮动车技术的应用是实现交通状态间接感知的一种有效手段。通过采集交通系统中具有特定用途的车辆如出租车和公共汽车等的运行信息，可以推算出所对应的实际交通系统的运行状态，包括畅通、拥堵和交通事件等。这种方法和由此而构成的系统已在以色列、德国、美国和中国等国得到了充分应用，并取得了良好效果。

随着传感器网络技术和多种无线通信技术的出现和快速发展，原本与交通系统并无关联的系统和技术如移动通信和蓝牙（bluetooth）技术成为了交通状态感知的有效途径。由于世界范围内智能移动终端的大量普及，手机和具备蓝牙通信功能的个人终端已成为人们日常生活的重要设备，从这些智能移动终端在通信网络中的移动和变迁，即可有效地感知不同人群的迁移过程和迁移特性，结合交通出行特征即可有效地感知交通系统的状态和变化过程。

交通状态感知的最新成果表明，在新型的车路协同系统框架下，基于海量交通信息融合、大数据管理和云计算技术，交通信息扩展了其范畴，不仅仅包含道路交通数据，还纳入了天气信息、道路环境信息、行人非机动车信息、公共交通运行信息、车辆微观行驶状态信息等，使得系统能够通过间接方式充分地实现对路网交通状态、区域驾驶环境状态、混合流分布状态、各交通模式负载状态等各类交通状态的分析和感知，如关注描述全路网交通状态的网络层次交通状态的获取和感知，以及针对个人信息服务等应用目的的交通出行感知、个体交通行为感知，还有随着绿色交通热度持续提升而出现的对交通车辆尾气排放感知等。

（3）泛在感知

交通状态的泛在感知是在直接感知和间接感知的基础上，基于传感网、大数据、云计算、云存储等主动感知和泛在感知技术得以实现的。它可完成对交通基础设施、交通工具运行状态、行人出行需求和货物运输需求的实时感知，为构建全景环境下的道路交通运输协同系统提供完整全面的信息保障。

智能车路协同系统将交通参与者、运载工具、基础设施与环境紧密地联系起来，通过"泛在、可视、可信"的智能体系，使得交通的管理方式和服务方式得到提升。其核心是对交通要素的实时感知，通过传感器网络的协作将各个传感器模块作为节点，实现全域环境信息的协同和无缝感知，为车路协同系统提供完整的交通状态感知，全面感知车辆的运行状态（车辆当前的车速、侧向加速度、车辆在车道中的相对位置、车辆行驶的轨迹与方向）、车辆的控制状态（油门开度、方向盘变化、是否打转向灯等）、周边道路交通环境状态（一定范围内周边车辆与本车的相对距离、方位及速度或相对速度，行人及前方车辆位置，障碍物的距离与方位，道路标志标线相关信息等）。

基于智能车路协同系统的交通状态泛在感知，即在获取全景交通系统信息的条件下，通过分析交通环境的内在特征，实现全景信息环境下的交通环境重构及特性再现，是未来智能车路协同系统的基础，也是重要的研究内容。

（4）协同感知

随着智能网联技术的进一步发展和预期可见的广泛应用，协同感知技术成为了近期智能交通领域颇受关注的一种新型的感知技术。协同感知是基于车路协同技术平台，可丰富交通状态全局感知的体系架构，将车载、路侧和多传感器集成于一体，实现多模态、多视角、超视距的感知理解；可融合跨平台的同类/异类、同构/异构传感器实施感知，提升协同平台的感知能力与效果；可有效提高系统感知可靠性与精确性，尤其是满足自动驾驶操控的需要；可引入边缘计算、局部计算和云端计算为一体的分布式计算体系，以满足协同感知对计算实时性的要求。

针对交通环境感知过程中存在的网联化、跨系统、异粒度、泛随机等特征，交通状态的协同感知主要探究基于车路协同的协同式交通环境感知机理与方法，重点研究智能网联汽车超视距的感知方法、感知信息融合理论与交通环境协同感知关键技术等。考虑车路协同环境下路侧感知系统与车端感知系统构成的多传感器情形，为实现复杂交通场景下多模态、多视角、超视距的协同感知，可提供同类与异类、同步与异步等不同协同感知硬件组成，使用统一的交通对象模型来表征复杂的交通态势，实现跨平台多传感器交通态势协同感知。针对复杂交通环境下人车状态繁杂、识别不精确、感知不全面的问题，协同感知可基于多源传感器互联，利用深度神经网络、卡尔曼滤波和证据推理的方法，研究多源异构信息的转换和融合技术，提出准确完备的人车状态感知方法。考虑车载与路侧设备协同情况下，协同感知可构建包含感知层和认知层的交通态势协同感知框架，并在传感器融合方面包含数据级融合、特征级融合以及对象级融合。

显然，基于车路协同的交通状态协同感知具有超视距、全局性、协同化、高性能和可扩展等特性，是未来智能交通状态感知的重要发展方向。

2.3.4 大数据融合处理技术

随着交通状态感知手段和信息交互技术的不断更新，可获得的交通信息呈现出丰富、海量和异构等特点，如何对这些数据进行协同处理和综合分析并最终形成决策信息，对于智能车路协同系统具有非常重要的意义。

在智能车路协同系统中，数据融合和协同处理是整个系统的基础，其绝大部分功能的实现都需要建立在完备的交通信息之上。由于智能车路协同系统的服务都是基于各类异构、动态、海量数据的处理为核心的应用集合，即都是基于对所谓的交通大数据实施的协同处理的应用集合，且由于这些海量数据存在异构性、规模性与复杂关联特征，其处理需要具有高度灵活的协同机制，需要综合有效地利用复杂环境下的多源异构数据，融合相互互补的数据并消除数据冗余，即需要目前所谓的基于云计算的信息融合方法，从而在数据级、特征级和决策级三个层面实现交通数据的多层融合与协同处理。

在现阶段智能车路协同系统的研究和发展过程中，以出行者的视角来重新定位、设计和评估交通系统，将具有新的社会意义和应用前景。发展基于出行者视角的交通数据融合与协同处理技术，实现基于出行者视角的，包括出行者、运载工具和交通环境等在内的多维交通数据融合与协同处理技术，研究包括安全状态、道路状态、混合交通和尾气排放等在内的交通数据融合与协同处理新技术与方法，并实现面向效率与环保的多模式绿色出行诱导，将是我国未来智能车路协同系统发展的重要内容之一。

综上所述，交通数据的融合与协同处理主要包括数据级、特征级和决策级三个层次的工作。

(1) 数据级

数据级信息融合与协同处理主要实现基础交通数据的融合与处理，包括交通系统的异常数据筛选、海量数据存储、缺失数据修复、多传感器融合以及数据格式配准与统一等。

(2) 特征级

特征级信息融合与协同处理主要实现断面交通数据即各类交通状态的融合与处理，包括单路段交通信息的特征提取、状态感知、模式复现、交通监管以及事件检测等。

(3) 决策级

决策级信息融合与协同处理主要实现针对交通状态预测以及决策支持的融合与处理，包括路段或路网的短时交通流预测、旅行时间预测、交通时间预测以及 OD 预测等。

2.3.5 云计算服务技术

云计算（cloud computing）是分布式计算的一种实现形式，即通过分布在网络上的数据处理服务设备（"云"服务设备），将巨大的数据计算处理任务分解成无数小任务，由多个计算服务设备分别完成单个任务的处理和分析，然后再协调集成形成完整的计算结果并返回给用户。云计算又称为网格计算，可以在很短的时间（几秒钟）内完成数以万计的数据处理任务，从而提供强大的网络计算服务能力。因此，云计算不是一种全新的网络技术，而是网络应用的一种新概念，其核心就是以互联网为中心，在网络上提供快速且安全的云计算服务与数据存储，并使每个互联网用户都可以使用网络上的庞大计算资源与数据中心。同时，基于云计算的云服务已经不仅是一种分布式计算，更重要的是效用计算、负载均衡、并行计算、网络存储、热备份冗杂和虚拟化等计算机技术的交叉应用，由此促成了云计算的演进和跃迁。

云计算是建立在先进的互联网技术基础之上的，与传统的网络应用模式相比，云计算具有可虚拟化、动态可扩展、按需部署、灵活性高、可靠性高、性价比高和可扩展性等特点，因此其实现形式多样。目前，云计算服务主要通过三类服务形态——基础设施即服务（infrastructure as a service, IaaS）、平台即服务（platform as a service, PaaS）和软件即服务（software as a service,

SaaS) 实现其功能应用。具体实现过程包括以下几部分。

① 软件服务：根据用户发出的服务需求，在已拥有的应用程序库的基础上，云系统通过网络浏览器向用户提供所需的资源和程序等。

② 网络服务：开发者能够通过网络支持的 API 开发和改进应用软件产品和功能系统，可大大提高单机程序中的操作性能。

③ 平台服务：基于相关应用开发环境，为中间商提供平台服务，支持程序研发与升级，完善用户网络功能，具有快捷、高效的特点。

④ 互联网整合：针对互联网环境下的众多同类服务的响应与优化，云系统可根据终端用户需求匹配和协调相适应的服务。

⑤ 商业服务平台：构建商业化的软件应用功能服务网络平台，为用户和供应商提供系统级的商业化监控、分析和调度平台。

⑥ 管理服务提供商：构建商业化的软件管理功能服务网络平台，为用户和供应商提供系统级的软件管理服务，包括病毒扫描、应用程序环境监控和软件故障诊断等。

典型的基于车路协同的云计算系统结构如图 2-8 所示，形成了以边缘计算、中心计算和云端计算构成的三层网联计算平台系统。其中边缘计算由智能

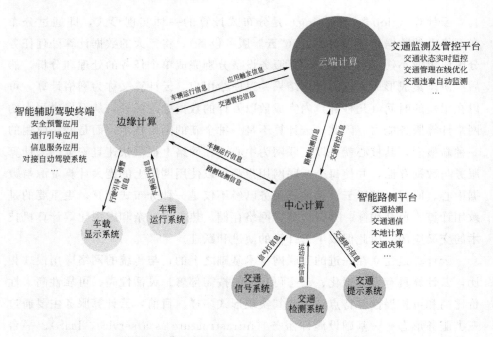

图 2-8　典型的基于车路协同的云计算系统结构

辅助驾驶终端构成，借助车辆运行和显示系统，完成安全预警、通行诱导、信息服务和支持自动驾驶等功能；中心计算由智能路侧平台构成，依托状态检测、信号控制和信息提示等系统，实现交通状态感知、通行决策、信息交互和本地计算等功能；云端计算则由交通监测与管控平台构成，提供交通状态实时检测与分析、交通管理在线优化决策、交通违章自动处理等服务。

绿色园区微公交系统作为智能交通系统的一种具体应用，可以参照基于车路协同的云计算系统结构，建设由微公交车载智能终端、路侧智能设备和系统优化调度平台组成的云计算服务系统，从而完成微公交车辆在途安全预警、园区盲区安全预警、车辆速度引导、线路发车调度优化、个性化定制服务、园区出行预测分析和服务评价分析等主要服务内容。

2.3.6 信息交互安全技术

这里所说的信息交互安全技术，是指车路协同环境下智能交通系统实现信息可信交互所需的相关安全技术。考虑现代智能交通系统的特点，即包括人、车和基础设施在内的所有交通参与者，通过现存的所有有线及无线通信模式，完成彼此间的全时空网络互联，从而实现智慧交通的各类先进服务，支持智能互联、协同安全与控制、智能辅助驾驶以及自动驾驶等功能，其信息交互要求做到实时、可靠和可信。因此，现代智能交通系统的信息交互安全技术应该由三个层次的安全技术有机组成，即计算机信息安全技术、移动通信信息安全技术和交通数据可信（基于交通业务信息的可信交互）安全技术，各层安全技术间框架及其支撑环境如图 2-9 所示。

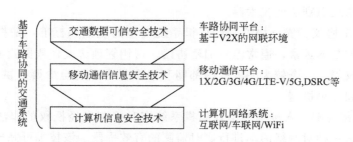

图 2-9　基于车路协同的交通系统信息安全技术框架及其支撑环境

这里的计算机信息安全技术主要是解决由人、车和基础设施等交通参与者在网联环境下形成的泛在计算机网络系统的信息安全保证问题；移动通信信息安全技术则主要是解决通过各类无线通信管道传输的信息安全保证问题；而交通数据可信（基于交通业务信息的可信交互）安全技术则是一项根据智能交通应用需求新近发展的技术，主要依托交通系统实时数据的业务特性，如位置信息的实时性、车辆行驶轨迹的连续性和驾驶行为的局限性等，实现对交通参与者提供的业务数据的可信甄别。

(1) 计算机信息安全技术

计算机的信息安全本质上是指由有线和无线网络连接起来的计算机系统的信息安全，是智能交通系统信息交互安全的基础，其目的是保证在计算机系统（含网络）中原始信息的机密性、完整性和可用性。其中，信息的机密性是指能够保证信息不泄露给未授权者的特性；信息的完整性是指能够保护信息的正确、完整和未被篡改的特性；信息的可用性是指能够保证信息可被授权用户访问，并按其要求运行的特性。实施过程中，计算机信息安全主要包括设备安全、数据安全、内容安全和行为安全。实现计算机信息安全的具体内容包括：

① 防火墙　防火墙是建立在内外网络边界上的过滤机制，可以监控进出网络的访问，保证安全、核准的信息进入，同时抵制对系统构成威胁的数据。防火墙的主要实现技术有数据包过滤、应用网关和代理服务等。

② 信息加密　信息加密是一种主动安全防御策略，是一种限制网络上传输数据访问权的技术，其目的是保护网内的数据、文件、口令和控制信息，并保护网上传输的数据。数据加密技术主要分为数据存储加密和数据传输加密。

③ 身份认证　身份认证是系统核查用户身份的过程，其实质是查明用户是否具有请求资源的使用权，至少应包括验证协议和授权协议。身份认证技术除传统的静态密码认证技术以外，还包括动态密码认证技术、IC卡技术、数字证书、指纹识别认证技术等。

④ 安全协议　安全协议是计算机系统安全的规范和标准，是提供计算机信息安全的基本因素，通常涉及加密协议、密钥管理协议、数据验证协议和安全审计协议等。一个较为完善的内部网和安全保密系统至少要提供加密机制、验证机制和保护机制。

⑤ 入侵检测　入侵检测是计算机系统实时检测未经授权的非法访问和操作行为，是一种对网络活动进行实时监测的有效手段。该技术可完成网段上所有通信的监测和记录、相关网络活动的管理以及外部进入系统的恶意活动的监测等。

(2) 移动通信信息安全技术

当计算机系统不是直接通过互联网而是通过移动通信平台实现其网络链接

和信息交互时，除了需要确保原本计算机信息交互的安全外，还须解决移动通信平台实现网络链接和信息交互过程中的信息安全问题，是智能交通系统信息安全的第二个层次的问题。

由于移动通信完成信息交互的无线信道是开放的，第一代移动通信中的信息以明文形式进行传送，信息安全保证程度低；为提高信息交互的安全程度，在第二代数字移动通信系统中信息则改以加密的方式进行发送，并采用询问响应的方式对移动用户进行安全认证。随着通信技术的快速发展，现代移动通信网络面临更多更大的安全威胁，包括移动通信中交互被捕获、通信链路被入侵、敏感信息被窃、身份被假冒以及数据被篡改等威胁。因此，移动通信中的信息安全性主要需要解决移动通信通道上交互信息的机密性、完整性和认证性。因此，通过采用无线安全检测、安全态势感知和身份认证等技术，可为移动通信平台构建一套机动可靠、安全互联的安全防护体系和解决方案，既可防范来自移动通信系统内部的攻击，也可抵御外部入侵，防止敏感信息泄露，从而实现移动通信网络的安全控制、用户可信入网和安全有效管控，并有效提高在复杂环境下移动通信平台的信息安全防护能力。实现移动通信信息安全的相关技术包括：

① 传输信息加密　采用网络加密技术，实现数据的传输保护策略。
② 身份认证鉴权　基于公钥机制构建认证机构，建立身份认证鉴权体系。
③ 通信安全协议　提供密钥协商和控制，保证用户与网络间的安全会话。
④ 在线攻击检测　实现通信攻击检测，发现篡改、窃听和伪造等攻击行为。
⑤ 网络接入控制　支持用户可信访问控制，实现网络访问的安全管理。

(3) 基于交通业务信息的可信交互安全技术

在计算机信息安全技术与系统的基础上，进一步采用移动通信信息安全技术，是当前保证智能交通系统信息交互安全的主要解决方案，已能满足常规交通功能和服务应用的需要。但随着现代交通系统智能化的快速发展，越来越多的系统功能和服务对信息安全提出了新的要求，包括更高的传输速率、更及时的信息交互要求等，尤其是为支撑车路协同的群体决策控制和自动驾驶功能的全方位实现，现有信息安全解决方案耗时长、成本高、代价大等特点显得越发突出。因此，在采用计算机信息安全技术和移动通信信息安全技术的基础上，引入基于交通业务信息的可信交互安全技术，就成为现代智能交通系统信息安全的有效解决方案，有望成为跨平台、低时延和高可靠的更高层次的安全措施。

基于交通业务信息的可信交互安全技术是伴随现代智能交通系统的发展应运而生的新技术，许多研究工作刚刚开始，还未形成体系化的和可规范应用的成果，但初步研究成果已展示了其广阔的应用前景。根据现有的研究工作及初步成果，基于交通业务信息的可信交互安全技术可分三个层次完成其信息可信的甄别工作。第一层次是对个体信息的逐点检查，逐点分析信息中的所有数据元素是否在可行范围内；第二层次实施个体的多点检查，即检查个体的连续信息中数据元素是否符合个体运动的相关物理规律；第三层次则是对群体的复合检查，即检查两个及以上个体的数据元素是否存在相互矛盾，如检查两车行驶轨迹是否重叠等。

　　由此可见，如果将基于交通业务信息的可信交互安全技术分为两类——基于交通参与者个体行为的业务信息可信分析验证和基于交通参与者群体行为的业务信息可信甄别，那么前者涵盖第一层次和第二层次的信息可信分析验证，后者则完成第三层次的信息可信甄别工作。现阶段基于交通参与者个体行为的交通业务信息可信分析验证研究主要基于对各类车辆的运动信息分析，如车辆位置信息的实时性、行驶轨迹的连续性和动力特性的局限性等。

　　考虑基于交通参与者个体行为的交通业务信息可信分析验证主要针对个体行为进行分析验证，如考虑单车自身行驶情况，则可以重点关注"车辆固有属性""车辆运动信息"和"车辆周边信息"三种在途信息，并从"行驶轨迹""运动趋势"和"驾驶行为"三个维度进行分析。其中，"行驶轨迹"维度对应第一层次，即可根据车辆行驶的轨迹数据（离散值）得到其行驶速度、加速度和转弯角度等，从而依据车辆动力学的物理边界检查车辆所有参数是否在其可行范围内；"运动趋势"维度对应第二层次，即可从车辆的速度和加速度等检查车辆的连续轨迹是否符合物理规律，进而验证其变化是否符合车辆动力学特性；"驾驶行为"维度仍对应第二层次，即可根据驾驶员驾驶车辆时存在的超车情形、加减速剧烈程度、行驶方向变化趋势等驾驶行为，分析验证是否超出日常驾驶行为区间，进而分析验证信息的真实性。

　　基于交通参与者群体行为的交通业务信息可信甄别的主要应用对象是在道路上快速运动的群体车辆，因此该项工作对应第三层次的信息可信甄别。基于网联汽车获得的周边车辆行驶信息，通过判断有限时间和空间区域内多辆汽车运行轨迹是否存在如交叉情况等，可以判断是否出现了撞车事故等异常情况，进而甄别多辆汽车间交互的车辆行驶信息是否值得信赖。需要注意的是，由于现代交通系统的规模巨大，需要同时考虑的交通参与者（如车辆）众多，在大范围内进行群体车辆信息交互和可信性判断对车载计算能力和通信水平要求较高。因此，在实施基于交通参与者群体行为的交通业务信息可信甄别时，选择和确定合适的有限范围至关重要。在实际应用过程中，有限范围的确定可以以路侧设备为中心确定，也可以以运动中的汽车为中心确定。前者可借助路侧设备的计算能力，但在有限的计算范围内的车辆对象动态变化大，相应地也增加了计算量；后者只能依赖自车的车载计算机，因而计算能力弱，但在有限的计算范围内车辆对象变化不大，同时也可减少计算量。

第 3 章
微公交系统需求分析

3.1 园区发展需求

3.1.1 园区及其功能

园区一般是指由政府统一规划指定的区域，区域内专门设置某类特定行业或形态的企业或单位进行统一管理。根据中国的基本情况，园区主要分为工业园区、农业园区、科技园区、风景园区、大学园区、政府园区以及物流园区七类。每一类园区都有不同的定义和功能，具体来说：工业园区一般是以工业生产企业为主的特定区域；农业园区一般是以农业生产企业为主的特定区域；科技园区主要指以高科技研发企业为主形成的区域，如软件园区、高新园区；风景园区一般是以园林等旅游景点为主的特定区域；大学园区一般是以教育教学为主的特定区域；政府园区主要是以政府办公为主的特定区域；物流园区一般是以物品集散、交易和转运为一体的区域，包括港口园区、交易园区等。

一般来说，园区具有封闭性、复合性、综合性等特点。

① 园区的封闭性是指，相对于城市空间，园区是一个封闭、独立的个体，既像一个个不加顶的建筑综合体，又像一个城中之城。围墙是实现其封闭性的主要手段，园区的院墙一般采用实体材料砌筑，高度以阻挡视线和阻止翻越为原则。绝对封闭的空间是不现实的，园区除了占主导地位的封闭性外，还具备内外空间的有限沟通性。门是实现内外空间沟通交流的主要渠道。

② 园区的复合性是指，一个完整的园区内部有功能齐全的建筑，形成不同的空间领域，因此园区实际上是一个在平面上展开的复合空间综合体。不同

的空间具有不同的形态，肩负着不同的使命。

③ 园区的综合性是指，园区内部空间的复合性导致了园区的复杂性，各种空间互相交错、渗透。园区的复杂性有时也与缺乏城市宏观的规划设计和管理有关。

园区的建设会对城市街道空间构成、动态交通和静态交通产生一定的影响。其中，园区对街道空间构成的影响主要体现在院墙建设、入口设置以及园区组合等方面；园区对动态交通的影响主要体现在园区的封闭性会减小城市动态交通的拓展空间；园区对静态交通的影响主要体现在园区内停车位的配置。

园区院墙对街道空间的影响主要体现为：院墙成为分割园区与城市街道的界面，是围合街道空间的主要元素，因此院墙的形成是园区对街道空间产生作用的直接手段。20世纪80年代以后，随着改革开放和市场经济的施行，院墙的建筑化和虚化成为园区发展的两个方向。

园区入口设置对街道空间的影响主要表现为：门是园区与城市街道空间联系的唯一通道，门也是园区空间的入口和起点。门是围合城市街道空间的重要构件，往往是街道立面中最精彩的部分。

园区的组合对街道空间的影响主要表现为：几个园区沿街道并列布置，可以形成完整的街道空间；因为园区只需要"墙"和"门"实现与街道的连接，比起一般由建筑围合的街道空间，这种方式形成街道空间比较迅速，也比较完整。由于园区的独立性，园区的规划建设大多可独立进行，因而常只考虑园区内部的空间关系，甚至一度不遵循城市总体规划设计的基本指导，最终造成相邻的园区很难形成完整、有序的城市街区空间。北京的园区规模相差较大，不同规模的园区对城市建设的影响不同。有的园区功能单一，占地较小；有的园区则人数众多，可达成千上万人，占地很大，可以覆盖一个或几个街区，内部就像一个小城镇。园区越大，独立性越强，因而它的围墙越长、内部建筑物越多、空间越复杂，对城市街道空间造成的影响也越大。

园区对动态交通的影响主要表现为：园区的封闭性会使城市动态交通的选择减少，从而将交通流量全部集中到园区外围的主干道，加剧城市交通的拥堵程度。大型园区的建设往往会产生大量的交通需求，在城市中形成较大的稳定的交通源流，从而增加城市道路的交通容量，使本已超负荷运转的城市道路雪上加霜，交通更加拥堵。国外城市交通近半个世纪的发展经验表明，单纯依靠道路建设、扩大道路容量已不能满足交通需求持续增长的需要，也无法从根本上解决道路拥堵的问题；应采取适度的交通需求控制与管理对策，尽可能地减少重大交通源流的生成，以保证城市交通的可持续发展。

园区对静态交通的影响主要表现为：园区内停车位容量与园区空间利用之间的矛盾。如果园区配置的停车位容量有限，大量的车辆得不到合理安置，就会出现车辆围绕园区违规停靠的现象，严重时将影响园区周边的交通环境。

3.1.2 园区发展历史

中国的园区建设经历了长期的发展过程。以北京为例，新中国成立初期，北京作为首都百废待兴，成立了大量的国家党政机关，建设了大量办公和居住场所。城市建设初期先是利用旧有王公贵族的府邸大院作为权宜之计，同时积极筹备新建相关建筑；其次，许多军队营区被安排在城市西郊，每个营区占用一块方正的用地，合围成封闭的营房园区；再次，北京原有的圆明园、颐和园等众多风景园区得到保留，形成了新中国成立后北京最早出现的园区形态。这种发展过程与北京旧城的形成有几分相似，都是先用城墙围出一个园区，然后在其内部进行规划设计。园区内部的规划和建设一般都由各使用单位执行，当时主要的城市规划设计部门"都市计划委员会"的主要工作一度是"忙于划拨土地"，无暇顾及园区内部的具体规划与设计。

改革开放以来，市场经济的日益发展以及建筑密度的增加使得园区发生了显著的变化。首先是出现了很多新型园区，包括工业园区、物流园区、科技园区等，由政府统一设置园区的功能，并落实园区的规划设计与建设，相对之前的园区更加开放和有活力。这些园区的建设与发展，直接导致了园区的第二个变化，即园区院墙的虚化和实化。院墙的虚化是指从原来的高大、厚实与防卫性极强逐步变为透空、轻灵且隔而不断，甚至简化到只以绿化相隔，这种改变有效减弱了园区的封闭性，内外空间的流通反映了社会不断开放的趋势；院墙的实化是指院墙被建筑代替，形成"建筑墙"，流行一时的"破墙开店"就是其中一种现象，此时院墙的单一墙体被沿街的商业建筑所取代，这些建筑对内是封闭的，对外面的街道是完全开放的。

众所周知，北京市园区的面积大是一特色。因为历史发展和城市规划的一些原因，北京市园区的面积普遍较大，如大学园区。北京市有一批面积较大的大学园区，集中分布在学院路两侧，其中部分大学园区已经超过了1000亩（如图3-1所示）。园区面积较大，对城市空间及其周边交通的影响也就较大。

北京市园区的数量多是另一特色。经过多年的发展，北京市已经形成了多

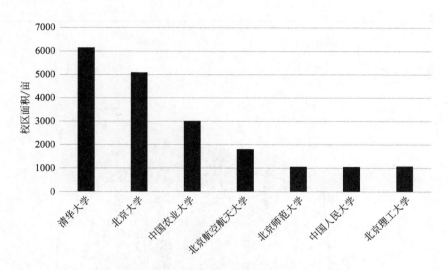

图 3-1 北京市部分高校主校区面积

园区的布局,既有大量的住宅园区分布在不同区域,也有规划形成的学校园区、工业园区、风景园区等,总体上数量众多。

北京市园区封闭性强。北京市园区最显著的特点就是它的独立封闭性,园区通常通过围墙和门实现与外界的地理分割,这在地理上也将城市交通割裂,使得北京市次干道、支路短缺,"微循环"系统薄弱,一定程度上损害了城市路网系统的整体性,增加了交通组织的难度。

北京旧城二环以内以及西二环和西三环之间以三里河地区为代表的地段,分布的园区以国家行政机构为主,这些园区由于地处城市中心且建设较早,用地面积一般不大,多以办公为主;而在北京的海淀区以学院路为代表的地段,分布了大量的高等院校和科研院所,该地段内园区是主导,余下城区只是园区的剩余空间,因此其特点是规模大,各成一体;此外,北京的朝阳区建国门外一带分布了大量的工业园区,大多规模较大。除了以上这些有规律的园区分布之外,还有大量的住宅园区分布在城市的不同区域。图 3-2 显示的是北京市不同类型住宅园区 2012 年的空间分布,图中将住宅园区分为了胡同/四合院、商住两用、单位大院/宿舍、政策住房、普通商品住宅、别墅等类型。可以看出,北京市住宅园区数量多、分布广泛,且主要分布在城中核心地段,对城市空间和城市交通都产生了重要影响。

除了住宅园区,北京市园区还包括国家级经济技术开发、市区级开发区

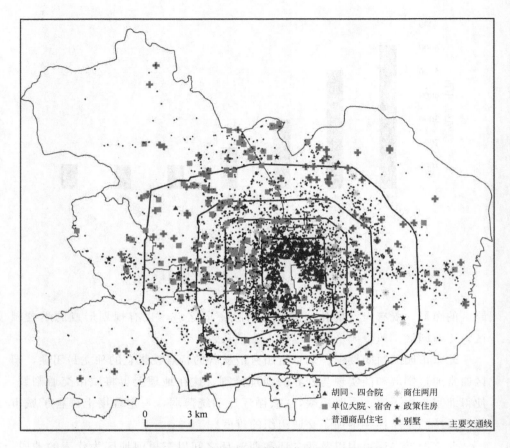

图 3-2　2012 年北京市不同类型住宅园区空间分布

和市区级下属子园区。其中国家级经济开发区分别为中关村科技园、北京经济技术开发区和天竺出口加工区；市区级开发区分布在各区县，分别为天竺空港工业区、林河经济开发区、小汤山经济开发区、延庆经济开发区、八达岭经济开发区、兴谷开发区、通州经济开发区、西集开发区、永乐经济开发区、大兴经济开发区、大兴采育经济开发区、房山经济开发区以及石龙经济开发区等。以上园区的分布如图 3-3 所示。

3.1.3　园区管理现状

一个园区采取哪种管理模式，取决于园区的建设目标、建设历史、内外部

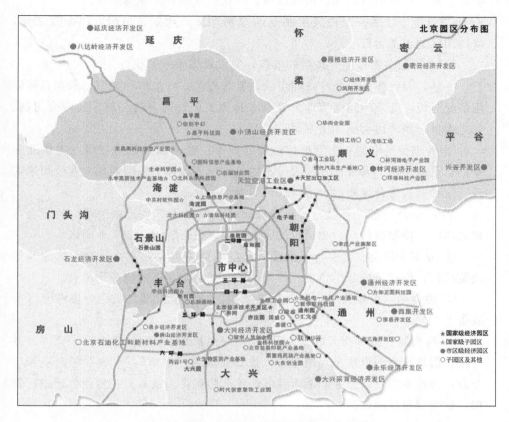

图 3-3　北京市园区（除住宅区外）分布图

环境等诸多要素。具体来说，园区的管理模式主要受以下几个因素影响。

① 园区的建设目标影响着园区的管理模式。园区发展是政府主导还是市场行为，是长期发展还是短期行为，都会对园区的管理模式产生影响。

② 园区的投资主体影响园区的管理模式。园区的投资主体不同，在经营目标、主体历史背景等方面有很大不同，对园区管理模式有很大影响。

③ 园区功能影响园区的管理模式。园区功能单一，则可以采取简捷的管理方式，如住宅园区，一般由物业委员会做管理；园区功能综合，覆盖面广，则管理模式会相应不同。

园区的管理和其他组织管理一样，包括决策层、管理层、执行层三个层次。

① 决策层负责园区重大事项的决策、控制园区发展方向，如发展规划的

制定、重大投资项目批准、招商政策、物业管理收费标准制定等。

② 管理层负责按照决策层制定的原则，开展计划、组织、协调等工作，维持园区的正常运行。

③ 执行层负责按照管理层的安排，完成具体事务的执行。

另外，园区作为一个特殊的组织，其管理模式有很多种类型。根据具体应用情况分析，北京市园区管理主要有 5 种类型：管理委员会制、股份公司制、业主委员会制、协会制和房东制。

① 管理委员会制：主管单位组建管理委员会对园区进行管理，提供业主登记、土地使用、人事代理等服务，物业管理等具体工作则委托专业公司来实现。这种形式适合规模很大的园区，如大型的物流园区。

② 股份公司制：采取公司制管理园区，设立董事会、总经理、监事会与相关部门，按照责任权力相结合的原则对园区进行管理，如工业园区。

③ 业主委员会制：参与园区开发建设的业主组成业主委员会，成为园区决策机构，组建管理部门负责具体的经营，如住宅小区的物业委员会。

④ 协会制：由相关的协会负责整个园区的经营管理，组织、协调园区开展服务。

⑤ 房东制：投资商完成土地开发、基础设施建设后，把土地、仓库、办公楼、信息平台等设施出租给业主，投资商成为"房东"，只收取租金不参与经营，为业主提供的服务职能由政府相关部门提供，或者委托专业公司进行管理，如大型科技园区。

3.2 城市公共交通系统分析

3.2.1 城市公共交通现状分析

以北京市城市和交通发展变化为例，可以分析我国城市公共交通系统的发展情况。

(1) 北京市经济社会发展现状

近年来，北京市经济发展保持了较快的增长速度。初步核算，2015 年北京市地区生产总值 22968.6 亿元，比上年增长 6.9%。其中，第一产业生产总值 140.2 亿元，第二产业生产总值 4526.4 亿元，第三产业生产总值 18302 亿元，见表 3-1 所示。按常住人口计算，全市人均地区生产总值达到 106284 元（按年平均汇率折合 17064 美元）。

表 3-1 北京市 2015 年地区生产总值

指标		绝对数/亿元	比上年增长/%	比重/%
地区生产总值		22968.6	6.9	100.0
按产业分	第一产业	140.2	−9.6	0.6
	第二产业	4526.4	3.3	19.6
	第三产业	18302.0	8.1	79.8
按行业分	农、林、牧、渔业	142.6	−9.5	0.6
	工业	3662.9	0.9	15.9
	建筑业	965.9	13.3	4.2
	批发和零售业	2400.3	−1.2	10.5
	交通运输、仓储和邮政业	957.9	4.0	4.2
	住宿和餐饮业	412.6	0.3	1.8
	信息传输、软件信息技术服务业	2372.7	12.0	10.3
	金融业	3926.3	18.1	17.1
	房地产业	1438.4	4.2	6.3
	租赁和商务服务业	1766.8	−1.7	7.7
	科学研究和技术服务业	1820.6	14.1	7.9
	水利、环境和公共设施管理业	180.5	13.3	0.8
	居民服务、修理和其他服务业	115.0	2.0	0.5
	教育	965.5	11.8	4.2
	卫生和社会工作	577.6	13.7	2.5
	文化、体育和娱乐业	527.8	3.5	2.3
	公共管理、社会保障和社会组织	735.2	8.6	3.2

"十二五"期间，全市地区生产总值年均增长 7.5%，其中第一产业年均下降 0.6%，第二产业和第三产业年均分别增长 6.5% 和 8.0%。三类产业结构比例由 2010 年的 0.9：23.6：75.5，调整为 2015 年的 0.6：19.6：79.8。图 3-4 所示为北京市 2011~2015 年地区生产总值及增长速度。

"十二五"时期，北京市常住人口仍处于增长阶段。2015 年，北京市常住人口 2170.5 万人，比上年末增加 18.9 万人。其中，常住外来人口 822.6 万人，占常住人口的 37.9%；常住人口中，城镇人口 1877.7 万人，占常住人口的 86.5%。常住人口出生率 7.96‰，死亡率 4.95‰，自然增长率 3.01‰。常住人口密度为每平方公里 1323 人，比上年末增加 12 人。年末全市户籍人口 1345.2 万人，比上年末增加 11.8 万人，北京市常住人口及构成如表 3-2 所示。

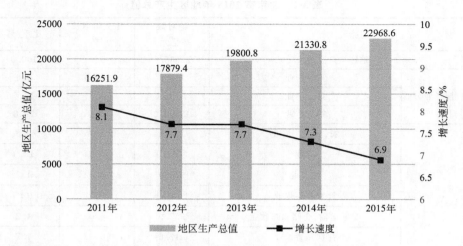

图 3-4 北京市 2011~2015 年地区生产总值及增长速度

表 3-2 2015 年末北京市常住人口及构成

指 标		人数/万人	占比/%
常住人口		2170.5	100.0
按城乡分	城镇	1877.7	86.5
	乡村	292.8	13.5
按性别分	男性	1113.4	51.3
	女性	1057.1	48.7
按年龄组分	0~14 岁	219.1	10.1
	15~59 岁	1610.9	74.2
	60~65 岁	340.5	15.7
	65 岁以上	222.8	10.3
按功能区分	首都功能核心区	220.3	10.1
	城市功能拓展区	1062.5	49.0
	城市发展新区	696.9	32.1
	生态涵养发展区	190.8	8.8

"十二五"时期，北京市人口增速、增量"双下降"，常住人口年均增长 2.0%，比"十一五"时期低 3 个百分点；累计增加 208.6 万人，增量比"十一五"时期减少 215.3 万人。常住人口增速呈放缓态势，常住人口增量逐年减少。图 3-5 为北京市 2011~2015 年常住人口增量及增长速度。

第3章 微公交系统需求分析

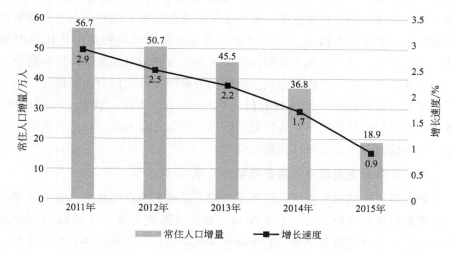

图3-5 北京市2011~2015年常住人口增量及增长速度

（2）北京市城市功能布局影响城市交通

北京市人口分布不均匀。根据《2019年北京交通发展年报》数据显示，截至2018年底，北京市土地面积1.64万平方公里，人口2154.2万人。其中，东城区和西城区两个首都功能核心区面积仅为92.39平方公里，但人口有200.1万人，人口密度达到了每平方公里21658人；而远郊的门头沟区、怀柔区、平谷区、密云区和延庆区5个生态涵养发展区面积为8746.65平方公里，而人口仅为204.1万人，人口密度为每平方公里233人，核心区人口密度为远郊区人口密度的93倍。

北京市功能布局过于集中。作为国家的政治中心，中央党政军领导机关、邦交国家使馆、国际组织驻华机构都集中在北京；作为经济中心，中国人民银行、银保监会、证监会等国家经济决策、管理和监管机构，中国石化、中国石油、国家电力、中国电信、中国移动等国家级国有企业总部，四大国有商业银行和中国人寿等国家主要金融、保险机构，中关村科技园等高新技术创新、研发与生产基地，CBD、西单、王府井等商业和购物中心集中在北京；作为文化中心，国家主要的文化、新闻、出版、影视机构，清华大学、北京大学、中国人民大学等高等院校和中科院、社科院等科研院所，国家大剧院、国家体育场、水立方等国家大型文化和体育活动场所以及天安门、前门、故宫、北海、颐和园、圆明园、历史博物馆等著名的旅游和参观景点都集中在北京；再加上首都国际机场、北京站、北京西站、北京南站等大型的航空、铁路和公路枢纽，北京形成了集各种功能于一狭小面积之内的特征。同时，由于北京城区是典型的向心型单中心格局，上述的绝大多数机构和单位都集中在四环内的区域，来京办事、开会、观光和购物的人流和车流与本地上班、办事和购物的人流和车流交融在这一地区，造成了四环内道路面临巨大压力的局面。

据相关资料统计，早高峰时段，平均每 1.68 人中，就有 1 人进出四环。城市功能布局的过分集中和人口分布的不均匀综合在一起，导致人流和车流不得不流向城区，形成了城区道路的拥堵。

（3）北京市交通道路布局影响城市交通

随着北京市城市发展进入了汽车时代，道路交通设施规划、设计和建设成了城市最突出的问题。有关专家指出，北京道路规划设计不够科学主要表现在：第一，北京的道路路网是典型的棋盘式结构，每个路口都装有红绿灯，这种棋盘式的道路格局容易导致道路交通拥堵；第二，北京目前的交通路网密度与一个国际大都市应该具备的交通功能匹配性较差；第三，缺乏大型住宅区和城区间的高效交通走廊；第四，道路的规划设计不够科学合理。

北京交通路网存在东西向和南北向不平衡的状况。东西方向因为有长安街、平安大街、"两广"路等干线，车辆通行情况较好；南北方向却缺少主要干道，因此东二环和东三环、西二环和西三环不得不承担起南北主干道的作用。北京路网的另一问题是缺少从市中心通往四面八方的放射性线路，尽管环路修了一环又一环，但交通拥堵依然较为严重。

北京是世界上立交桥最多的城市之一，凌空飞架的立交桥看似千姿百态，但是通行并不顺畅。从 1974 年开始建设到 2019 年底，北京的立交桥已经建成大大小小 720 余座，遍布五大环线和主干道。机动车保有量增加是造成交通拥堵的一个重要方面，但为了疏导大流量路口交通而建的立交桥发挥的作用还有待提高。

北京快速路部分出入口设置不合理也影响了通行。北京一些快速路在设计时没有考虑出入口间的合理间距，致使进入主路的入口和出主路的出口间隔过短。由于间距过短做不到合理分流，从辅路驶入主路向左并道的车辆和从主路驶出向右并道的车辆交叉在一起，交通流量较大时严重影响了车辆的正常通行。

（4）北京市交通管理影响城市交通

就北京目前的道路设施来说，除了干道网密度过稀、平交路口通行能力不足、路网系统不完善等弊端外，管理方面的问题也不容忽视。目前的交通管理法规和管理制度仍有待进一步完善。

人、车、路、环境是交通管理工作的四大因素，占道经营、车辆停放不规范、公共汽车站离路口太近等因素，制约了路口的通行能力。公交车站点的位置、红绿灯的配时、交通标志的设立以及交叉口渠化的设计等问题，都在一定程度上影响了道路的通行能力。

(5) 北京市公共交通系统发展亟待加强

新中国成立初期，北京机动车保有量为2300辆，1978年约为7.7万辆，1997年2月达到100万辆，2003年8月达到200万辆，而2018年已经突破608万辆。

从20世纪80年代的城市交通规划起，客运交通结构一直以发展公共交通为主。1993年的城市交通规划进一步规定：到2000年和2010年，公共客运系统承担出行量（不含步行）的比例将分别达到47.4%和58.4%。但是，实际上市区公共客运系统承担的出行量比例（不含自行车和步行），1986年只达到32%，2000年更进一步下降为26.5%，2018年回升到32.3%；相反，小汽车承担的客运比例却从1986年的5%，上升到2000年的23%、2018年的39.4%；出租汽车从1986年的不足1%，上升到2000年的8.8%，2018年降到4.43%。

公共交通作为一种大众化的交通工具，其使用效率是小汽车的10倍，容量大、载客多，能最大限度提高道路使用率。东京、伦敦、纽约、巴黎的公共交通占比已达67%~87%，其中轨道交通承担了公共交通的58%~86%，而小汽车包括出租汽车在内，仅占总出行量的12%~32%。由此可见，北京还应进一步加强公交系统的建设，以赶上世界发达国家主要城市的公交系统水平，并与北京城市建设的总体目标相协调。

3.2.2 城市公共交通问题分析

根据城市公共交通现状，城市公共交通主要存在公共交通系统的发展与城市快速发展不相适应，公共交通系统的整体规划与实施建设不相适应，公共交通系统的布局与园区出行需求不相适应等问题。

(1) 公共交通系统的发展与城市快速发展不相适应

相对于道路设施的投资，我国近年来在公共交通的投资偏少，公共交通的发展不能支持城市快速发展，特别是大城市或特大城市的轨道交通建设还难以满足城市发展的需要。国际上先进的特大城市如东京、纽约、伦敦、巴黎，尽管他们的道路网都较发达，但城市客运交通均主要依靠以轨道交通为主的公共交通。运输效率高的公共交通得不到应有的发展，而有限的道路空间被运输效率低下的私家车大量占据，是导致道路交通服务水平下降、道路拥堵逐步加剧的重要原因。

(2) 公共交通系统的整体规划与实施建设不相适应

公共交通系统的整体规划与实施建设不相适应问题主要体现在：公共交通设施与其他公共服务设施建设衔接不够，交通枢纽的设计重点考虑交通换乘，忽略了周围土地的开发利用因素；交通节点换乘环境缺乏人性、不够友好，多为通道连接的换乘，缺少同站台换乘，有的换乘通道长度甚至达到了200m以上，换乘时间超过5min；非机动车交通用地被严重压缩，致使自行车出行比例大幅下降；市区内公交线路区域分布不均衡，过多地集中于城市主要干道上，地面公交重复系数过大，导致公共交通资源严重浪费；潮汐交通问题显著。

(3) 公共交通系统的布局与园区出行需求不相适应

公共交通系统的布局与园区出行需求不相适应问题主要体现在：公交系统存在盲区，"最后一公里"问题显著，无法使用固有的交通工具作为运输载体，给人们的出行生活带来极大的不便；园区密集的区域严重缺乏城市支路一级的道路，公交系统被园区割裂，导致城市交通网系统不完整，使得园区外围交通压力巨大；公交系统主体为干路公交，缺少园区微公交系统，使得无论是远途出行还是短途出行都必须采取干路公交来进行。

3.2.3 城市公共交通发展需求

国内外主要城市在公共交通系统的发展上已积累了丰富的经验，现以东京、新加坡和香港为例，详述其发展公共交通系统的主要思路和措施。

(1) 东京

日本是一个土地极度缺乏的国家，全国的三分之二是山脉；自然资源匮乏，石油全部依靠进口。因此，日本没有像其他工业化国家一样进行大规模的修路，而是把重点放在轨道交通的建设上，大力发展以轨道交通为主的交通系统，并严格控制私家车的发展和使用。东京主要通过税收来限制私家车，拥有私家车必须缴纳机动车税；每年汽车所有人要缴纳注册税，即根据汽车质量而设定的附加费。政府限制私家车的另外一个重要措施是购车时对停车位的要求，任何人如果想注册一辆私家车，要求必须能够证明他在其住地有一个非街道旁的停车车位；同时鼓励使用小排量的汽车。除了直接支持公交系统建设外，日本中央政府还通过税收政策，优惠和鼓励公众使用公共交通系统出行。

（2）新加坡

新加坡的公共交通系统非常发达，公交搭乘率非常高，这与新加坡政府实施公交系统与土地功能相配合的发展战略、加强公交系统的优化设计以及对使用私家车的限制是分不开的。新加坡政府制定了一系列限制使用私人交通的政策，设置了一系列与使用汽车相关的税收，包括对进口车征收等同于45％车辆价值的购置税收，征收等同于150％车辆价值的登记注册费；在高峰时段开车上街征收高额的"车辆占路费"，并将这些收入用于改善和发展公共交通；自1975年起还对部分地区实行交通管制。另外，新加坡的汽油税、停车收费都相对其他国家较高。

（3）香港

多年来，我国香港特区政府大力投资交通基础设施建设，特别是以轨道交通为主体的公共交通系统建设，为解决城市土地与交通协调发展问题创造了条件。香港为了弥补地铁建设和运营的巨大成本，采取了地铁设施与沿线土地联动开发的策略，特别是对地铁车站周围的土地进行高强度的开发，取得了巨大的经济和社会效益。这种做法将轨道交通潜在经济效益转化成投资，以土地开发的收益补偿巨大的轨道交通建设及运营成本，使得香港地铁公司成为世界上唯一盈利的轨道交通企业。

通过对以上大城市公共交通系统的分析，并基于近年来我国发展公交系统所取得的丰富经验，可以看到我国公共交通系统的建设和发展应主要集中在以下方面。

（1）加大对优先发展公交系统的支持力度

"公交优先"是公共交通系统优先发展的简称，不仅是指狭义上的常规公交通行权上的一种公交行驶优先，也包括广义上的公交系统优先发展，即凡是有利于公共交通发展的政策和措施均可称为公交优先。

公交优先所包括的内容非常广泛，其优先发展的内容框架可以包括政策优先、技术优先、意识优先和规划优先等，如图3-6所示。

政策优先是指在财政税收、资金投入以及相关规划上确立对公共交通建设的倾斜，包括外部政策和内部政策，如图3-7所示。外部政策指的是政府根据

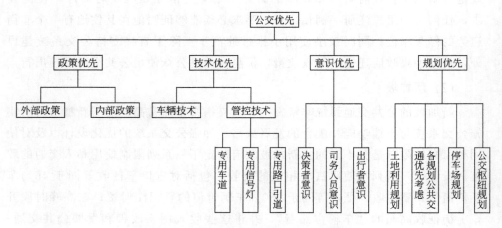

图 3-6 公共交通系统优先发展内容框架

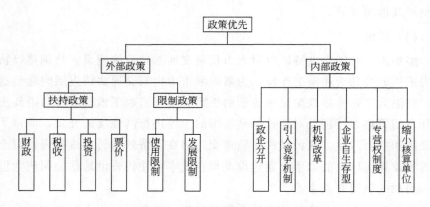

图 3-7 公共交通政策优先框架

城市实际情况制定出有利于公交系统发展的各项政策，通常，一是扶持，即通过各种手段发展公共交通，提高其运行速度，改善服务质量，确保其经济投入；二是限制，即限制除公共交通之外的其他交通方式，在购置、使用等不同环节上加以控制。内部政策指的是公交企业的内部工作，包括公交部门自身的改革和国家对公交行业经营管理体制的改革。内部政策与外部政策配合使用，有助于从微观上对公交企业进行管理。

技术优先是指利用交通管理措施和技术手段给予公共交通优先通行的权利。公共交通车辆技术优先是指利用先进技术对公共交通车辆的构造、外观等进行合理的设计及维护，以提高公共交通车辆的优先权，其根本目的是提高公交车的舒适性,从而吸引更多的乘客采用公交来完成出行,并减少车辆运行时间和减少事故。管控技术优先主要是针对地面常规公共交通方式(公共汽车、无轨电车及有轨电车等)而采取的适当的交通管理技术和措施,以保证在现有道路资源的基础上,在交叉口或拥挤路段优先公共汽、电车的通行;它主要通过公交专用车道(专用路)、交叉口公交专用入口引道以及专用信号灯的设置,来提高公交的优先权。该阶段实际上是地面公共交通向地铁以及轻轨交通过渡的一个不可或缺的阶段。

意识和规划优先是指决策者在进行城市发展规划时优先考虑公共交通,乘客在使用公共交通时加强现代化交通观念和意识。意识优先就是公众应该把公交优先放在首位,具体来讲主要包括决策者意识优先、司机和乘务人员意识优先以及出行者意识优先三个方面。决策者的意识优先主要体现在决策者制定城市发展和道路网规划时,应该首先清楚地认识到城市所面临的各种交通问题,认识到公共交通在整个城市交通中的重要位置;把握公交优先这一大方向,使城市规划、建设和管理都在"公交优先"的思想下统一起来,制定有利于公共交通发展的政策与措施,在财政、税收、投资等一系列政策制定中始终将公交优先贯穿其中。司机和乘务人员的意识优先主要体现在司机和乘务人员的法律意识上,严格遵守交通法规,各行其道,不抢占公交专用车道和专用入口引道等公共交通专用设施,提高公共交通的优先权,保证行车和乘车秩序,最大限度地减少交通事故;另外,提高司机和乘务人员的服务态度以及敬业精神,对提高公交优先也将发挥重要作用。出行者意识优先主要体现在出行者严格按交通法规制约自身的交通行为,保证拥有良好的交通秩序,从而有效提高城市交通管理与控制水平。此外,政府还应加大宣传力度,使群众逐步理解"什么是公交优先""为什么要公交优先"和"怎样实现公交优先",把公共交通作为出行时首选的交通工具,遵守交通规则,不随意穿越公交专用车道(路),保证公共交通畅通运行。

所谓规划优先是指在城市发展的总体规划阶段优先考虑发展公共交通,如其能有效实施,将相对城市交通恶化后再在现有道路上对公共交通实行优先管控,能取得好的效果。规划优先可以变被动适应为主动适应,使城市交通健康和可持续地发展。规划优先涉及的内容较多,但主要应该包括优先预留公共交通用地、优先建立公共交通系统、优先保证停车设施规划、优先规划公共交通枢纽以及优先保证场站布设与住宅小区的同步建设等。

(2) 发展公共交通一体化建设

一体化的公共交通是指通过公交长效发展机制和政策法规,促进公交系统内部各方式间的经营整合与运营整合，建立以快速大容量轨道交通线网和地面准快速公共交通干线网为骨干，以地面常规公共交通网络为主体，以出租车、自行车为补充的综合城市公共交通体系，从而提高公交系统的服务水平和运营效率。公共交通的一体化发展主要体现在线网换乘一体化、公交设施一体化、票制票价一体化以及体制政策一体化四个方面。这四个方面是相辅相成的，因为对于公交出行链而言，单纯靠线网建设，或者仅仅依靠快速公交本身是无法充分实现快速和高效的，而应该通过基础设施的网络化和智能化来改善线网换乘体验，以一体化的票制票价系统、管理体制和配套政策作为实现公众经济、便利出行的有效保障。

① 线网换乘一体化。线网换乘一体化首先要求形成协调一致的交通网络系统，应优先建立良好的轨道与公交接驳换乘体系，形成"无缝接驳"，以提高公交系统效率和服务水平。建立快、慢分级的公共交通系统是形成一体化公交模式的先决条件，可以把公交网络根据服务区域的大小划分为大、中、小三种交通区，先以大区为基础建设一级枢纽，布设高等级公交线路，形成快线层（或称干线层）；再以枢纽为中心调整交通区范围，分区建设二级枢纽，在一、二级枢纽上布设公交普线层，形成公交支线层，并最终形成公交网络。在这一体系中，主要运输走廊是快线，以大容量、快速、直接为目标，快线可以是由轨道交通系统、也可以是由快速公交系统（BRT）构成的网络，而普线和支线的主要功能就是集散乘客，其线路可以迂回曲折，以方便乘客、缩短步行距离为第一要务。

② 公交设施一体化。对公共交通系统而言，设施一体化主要体现在公交场站和公交专用道两个方面。公交场站包括公交首末站、枢纽站、停车场、保养修理场和公交停靠站等，其中公交枢纽站是公交系统结构的重要节点，应优先、重点考虑公交枢纽场站设施建设，特别是对外交通衔接枢纽、常规公交与轨道交通接驳换乘枢纽等；还可以考虑在中心区逐步取消首末站，将首末站外迁至城市周边，进一步提高土地利用和管理水平。

③ 票制票价一体化。票制是指票价结构，主要包括公共交通的运营模式和与之对应的票制结构。票制是公交一体化的关键问题之一。建立合理的票制票价体系，需要制定多样化的票制、制定地面公交和地铁统一的票价体制、制定地面公交和地铁的基准价或按里程计价标准、制定地面公交和地铁的换乘计价标准、制定 IC 卡的优惠标准等。通过制定以上票制票价，对定区定时的换乘实行优惠政策，可鼓励通勤出行采用公共交通，既解决通勤出行问题，又满足不同层次的出行需求。

④ 体制政策一体化。城市公共交通是社会公益性事业，其发展要纳入公共财政体系，在管理体制和配套政策方面，政府的主要职能就是保障城市功能。对于公共交通的建设和运营，政府应加强监管、制定票制票价，保证道路资源的配置，并给予运营企业必要的资金保证。而运营企业对于乘客，则应保证服务质量，为乘客提供最便捷的服务；乘客对于运营企业的服务和票款收入方面的问题可以向政府进行投诉，最终达到乘客、运营企业和政府三者多赢的目标。《北京交通发展纲要（2004—2020年）》中明确提出了鼓励公共交通发展的相应对策，如设施用地优先安排、确保公交场站设施与土地开发项目同步建设、投资优先安排、路权优先分配和财税优先扶持等，这些都为建设北京市一体化的公共交通系统提供了支持和保障。

(3) 建设和发展园区微公交系统

根据北京市2015年轨道交通线网规划，至2015年底北京已在四环以内实现了任意点距离地铁站直线距离不超过1.5km的目标。但是，仍旧有相当多数的出行人群不愿意放弃私家车改乘公共交通出行，这说明目前的公共交通体系尚不能完全满足居民出行需求。据北京市交通发展研究中心调查显示，虽然城市已构建了高效的公共交通网络，但出发地、目的地与公共交通网络节点之间低效的接驳大大抵消了快速公共交通网络的优势，"最后一公里"已成为制约北京公共交通系统效率的重要因素，这个问题在校园、大型社区、工业以及科技园区尤其突出。

最近几年我国机动车保有量的平均增长速度约为20%，而在校园、大型社区、工业以及科技园区内停车场和道路等基础设施的建设已满足不了快速增长的机动车数量，停车位与汽车数量的比例严重失调带来了停车难、违章停车、车辆管理困难等一系列问题。在这些园区内，交通压力正逐步从动态向静态转化，静态交通和动态交通的失衡造成的"交通拥堵""停车难""管理难"已成为园区发展的一个共性难题。

为解决这些问题，针对"最后一公里"接驳的路程短、站点少、速度快、客流相对集中的特点，需要构建由中小型电动汽车运营的园区电动微公交系统，作为对主干公共交通的有效补充，以提高出发地、目的地与快速公共交通网络节点之间的交通效率，从而增加城市公交系统对出行人群的吸引力。特别是以电动车作为微公交系统的运营载体，可以充分发挥电动车的无噪声、能耗低、零排放的特点，对降低燃油消耗、减轻环境污染、改善空气质量及推动社会经济发展都将起到重要作用。

3.3 园区微公交系统需求分析

3.3.1 园区微公交系统评价

我国建设和发展适合大型园区生态和生活环境的微循环交通系统，并作为全路网公共交通运输的有效补充手段，首先需要分析园区微公交系统的需求和目标。

有效评价园区微公交系统的服务水平，是开展微公交系统需求分析的前提和条件。为保证评价结果的客观性、科学性、独立性、全面性和实用性，园区微公交评价应主要从系统评价、运营评价和效用评价三个部分展开，其评价体系框架如图 3-8 所示。

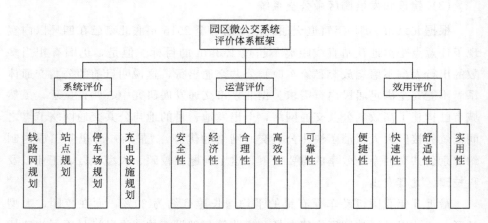

图 3-8 绿色园区微公交评价体系框架

其中，微公交系统的系统评价主要对拟建设的园区微公交系统的规模、设施和运营条件等进行评价，应该包括线路网规划、站点规划、停车场规划和充电设施规划的评价；运营评价主要完成对运营管理方的运营管理和服务水平的评价，应该包括运营的安全性、经济性、合理性、高效性和可靠性五个方面的评价；效用评价是从乘客角度完成的评价，应该包括系统的便捷性、快速性、舒适性和实用性四大方面。

3.3.2 园区微公交服务现状

近年来，多地交通部门致力于发展城市微循环公交、袖珍公交、穿梭巴士、公租自行车等系统。这些系统的名称各不相同，但建设目标都是一个，即打通城市公共交通微循环，使城市的干支线路"流通"起来。

北京部分园区已经建立了微公交系统。2010年6月26日北京首条社区公交线548路开通运营以来，2011年公交集团开通19条"微循环"线路，2012年公交集团又开通"专"字头社区公交线路11条。截至2017年6月，北京微循环公交线路已达104条，线路长度628.04km，解决了125km新建道路有路无车问题。这些微公交线路采取工作日早晚高峰时段运营、低峰时段和节假日全天停驶的运营模式，重点解决早晚高峰期市民通勤出行问题。

上海实行多点衔接轨道交通，浦东地区开通的穿梭巴士线路目前已有45条，其中与多条轨道交通多个站点相衔接的达25条，使20多个街镇的居民受益，覆盖该区所有街镇居民的70%以上，日均客运量超过3.7万人次。同样，上海浦西地区分布在中外环与外郊环之间的17条穿梭巴士线路，不但与地铁站相衔接，还填补了不少大型居住区没有短驳公交的空白，使70多个居民小区的数十万居民受益。

武汉已开通32条微循环公交线路，主要针对公交线网相对稀疏、社区建设相对成熟的区域布线，与主干道公交线路、轨道交通线路衔接。作为武汉打造"公交都市"的重要一步，"微循环公交"将市民从家到公交站点的距离控制在500m以内，市民出门步行5～8min就可以坐上公交车。目前开行的线路长度控制在5～8km左右，车型为6～7m的小型车，最短200～300m可有站牌。

在香港设立了小型巴士，主要分为公共小型巴士和学校私家巴士。公共小型巴士主要作为地铁的辅助以及接驳交通工具，载客量一般为16人左右；而学校私家巴士则多用于学生往返学校与家之用。截至2013年底，香港共有3107辆绿色公共小型巴士，354条专线，乘客可在固定车站等候，也可在路线途经区域截停上车。

国外大学校园公交已经有较为成熟的应用，主要应用集中在服务校园内部通行和与公共交通接驳两个方面。

综观目前国内外已开通的公交"微循环"线路，依然普遍存在以下问题：第一，无法兼顾校园、大型社区、工业以及科技园区内部交通需求，乘车地点一般位于园区门口，无法满足园区内交通需求，实现"最后一公里"交通接驳；第二，有些线路使用传统内燃机公交车，尚未有效实现交通运输的零排放。因此，建设和实施园区电动微公交系统具有很强的示范性与可复制性，可在降低能耗、减少排放的条件下，解决普遍存在的大型园区内部交通和"最后一公里"接驳问题。

综上所述，在建设园区微公交系统的过程中还面临如下一些客观问题和挑战：

① 园区采用封闭或半封闭的管理模式，城市公交车辆无法进入园区；

② 园区道路等级低、路面狭窄，大型城市公交车辆无法进入园区；

③ 园区对内部环境有较高要求，拒绝大型城市公交车辆进入；

④ 园区位置偏僻，城市公交车接驳距离远或需绕行而不愿进入；

⑤ 园区客流量偏低，城市公交车因效益问题不进入园区；

⑥ 园区内城市公交车设置不合理，存在发车间隔偏大、线路单一等问题。

此外，我们还应该看到，城市公共交通与园区多属于不同管理部门，由于同时受上述客观原因的影响，公交线网的改善存在一定困难。同时，共享单车因受天气因素影响，会降低乘客使用意愿，不能完全替代公共交通，现阶段在园区内设置公共自行车租赁系统并成功的案例较少。然而，园区公交系统能提供与城市公交相近的出行服务，随着电动汽车的逐步发展和广泛应用，已有多个成功案例。

3.3.3 园区微公交需求分析

园区微公交系统建设的需求分析可以从系统功能定位、运载工具应用和收费推广应用等方面进行。

(1) 园区微公交系统的功能定位需求分析

园区公共交通主要服务于园区人员出行，以弥补城市公共交通系统的末梢运输能力，因此其功能定位与系统建设需求密切相关。与城市公共交通系统的主体功能不同，园区微公交系统主要有四种功能定位：

① 作为公共交通系统在园区内的延伸，建立覆盖园区的公交网络，与城市公共交通系统相接驳，解决园区公共交通"最后一公里"出行问题；

② 满足园区内部出行需求，连接内部各地块和建筑，建立便捷舒适的内部公共交通网络；

③ 满足园区内工作人员的通勤需求，连接园区内部和园区外的职工住宅小区；

④ 满足园区特殊的接待任务，如临时的观光团、考察团和交流团等。

(2) 园区微公交系统的运载工具应用需求分析

园区微公交系统所需运载工具的选择非常重要，它对工程投资、运营模式、运载能力、运营速度、舒适性能和环保节能等有很大影响。目前国内外可用于园区微公交运行的运载工具主要包括单轨列车（monorail）、个人快速公交（personal rapid transit，PRT）、普通的公共汽（电）车和电动小巴，如图3-9所示。

悉尼单轨列车

PRT（德国卡迪夫试验线）

北京市CBD班车

北京丰台科技园电动小巴

图 3-9 可用于园区微公交系统的运载工具

作为城市轨道交通的一种模式，单轨列车具有运量大、速度快、安全、准点、保护环境和节约能源等特点，在园区交通中可扮演重要角色。单轨列车只使用一条轨道，有悬挂式和跨座式单轨列车两类。重庆已经建成三条跨座式单轨线路，沈阳和澳门正规划建设单轨线路；国外有多条为满足区域交通或旅游观光而建设的单轨线路，如悉尼 CBD、美国迪士尼乐园和拉斯维加斯的单轨铁路，日本也有六个城市建有单轨线路。此类线路工程造价和系统规模适度，与园区交通、区域交通或旅游观光的需求相适应。

个人快速公交系统 PRT 也称个人捷运,是一种可广泛应用在园区微公交系统的运载工具。它的开发目的不是用于取代铁路或公交,而是用于提高铁路和公交不易到达区域的公交服务水平;用于短距离的出行,可提供按需、不间断的运输服务。现在的城市系统中,PRT 可以为"最后一公里"提供有效的解决方案,以有效提高公共交通的服务质量,被认为是可向公众提供的、具有良好前景的交通工具。

公共汽(电)车是城市公共交通的主要运营车辆,在中小城市公交体系中发挥着主导作用。公共汽(电)车按尺寸可分为双层客车、单层大型客车、单层中型客车和小型客车。中型和小型客车对道路环境的影响较小,运载能力与园区需求较匹配,适宜在园区内运行。从工程投资、运载能力和运营管理等方面考虑,公共汽(电)车比较适合作为园区公交的运营车辆,如北京西城区金融街区域开设的 2 条 CBD 免费客车专线。

电动小巴外观设计优美,空间实用性大,具有环保、无排放、噪声低、操作简单、维护使用费用较低等特点。电动小巴对道路条件要求较低,可在狭窄道路行驶。电动小巴目前使用的范围越来越广,在旅游景区、居民小区、大型活动和校园内均有应用,例如北京市丰台科技园东区的电动小巴。2009 年 2 月,为了更好地服务入园企业,为园区提供便捷、安全的交通服务,根据园区总体规划和发展需求,在丰台科技园东区管委会运作下,开通了低耗能、高效环保的丰台科技园"电动小巴"园区公交。

上述运载车辆各有优缺点和适用范围,从运载能力、用地和道路要求以及对环境影响等方面的比较结果如表 3-3 所示。

表 3-3　园区微公交运营车辆优缺点对比

运载车辆		运载能力	用地和道路要求	环境影响
轨道交通	轻轨	540/(人/列)	需要专用轨道,线路布设灵活	清洁能源,运营环境污染小;需布设轨道,对园区美观有一定影响;轨道建设过程对环境有一定影响
	PRT	4~5/(人/辆)		
公共汽(电)车	中型巴士	30~40/(人/辆)	宽约 2.5m,对道路宽度有一定要求	车型较大,对园区环境有一定影响
	小型巴士	8~20/(人/辆)	宽约 1.7~2m,运行较为灵活	车型较小,对园区环境影响小
电动小巴		7~10/(人/辆)	宽约 1.4m,可在狭窄道路行驶	电动能源,绿色环保;车型小,对园区环境影响小

(3) 园区微公交系统的收费推广应用需求分析

园区公共交通应为公益行业，宜采取低票价或免费的政策，提倡公交出行，鼓励园区人员使用。通常园区微公交系统的收费模式主要有三种可供选择：

① 免费模式。公交运营费用全部由园区承担，有利于提高公交吸引力，园区补贴压力较大。

② 低票价模式。采取低票价如1元/人次，园区对运营费用不足部分进行补贴，有利于减轻园区管理补贴压力。

③ 车证模式。费用可由园区单独承担，或者园区、企业和个人共同承担。由园区企业统一向园区提出申请，为员工办理乘车证，员工凭证乘车，此方案可有效降低园区补贴压力。

第 4 章 微公交系统线路设计

4.1 园区交通出行调查

园区交通出行调查是微公交系统线路设计的基础。在实施微公交系统线路设计的工作时,应将交通出行的调查和交通运行数据的采集相结合,以获取较为全面的交通出行数据。本章将分别介绍典型的园区交通出行调查方法和运行数据采集方法,并以清华大学校园微公交系统为案例分析园区交通出行数据调查及处理的具体过程。

4.1.1 园区交通出行调查方法

常用的园区交通出行调查方法包括:实地观察法、访问调查法和问卷调查法。下面分别简要描述上述三种调查方法,并分析其优缺点。

(1) 实地观察法

实地观察法是指根据调查员的实地观察去预估园区交通出行概况的方法。观察的地点可以选择公交车站点或者正在运营的公交车上。通过实地观察可获取乘客的初步信息(性别、年龄段以及身份等)、乘车时间和起始站点等有利于用于出行分析的信息。实地观察法的优点在于对乘客的干扰较少,能够较为方便地收集到想获得的信息,但需要调查员花费较多的时间和精力去获取相应的数据,投入的人员成本较大。因此,实地观察法可用于部分重点区域的交通出行调查,不适于较大范围的出行调查。

(2) 访问调查法

访问调查法是指通过与相关人群口头交流的方式来获取交通出行信息。访问调查地点的选择是该类方法的重要环节，关系到调查效率的高低及数据质量的优劣。对于园区交通，可选取公交车站点作为访问调查的地点，通过口头交谈的方式直接向乘客了解相关出行信息。访问调查法可较快且详细地了解乘客的出行信息，但由于访问标准不一，其结果难以进行定量研究，获得的数据存在一定的随机性。同时，这类方法需安排专业的调查员去做访问调查，人员成本较高。

(3) 问卷调查法

问卷调查法是指通过设计问题和发布问卷的方式获取交通出行信息。针对园区微公交系统，设计的题目可包括：乘客的基本信息（性别、年龄）、出行信息（乘车的起始点、使用公交车的时间段）、出行意愿（步行距离接受程度、等待公交车容忍时间）等。问卷调查最突出的优点是获取信息的效率高且数据质量较优，可较快地了解到比较详细、可靠的社会信息，节省人力和时间。特别是当前电子问卷的流行，为这类方法的实施提供了很大的便利。不过，问卷调查法对问题设计的要求较高，应根据所需数据的特性，设计出科学的调查问题。

4.1.2 园区交通运行数据采集

采集、统计和分析公交车行驶过程中的各项参数及运行信息是园区交通出行调查的重要环节。目前用于数据采集的方法有很多种，对于特定类型的数据应选择合适的采集仪器或方式以实现较为准确且全面的信息采集。

微公交系统线路的设计所需的数据可以分为两大类：车辆自身在行驶过程中的数据（如在不同时间段或不同路线上行驶的速度、公交车在行驶过程中实时更新的位置等）和车上乘客的出行数据（如每个站点之间乘客的数量、站点上车人数和下车人数、乘客在车上所经历的站点数量等）。

采集公交车的实时速度可以通过安装速度传感器实现；采集公交车的定位信息可以依靠车载GPS实现；记录乘客的出行数据可以通过在公交车车门处设置刷卡机实现。同时，为了更方便、精准地采集公交车的速度、位置以及乘客旅行信息等，可给公交车配备行车记录仪，实时记录汽车行驶过程中的影像数据，以获取较为准确的车辆运行数据。

4.1.3 园区交通出行调查案例分析

在阐述园区交通出行数据调查的基本途径之后,本节以清华大学校园微公交系统为案例介绍园区交通出行数据调查及处理的具体实施过程。

本案例使用问卷调查的方式进行园区交通出行调查,问卷的内容包括三个部分:乘客的基本信息、出行信息和出行意愿。其中,乘客的基本信息包括被调查人的性别、年龄和身份;出行信息包括乘坐校园公交的频率以及时段;出行意愿包括能接受的步行距离、等待时间、换乘次数以及希望被满足的出行需求等。随机选取3个工作日开展问卷调查工作,调查时间为上午8:00~11:30和下午2:00~5:30,调查地点为清华大学校园内的公交站点以及校车随车调查。选择的调查对象为校园内的行人以及公交车上的乘客。

经过统计,本次调查一共发出200份调查问卷,回收有效问卷190份。根据回收的有效问卷,汇总并整理各类信息如下。

(1) 乘客性别的调查结果

如图4-1所示,在被调查的190个人中有41.5%是男性,58.5%为女性。可以看出女性乘客多出男性乘客41%,即乘客中女性多于男性。

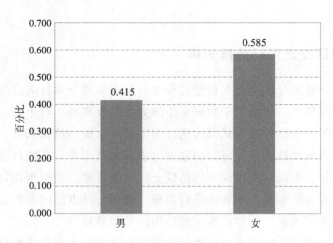

图 4-1 乘客男女比例柱状图

(2) 乘客年龄的调查结果

如图4-2所示,在被调查的190个人中有45.8%的青年人,28.2%的老年

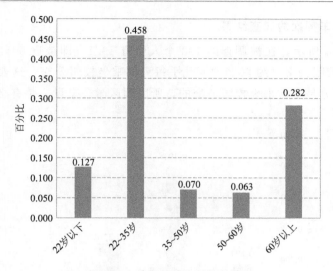

图 4-2 乘客年龄比例柱状图

人，这两部分构成了乘坐公交车的主要群体。根据得到的年龄比例，可以考虑在设计公交车座位时根据年龄比例配比设立特殊座椅以方便乘客出行。

(3) 乘客身份的调查结果

如图 4-3 所示，在被调查的 190 个人中有 52.1% 是学生，35.2% 为离退休人员及家属，这两部分构成了乘坐公交车的主要群体。

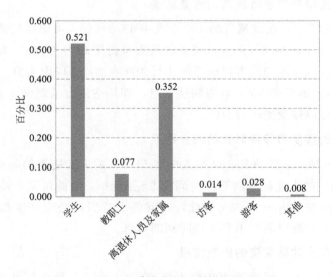

图 4-3 乘客身份比例柱状图

(4) 乘车频次的调查结果

如图4-4所示，在被调查的190个人中有49.1%即接近50%的人每周乘坐1~3次校园公交，约20%的人几乎每天都乘坐校园公交，这表明在被调查的人中大部分是经常乘坐校园公交的，所以园区微公交设立是有必要的。

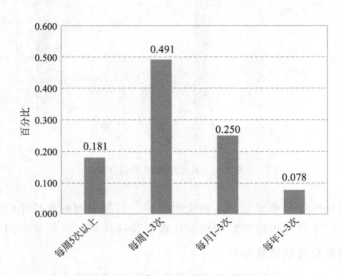

图4-4 乘车频次比例柱状图

(5) 最大接受的步行距离的调查结果

如图4-5所示，在被调查的190个人中48.2%的人可以接受的最大步行距离为100~200m，28.5%的人可接受的最大步行距离为100m。由此可简单得出结论，园区内站点与乘客目的地的步行距离在200m以内为宜。若乘客步行速度为1m/s，则至多3min就可到达站点，即到达站台的时间不多于3min是人们出行时可以接受的步行范围。

(6) 最长接受的等待时长的调查结果

如图4-6所示，调查的190个人中有51.1%的人能接受的等待时间为1~5min，43.8%的人能接受的等待时间为5~10min。由此可见，绝大部分人的期望等待时间在10min以内。因此，这就要求我们对公交调度做出规划，设置合理的发车间隔以满足乘客等待时间的要求。

(7) 换乘次数接受度的调查结果

如图4-7所示，调查的190个人中有58.3%的人最多能接受一次换乘，

第4章 微公交系统线路设计

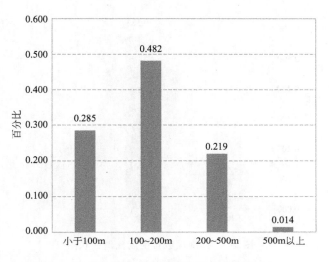

图 4-5 步行距离接受度比例柱状图

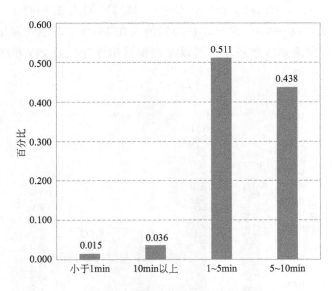

图 4-6 等待时间接受度比例柱状图

25.8%的人希望可以直达目的地。由于清华大学占地面积为 394hm^2，由此来看大多数乘客希望尽可能少地换乘是合理的，所以我们要做到尽可能多地直达，最多允许一次换乘。如果需要换乘，也应将换乘时间控制在相对较少的范围内。

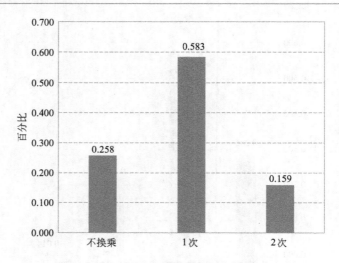

图 4-7 换乘次数接受度比例柱状图

(8) 基于乘车时段的分析

如图 4-8 所示,调查的 190 个人中有 31.3% 的人在 9:00～11:00 乘车,24.2% 的人在 7:00～9:00 乘车,19.4% 的人在 16:00～18:00 乘车。由此可见上午的两个时段乘车需求较多,可以考虑根据比例分配公交车车辆和司机以最大化利用公交资源。

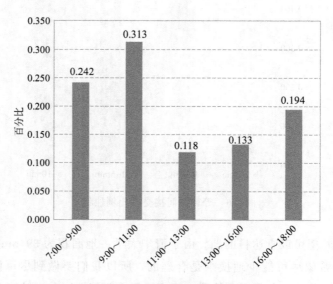

图 4-8 乘车时段比例柱状图

第4章 微公交系统线路设计

(9) 乘客出行需求的调查结果

如图4-9所示,调查的190个人中有54.9%的乘客是校内出行,即有一半以上的需求是在校内,有30.9%的乘客是与公交地铁接驳。据此可以设计合适的园区公交站与校外接驳公交站的距离以及校园内停靠点与乘客需求较多的地点的距离。

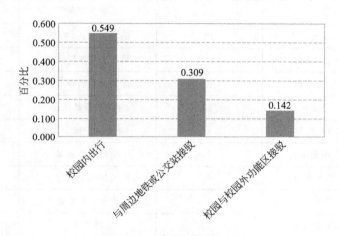

图4-9 出行需求比例柱状图

根据问卷调查的结果,可以得到如下几个结论:

① 乘坐校园公交的乘客中学生和离退休人员及家属较多,可见校园公交主要的服务对象为学生和离退休教职工及家属。

② 多数乘客乘坐校园公交频率较高,该特点与案例所调查的对象有关,因为本次案例分析采取的是随车调查以及在站点调查,所以被调查对象的乘坐公交频率一般较高。

③ 从被调查乘客的出行时间来看,中午时段客流量较少,早晚高峰客流量较大;教职工家属可乘坐校园公交到学校的大门以便乘坐校外公共交通,可见园区微公交较好地实现了接驳功能;同时,微公交也对需要上课但不方便骑自行车的学生提供了极大的便利。

另外,本次调查也分别统计了调查问卷中从各个地点出发的乘客数以及前往各个目的地的乘客数,从中可以看出乘客的主要目的地为东门、西门、校医院、紫荆公寓、美术学院等地(表4-1)。为了更直观形象地看出乘客起始站的主要数据,可以在地图上将乘客起止站点表示出来(如图4-10所示),其中深色标识表示起点,浅色标识表示终点。从图4-10中可以更直观地看出深色

71

标识主要集中在三个区域：西门、北门和东南门；浅色标识主要集中在二校门、校医院、东南门和清华大学美术学院。

表 4-1 起止点乘客数量统计　　　　　　　　　　单位：人次

起点	数量	终点	数量
清华大学西门	29	清华大学校医院	29
清华大学紫荆公寓	35	清华大学东门	28
清华大学北门	16	清华大学美术学院	15
清华大学东门	15	清华大学紫荆公寓	13
清华大学荷清苑	9	清华大学西门	10
清华大学主楼	8	清华大学幼儿园	9
清华大学校医院	8	清华大学医学院	8
清华大学西北小区	7	清华大学主楼	8
清华大学西北门	4	清华大学南门	6
清华大学南门	4	清华大学老年活动中心	4
清华大学环境学院	2	清华园	2

图 4-10 起止点乘客数量分布图

同时，为了便于后续的分析，从调查结果中筛选了10个主要出发地和目的地，通过统计出发地和目的地可以得到OD调查表（交通起止点调查表），如表4-2所示。其中，表左侧地点为乘客出发站站名，表上方地点为乘客下车终点站名。

表 4-2 OD调查表   单位：人次

站名	北门	紫荆	美院	东门	南门	校医院	主楼	照澜苑	西门	幼儿园
北门	0	0	4	4	2	8	2	6	1	4
紫荆	0	0	18	19	4	5	4	0	19	0
美院	2	12	0	2	0	0	2	1	4	0
东门	3	14	1	0	0	4	8	5	3	8
南门	3	3	2	2	0	1	1	0	1	0
校医院	8	2	2	8	3	0	1	10	4	5
主楼	4	8	4	3	2	4	0	3	3	0
照澜苑	2	2	1	1	2	2	1	0	1	0
西门	4	15	5	11	8	6	5	3	0	0
幼儿园	4	0	0	3	0	3	0	5	5	0

便携式行车记录仪具有安装方便和操作简单的优点，本次案例选择在电动公交车上放置便携式行车记录仪以采集微公交行驶过程中的各项实时数据信息。图4-11展示了用于获取车辆运行轨迹的内置车载摄像头以及软件内置地

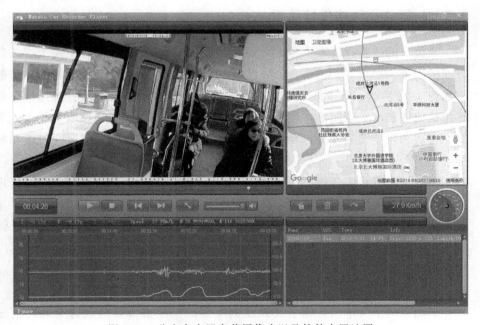

图 4-11 公交车内置车载摄像头以及软件内置地图

图。同时，行车记录仪具有实时定位功能，因此可获取微公交行驶过程中的位置和时间信息。另外，通过行车记录仪的视频记录功能可以得到行驶过程中停靠站点的上车和下车人数以及任意时刻车上乘客数量。

表 4-3 为某时刻行车记录仪获取的车辆相关信息案例，采集的信息包括车辆位置信息（经度、纬度）、车速传感器得到的车辆实时速度以及视频记录显示的乘车人数。

表 4-3　公交车视频采集信息表

参数	数据	参数	数据
位置经度	N;39.99926000	车速	28km/h
位置纬度	E;116.31253800	车上人数	3个

4.2　微公交线路设计方法

为方便读者理解微公交线路设计的原理和方法，本节将以清华大学校园微公交系统为例，详细阐述微公交线路的具体设计过程。

4.2.1　微公交线路设计体系

微公交的线路设计需要考虑诸多因素，但在实际应用中通常主要考虑三个方面的因素，即乘客、道路及公共设施，由此构成的微公交线路设计的体系框架如图 4-12 所示，其中涉及乘客的因素包括 OD 客流量、出行时间代价、乘客组成比例和政策限制等，涉及道路的因素包括路况等级、道路服务能力、距离、地理和可持续发展等，涉及公共设施的因素包括轨道交通、公交设施和服务设施等。

一般情况下，园区微公交系统的网络设计方法可分为三种类型：传统优化方法、启发式方法和元启发式方法。因为交通路网设计属于组合优化问题，其可行解空间随着问题规模扩大而迅速扩大，在计算机中用枚举法很难求得最优解，而用启发式算法则比较方便求解这类问题。遗传算法模拟自然进化过程以搜索最优解，其本质是一种高效、并行和全局搜索方法，该算法可用于近似求解交通路网设计的问题。

下面以清华大学园区微公交系统为案例，采用遗传算法进行交通网络设计，以获得符合要求的微公交运行线路。

第 4 章 微公交系统线路设计

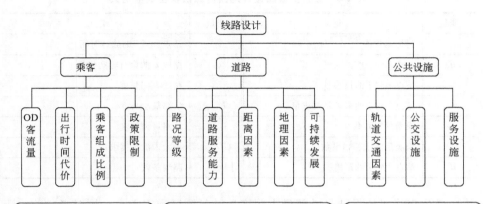

图 4-12 常规微公交线路设计体系框架

4.2.2 微公交线路建模

为了构造一个普适的适应度函数，本案例采用的遗传算法模型基于以下假设：

① 假定园区微公交每条线路的运营成本都相同（即发车频次相同），则适应度函数只需考虑乘客的出行时间，不考虑运营成本。

② 假定每位乘客到达站点的时间以及在站点的等待时间相同，即出行时间等于在公交车上的旅行时间。

③ 假定公交车每次途中运行的时间相同，即在运行途中没有延误，运行时间与运行距离成正比。

④ 假设整个路网的乘客数量是静态的，即乘客数量等于 OD 需求表（表 4-2）中的数量。

⑤ 仅允许一次换乘，两次及以上换乘视为不能满足的需求。

⑥ 由于校园的局限性，公交线路的条数设置为三条。

本模型的变量定义如表 4-4 所示。

表 4-4　微公交线路设计的遗传算法模型变量定义

变量	定义	变量	定义
Z	目标函数值	t_{ij}	站点 i 到 j 的旅行时间
q_{ij}	站点 i 到 j 的需求量	c_k	路线 k 的旅行时间代价
tq_{ij}	站点 i 到 j 的换乘量	L_k	路线 k 的长度
uq_{ij}	站点 i 到 j 的未满足需求量	$L_{\min}$	线路最小长度
α	换乘惩罚系数	$L_{\max}$	线路最大长度
β	未满足需求惩罚系数	$UD_{\max}$	最大未满足需求量
d_{ij}	站点 i 到 j 的距离	$|L_{\text{route}}|$	路线条数

微公交线路的设计是希望最大限度地满足园区乘客需求，同时考虑旅行距离、时间与旅行时间代价等因素，故可将模型的目标函数表述如下：

$$Z = \sum_{i,j}(q_{ij} + \alpha \times tq_{ij} + \beta \times uq_{ij}) \times \frac{d_{ij}}{t_{ij} \times c_k}$$

道路的长度应设置在一个合理的范围之内；路网不能满足的需求量（根据4.1.3 小节所述的调查，园区内大多数乘客不希望换乘次数大于或等于 2 次）应在不能满足需求的最大值之内；由于清华大学校园规模限制，将线路数量设置为 3 条是比较合适的。将上述三种条件整理成约束关系可表示如下：

$$L_{\min} \leqslant L_k \leqslant L_{\max}$$
$$\sum_{i,j} uq_{ij} \leqslant UD_{\max}$$
$$|L_{\text{route}}| = 3$$

4.2.3　遗传算法原理

通常，标准的遗传算法可用 6 个参数来描述：

$$GA = (P_0, M, \Omega, \tau, \Delta, t)$$

式中，P_0 是初始群体；M 是总体体积；Ω 是选择运算；τ 是杂交算子；Δ 是变异算子；t 是停机条件。

遗传算法是通过模拟生物基因遗传的方式进行操作的。在遗传算法中，通过编码组成初始群体后，遗传操作的任务就是对群体的个体按照它们对环境适应度（适应度评估）施加一定的操作，从而实现优胜劣汰的进化过程。这里所述的遗传操作包括以下三个基本遗传算子的选择、交叉和变异。

基本遗传算子的选择操作是指将种群中的个体按适应度从高到低排序，选

择概率为 P_s，选定适应度最小的共 PopSize$\times P_s$ 个体，并将其淘汰。从高适应度的个体中选取若干个作父体，使用下述的交叉和变异等操作生成同样数量的新子代补充到种群中。

基本遗传算子的交叉操作就是将两个父本染色体上的基因进行重新组合分配，从而产生下一代个体的过程。通过杂交可能会将两个父本的优势基因组合在一起，产生适应度更高、更接近最优解的新个体。通常杂交算法和基因的编码方式有关，当前采用最多的是二进制编码方式。二进制编码的主要杂交算法有单点交叉、多点交叉和均匀交叉等。

一般遗传算法都有一个固定的突变常数（又称为变异概率），通常是 0.1 或者更小，代表变异发生的概率。根据这个概率，新个体的染色体随机突变，在二进制编码中通常就是改变染色体的一个字节（0 变到 1，或者 1 变到 0）。

根据以上的基因表示，通过设计相应的遗传操作并定义适应度函数，遗传算法即可用于微公交路线的设计与计算。

4.2.4 基于遗传算法的园区微公交线路设计

首先，生成基于遗传算法的园区微公交线路设计所需的初始线路集。潜在的路网集合 R 由三个子集组成：R_C，R_{KSP}，R_E。对于集合 R 中的每一条线路，都分配一个选择概率，大概率的线路将有更大的机会被选入最终的路网。三个子集的具体形成如下。

① 分析现有路网形成子集 R_C：R_C 仅包括现有的路网。

② 生成潜在可能的线路形成子集 R_{KSP}：先定义一条线路的起始点和终止点，然后利用 K 条最短路径法生成线路；再考虑生成线路的长度，将较短以及较长的线路从集合中移除，剩下的线路即组成 R_{KSP}。

③ 经验路线形成子集 R_E：将公交路网专家的经验拟定的路线组成 R_E。因为这些路线是由专家设计的，比用最短路径法生成的线路更为可靠。

于是，路网集合 R 可由以下公式生成：

$$R = R_C \cup R_{KSP} \cup R_E$$

清华校园公交站点标号可如表 4-5 所示，其对应园区内的路网拓扑如图 4-13 所示。其中，图 4-13 对路网拓扑进行了简化。

① 直线仅表示连接，两点之间的距离并非直线距离，小圆圈中的数字表示站点编号；

② 站点位置仅作为示意图所用，并不代表站点的绝对位置。

表 4-5 清华大学校园公交站点标号

站点标号	站点名称	站点标号	站点名称
1	清华北门	6	校医院/西北门
2	紫荆公寓	7	问讯处
3	清华美院	8	照澜院
4	清华东门	9	清华西门
5	清华南门	10	清华主楼

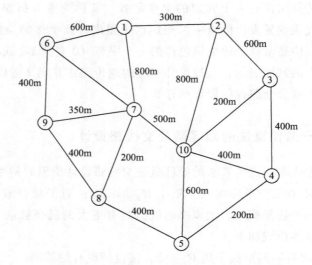

图 4-13 清华大学校园公交站点拓扑图

基于以上操作过程，最终生成的清华大学校园公交初始线路集合如表 4-6 所示。

表 4-6 清华大学校园公交初始线路集合

编号	线路	编号	线路
Route 1	1-2-3-4-5	Route 6	2-3-4-5-8
Route 2	1-6-7-8-5	Route 7	1-6-9-8-5
Route 3	9-7-10-5-4	Route 8	3-4-10-8-9
Route 4	9-6-1-2-3	Route 9	5-7-6-1-2
Route 5	1-6-8-5-4	Route 10	1-3-5-7-9

此处选用乘客的出行时间作为适应度函数,采用 4.1.3 节已经得到的 10×10 OD 出行对(如表 4-2 所列)为出行需求矩阵;考虑旅行时间与出行距离成正比,用出行距离代替旅行时间,则只需要乘客数与相应的旅行时间相乘便可得到路网的邻接矩阵。

显然,路网邻接矩阵也是 10×10 的矩阵。如果第 i 站与第 j 站相连,则邻接矩阵中对应的权值就是两站点之间的距离;若不相连,则其对应的权值为无穷大,此时权值选用一个较大的数以避免在运算中出现无穷大的情况。

根据上述分析可以形成实现清华大学校园公交线路设计的程序流程图(如图 4-14 所示),并建立如下的适应度函数:

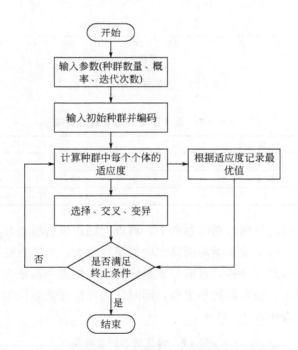

图 4-14 清华大学校园公交线路设计的遗传算法程序流程图

$$Z = \sum_{i,j}(q_{ij} + \alpha \times tq_{ij} + \beta \times uq_{ij}) \times \frac{d_{ij}}{t_{ij} \times c_k}$$

将程序运行多次可得到多个优化结果如图 4-15 所示,其中程序得到的理论最优个体为 1110000000。对该个体进行解码,可得到如表 4-7 所示的校园公交路网线路。

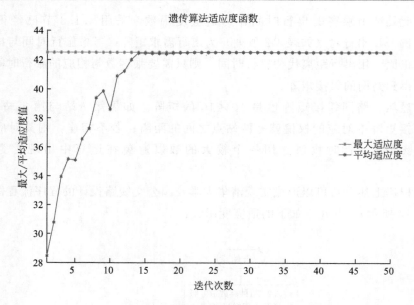

图 4-15 遗传算法求解计算结果

表 4-7 基于遗传算法求解的路线

编号	线路
Route 1	1-2-3-4-5
Route 2	1-6-7-8-5
Route 3	9-7-10-5-4

在上述生成的路网线路的基础上,可以对站点进行检查和修改。由于 1 号线上紫荆公寓与清华美术学院两站之间的距离过长,需要在这两站中间增设一个站点;通过搜索与分析,可以发现最合适的新站点为清华大学东主楼,由此增加站点清华东主楼替换清华主楼,同时作为补偿在音乐厅增设一个站点。更新后的站点列表如表 4-8 所示。

表 4-8 修正后的站点列表

站点标号	站点名称	站点标号	站点名称
1	清华北门	7	校医院/西北门
2	紫荆公寓	8	问讯处
3	清华东主楼	9	照澜院
4	清华美院	10	清华西门
5	清华东门	11	音乐厅
6	清华南门		

第 4 章 微公交系统线路设计

根据清华校园的实际路径情况以及管理部门对实际需求情况的了解，可以基于人工经验对以上线路做进一步修正和调整，形成的最终路网线路如表 4-9 所示，同时根据遗传算法算出的对应线路图如图 4-16 所示。

表 4-9 经人工经验修正后的路网线路

编号	线路
Route 1	1-2-3-4-5-6
Route 2	1-7-8-9-5
Route 3	10-8-11-3-5

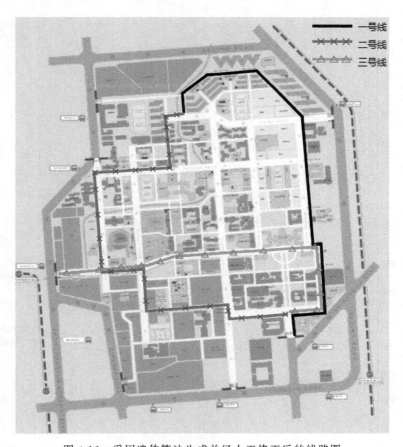

图 4-16 采用遗传算法生成并经人工修正后的线路图

考虑不同时段内校园公交需求量和站间旅行时间可能会有波动，为保证设计结果对不同时段情况的适应性，需要对以上结果的敏感度进行分析。具体做法是将需求量和站间旅行时间进行上下波动，并对结果进行分析。以下是需求

量和站间旅行时间选取不同数值情况下的若干实验结果,其中K_1、K_2分别代表需求量和旅行时间波动的倍数:

① 参数$K_1=2$,$K_2=2$时的敏感度分析结果如图4-17所示;

② 参数$K_1=0.2$,$K_2=0.2$时的敏感度分析结果如图4-18所示;

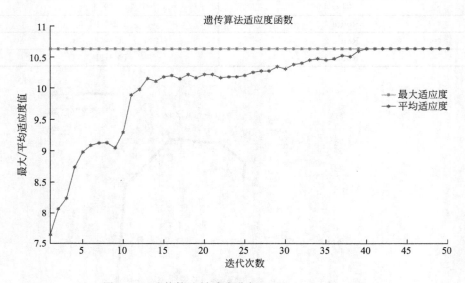

图4-17 遗传算法敏感度分析1($K_1=2$,$K_2=2$)

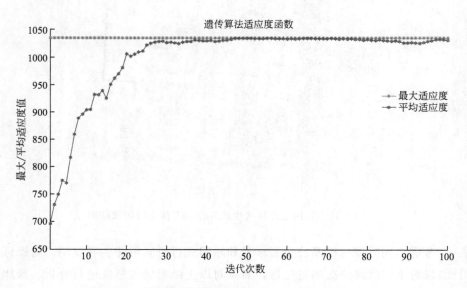

图4-18 遗传算法敏感度分析2($K_1=0.2$,$K_2=0.2$)

③ 参数 $K_1=5$，$K_2=2$ 时的敏感度分析结果如图 4-19 所示。

进一步地令 K_1 和 K_2 连续变化，可以得到最大迭代次数与参数变化的关系以及适应度函数与参数变化的关系（如图 4-20 和图 4-21 所示）。从图 4-20 中可以看出最大迭代次数并没有明显的变化规律，通过分析可知，这是由遗传算法本身就具有一定随机性导致的，而图 4-21 表明适应度函数值将随着参数的变化逐渐减少。

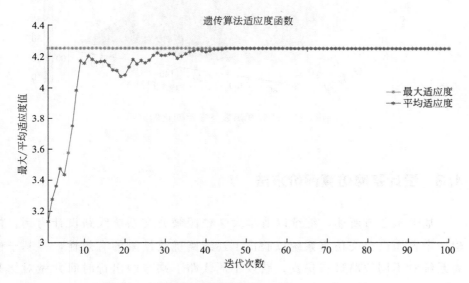

图 4-19 遗传算法敏感度分析 3（$K_1=5$，$K_2=2$）

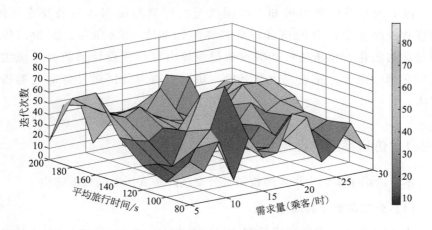

图 4-20 最大迭代次数与参数变化的关系

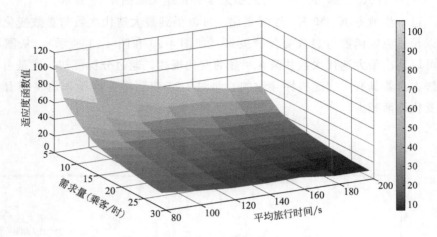

图 4-21 适应度函数与参数变化的关系

4.3 设计路网仿真评价方法

基于 4.2 节所述，继续以清华大学校园微公交系统线路设计为例，搭建一个校园微公交仿真系统以验证上述线路优化结果的有效性，并基于仿真系统对不同线路进行仿真，获取不同线路下乘客的出行时间并做对比和分析。

由前面章节的分析可知，校园微公交仿真系统因涉及公交车、站点、乘客和线路 4 个部分的仿真，其整体结构如图 4-22 所示。其中，仿真过程包含初始化、单步执行和数据流记录等内容；所设计的仿真系统主要包括公交车、乘客、站点三大类对象，每个类别须分别定义各对象的属性和方法。

4.3.1 仿真系统的数据结构

本节给出了案例中搭建的校园微公交线路仿真系统的数据结构。

(1) 公交车类及其属性

表 4-10 为公交车类的成员列表，包括编号、容量、运行方向、站点集合和乘客集合等属性。

第4章 微公交系统线路设计

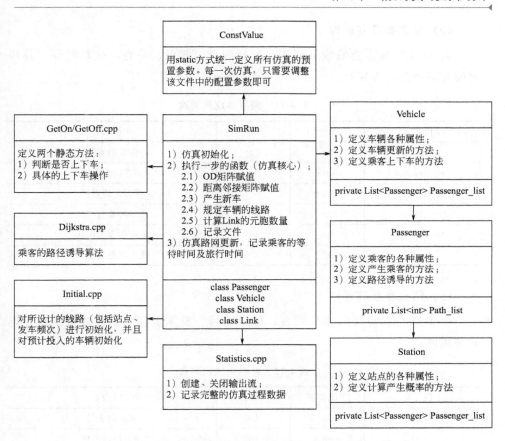

图 4-22　清华大学校园公交线路仿真系统结构框架

表 4-10　公交车类成员列表

字段名称	字段类型	长度	字段内容
id	int	16	公交车的编号
NumberOfSeat	int	16	公交车的容量
OnLinkId	int	16	公交车所在 Link 的 id
Position	int	16	公交车所在 Link 元胞位置
PositionOfStation	int	16	公交车所在的站点
Direction	int	16	公交车的方向
Line	int[]		公交车线路的站点集合
LinkLine	int[]		公交车线路的 Link 集合
PassengerList	passenger[]		公交车上的乘客集合

(2) 乘客类及其属性

表 4-11 为乘客类的成员列表,包括编号、起点、终点、旅行时间、等待时间和路径集合等属性。

表 4-11 乘客类成员列表

字段名称	字段类型	长度	字段内容
id	int	16	乘客的编号
StartStation	station		乘客的起始站
EndStation	station		乘客的终点站
TravelTime	int	16	乘客的旅行时间
WaitTime	int	16	乘客的等待时间
Path	int[]		乘客的路径集合

(3) 站点类及其属性

表 4-12 为站点类的成员列表,包括编号、横纵坐标、乘客数量、乘客集合等属性。

表 4-12 站点类成员列表

字段名称	字段类型	长度	字段内容
id	int	16	站点的编号
Position_X	int	16	站点的横坐标
Position_Y	int	16	站点的纵坐标
NumberOnStation	int	16	站点的乘客数量
PassengerList	int[]		站点的乘客集合
LinkList	int[]		站点的 Link 集合

(4) 线路类及其属性

表 4-13 为线路类的成员列表,包括编号、起始站、终点站、元胞个数和车辆集合等属性。

表 4-13 线路类成员列表

字段名称	字段类型	长度	字段内容
id	int	16	线路的编号
StartNode	station		线路的起始站

续表

字段名称	字段类型	长度	字段内容
EndNode	station		线路的终点站
Length	int	16	线路的元胞个数
VehicleList	int[]		线路的车辆集合

4.3.2 园区乘客出行仿真与分析

基于上述数据结构，可以由仿真系统为随机生成的乘客确定起点和终点，并对乘客的路线进行诱导，防止其进入错误的线路。仿真中路径诱导算法的实现包含如下内容：

① 为路径创建一张拓扑图，使得节点和节点之间只有唯一的连通边，该拓扑图的所有顶点即为园区微公交停靠的站点；

② 给每条连通边的权重赋值，保证权值不为负；

③ 基于路径搜索算法找到最短路径。

路径诱导算法以路径长度作为优化目标，求解最短路径；而实现优化目标将具体落实到连通图的构建以及路径搜索算法的实现。构建路网连通拓扑图包含两个步骤：

① 对所设计线路的站点进行标号。本案例采用自然数对站点进行标号，即 $1, 2, \cdots, n$。

② 计算相邻两点之间的权重值。若 i 站与 j 站没有连通，则将 i 站与 j 站之间的权重值设为无穷大；若 i 站与 j 站连通，则它们之间的权值为两站点之间的距离。

在优化路径的求解中，有多种方法可用，其中路径搜索算法包括 Johnson's algorithm 最短路算法、Floyd-Warshall algorithm 最短路算法、A^* 最短路算法和 Dijkstra 最短路算法。这些算法各有适应范围、优势和不足，合理利用这些算法可以提高求解效率。其中，A^* 算法和 Dijkstra 算法都是求解最短路径的有效算法。Dijkstra 算法的本质是宽度优先算法，能够检索到起始点到拓扑图中任一点的最短路径；A^* 算法则是一种启发式搜索算法，通过启发函数的设计，可以有效减少无效搜索，尽快指向搜索起始点和终止点的最短路径。

本案例采用 Dijkstra 算法实现最优路径的搜索。Dijkstra 算法是由 E. W. Dijkstra 于 1959 年提出的，其核心是采用贪心算法的模式，是目前公认的、效果较好的最短路径的求解方法。

假设路网中每一个节点都有标号 (d_t, p_t)，d_t 是从出发点 s 到点 t 的最短路径长度；p_t 表示从出发点 s 到点 t 的最短路径中 t 点的前一个点，则求解从出发点 s 到点 t 的最短路径算法的实现过程（流程如图 4-23 所示）如下所示。

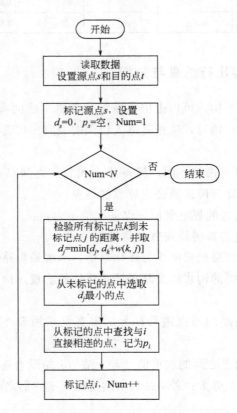

图 4-23 Dijkstra 算法实现的最短路径求解流程

① 初始化。将出发点设置为 $d_s=0$，p_s 等于空，所有其他点 $d_i=\infty$，p_i 未定义。标记起源点 s，记为 $k=s$，同时其他所有点设为未标记。

② 检验从所有已标记的点 k 到其他直接连接的未标记的点 j 的距离，并定义：

$$d_j = \min[d_j, d_k + w(k, j)]$$

式中，$w(k, j)$ 表示从 k 到 j 的路径长度。

③ 选取下一个点。从所有未标记的点中选取 d_j 最小的点 i，点 i 被选为最短路径中的一点，并设为已标记的。

④ 寻找点 i 的前一点。从已经标记的点集合中找到直接连接到点 i 的点，并做标记。

⑤ 如果所有的点已标记，则算法结束；否则，记 $k=i$，转到②继续。

4.2 节采用遗传算法，求解完成了清华大学微公交系统线路，如表 4-14 所示。

表 4-14 采用遗传算法求解的路网线路信息

编号	线路
Route 1	1-2-3-4-5-6
Route 2	1-7-8-9-5
Route 3	10-8-11-3-5

在根据表 4-14 的线路信息对仿真系统进行线路初始化后，即可将 4.2 节中的遗传算法得到的三条线路输入仿真系统，按照 Route 1、Route 2 和 Route 3 线路分别进行相关仿真。根据案例所需设计的仿真系统流程如图 4-24 所示。

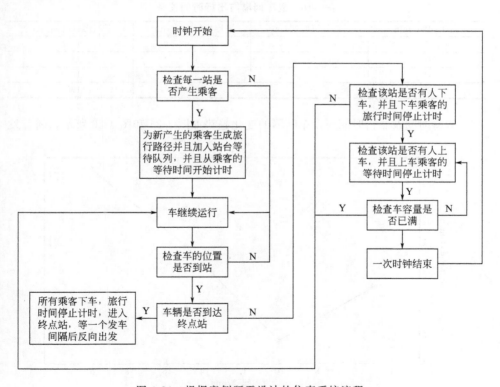

图 4-24 根据案例所需设计的仿真系统流程

4.3.3 设计线路仿真分析

在以上设计的基础上,仿真系统将发车间隔设置为 15min,对 500 位乘客的出行进行仿真,可得到统计数据如表 4-15 所示。

表 4-15 仿真系统出行数据统计

平均等待时间/min	平均旅行时间/min	平均出行时间/min
6.5	8.9	15.4

在该仿真系统中,500 位乘客的平均等待时间为 6.5min,平均旅行时间为 8.9min,平均出行时间为 15.4min。其中,平均等待时间在 6min 左右,与调查结果最长等待时间为 5~10min 相比较,满足乘客关于等待时间的要求。

以上仿真结果是在系统设置最优发车间隔的情况下获得的,若调整发车间隔,则可得到若干组数据如表 4-16 所示。

表 4-16 发车间隔与出行时间关系

发车间隔/min	平均等待时间/min	平均旅行时间/min	平均出行时间/min
5	5.8	8.6	14.4
10	4.9	9.4	14.3
15	6.5	8.9	15.4
20	7.8	9.7	17.5

等待时间及旅行时间与发车间隔的变化趋势如图 4-25 和图 4-26 所示,随着发

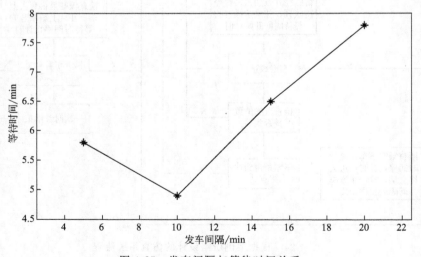

图 4-25 发车间隔与等待时间关系

车间隔的增大，等待时间以及旅行时间都有上升的趋势。出行时间与发车间隔的变化趋势如图 4-27 所示，随着发车间隔的增加，乘客的出行时间也随之增加。

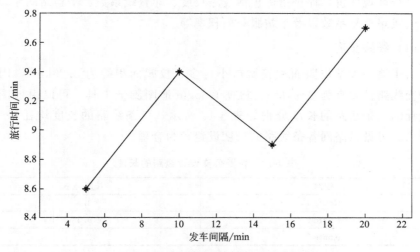

图 4-26　发车间隔与旅行时间关系

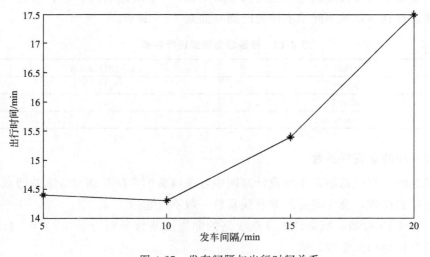

图 4-27　发车间隔与出行时间关系

4.3.4　设计线路评价分析

本小节对 4.2 节所设计的线路进行评价。首先根据《公交线路设计原则及标准》对每一条线路的指标进行评估，然后将仿真系统的仿真数据与原公交线路进行效率对比分析。

根据《城市综合交通体系规划标准》(GB/T 51328—2018)，可以对设计的线路进行客观评价，评价指标包括线路长度、非直线系数、平均站间距、线网密度、线路重复系数以及车站服务面积率等。

(1) 线路长度

由于清华大学校园面积较城市小得多，校园面积约为 $3.29km^2$，因此校园公交线路长度宜为 2～4km。根据 Google 地图测量工具，可以由地图上测得设计的三条线路的长度分别如表 4-17 所示。三条线路的长度均在 2～4km 范围内，可见该路网各条线路的长度设置较为合理。

表 4-17 校园公交设计线路的长度

线路	长度/km
Route 1	3.4
Route 2	3.1
Route 3	2.1

一般地，校园公交的平均速度为 20km/h，三条线路的运行时长（指车从起始站运行到终点站中间站不停的时间）如表 4-18 所示。

表 4-18 校园公交线路运行时长

线路	运行时长/min
Route 1	11
Route 2	10
Route 3	7

(2) 线路非直线系数

线路的非直线系数是指所设计路网中各条线路的实际长度与首末站两点间直线距离的比值，公交线路的非直线系数一般不应超过 1.4。

由表 4-19 可知，所设计的三条线路的非直线系数分别为 1.5、1.4、1.4，基本符合规划指标要求。

表 4-19 线路非直线系数

线路	非直线系数
Route 1	1.5
Route 2	1.4
Route 3	1.4

(3) 平均站间距

线路平均站间距是指线路的长度与线路上站点个数之比。校园公交平均站间距应在 500～1000m 之间。

由表 4-20 可知，所设计的三条线路的平均站间距均在 500m 左右，基本符合规划指标要求。

表 4-20　平均站间距

线路	平均站间距/m
Route 1	567
Route 2	620
Route 3	420

(4) 线网密度

线网密度是指在公交路网中所有线路的长度总和与公交路网所覆盖的服务面积的比值。城市公交线网规划的密度，在市中心一般应达到 $2.5～4km/km^2$，城市边缘地区一般应达到 $2～2.5km/km^2$。校园线网密度参照市中心区域的指标，即线网密度应大于 $2.5km/km^2$。

考虑公交线路经过的道路中线总长度约为 8.6km，校园面积约为 $3.29km^2$，则校园公交线网密度为：

$$校园公交线网密度 = \frac{8.6}{3.29} \approx 2.6km/km^2$$

可见，校园公交线网密度符合公交规划的规范要求。

(5) 线路重复系数

公交线路重复系数是指公交线网的总长度与各个线路长度之和之比。公共交通线路的重复系数一般在 1.5～2.5 为宜。

考虑校园公交线网长度约为 15.3km，三条公交线路长度之和为 8.6km，则有：

$$线路重复系数 = \frac{15.3}{8.6} \approx 1.8$$

由此可见，设计的校园公交线路的重复系数符合线网规划的要求。

(6) 车站服务面积率

车站服务面积率，又被称为站点覆盖率，是各个站点的服务面积总和所占城市占地面积的百分比，以"%"表示。该指标反映了乘客距离公交站的远近。根据《城市综合交通体系规划标准》中的标准，站点的服务面积按照以站点为中心、300m 半径的圆来计算，站点覆盖率要求不小于 50%。考虑校园面积小的特殊性，校园公交站点覆盖率按 200m 半径计算，不小于 30%。

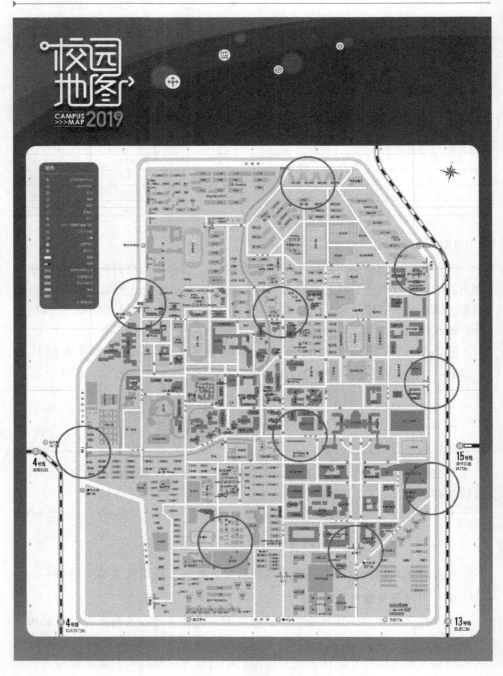

图 4-28　清华大学校园公交站点服务面积图

图 4-28 为清华大学校园公交各站点以 200m 为半径的覆盖示意图。图中共有 10 个半径为 200m 的圆,彼此没有重叠,则有:

$$校园站点服务面积 = 10 \times 200^2 \times \pi = 1.256 (km^2)$$

校园占地面积约 $3.29km^2$,据此车站服务面积率可计算得:

$$车站服务面积率 = \frac{1.256}{3.29} \times 100\% = 38\%$$

可见,校园公交站点覆盖率也符合公交规划要求。

将新设计的线路与原有线路对比评价,将旧的线路输入到仿真系统中,同样设置发车间隔为 15min,可以得出原有线路的运营数据如表 4-21 所示。

表 4-21 原有线路的运营数据

平均等待时间/min	平均旅行时间/min	平均出行时间/min
14.8	12.9	27.7

采用仿真系统对学校原有公交线路进行仿真,可得 500 位乘客的平均等待时间为 14.8min,平均旅行时间为 12.9min。平均等待时间在 15min 左右,根据调查结果最长等待时间为 5~10min,显然不能满足需求。

同样,以上数据是设置了最优发车间隔后得到的仿真结果,若调整发车间隔,则得到原有线路的若干组数据如表 4-22 所示。

表 4-22 原有线路发车间隔与出行时间关系

发车间隔/min	平均等待时间/min	平均旅行时间/min	平均出行时间/min
5	12.3	13.4	25.7
10	13.1	13.9	27
15	14.5	13.9	28.4
20	15.8	12.1	27.9

对原有线路进行仿真的等待时间及旅行时间与发车间隔的变化趋势如图 4-29 和图 4-30 所示。由图 4-29 可以看出,随着发车间隔的增大,等待时间有上升的趋势;而从图 4-31 可以看出出行时间随着发车间隔的增加而增加,但总体上基本稳定。

表 4-23 给出了发车间隔为 15min 时原线路与新线路上乘客平均等待时间和平均旅行时间。

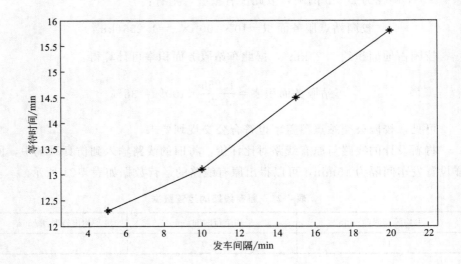

图 4-29 原有线路等待时间与发车间隔的关系

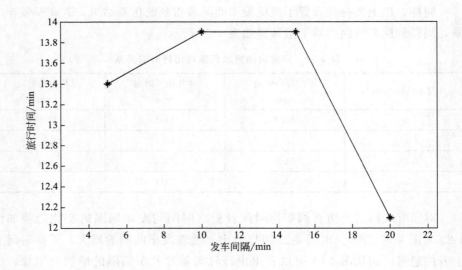

图 4-30 原有线路旅行时间与发车间隔的关系

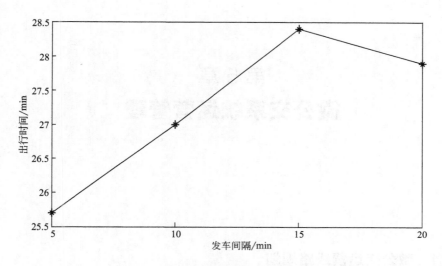

图 4-31　原有线路出行时间与发车间隔的关系

表 4-23　新旧线路运营数据对比

线路	平均等待时间/min	平均旅行时间/min	平均出行时间/min
原线路	14.5	13.9	28.4
新线路	6.5	8.9	15.4

经过计算看到，新设计的线路与原线路相比，乘客平均等待时间减少了55%，平均旅行时间减少了36%，平均出行时间减少了45.8%，系统效率较原有线路明显提升。

第5章
微公交系统运营管理

5.1 微公交运营线路规划

5.1.1 常规线路规划

常规线路是指为满足常规出行需求而设置的微公交日常运营线路，其规划包括路网规划、路网调整和站点规划。为便于掌握和理解，在阐述微公交相关概念、方法和设计的基础上，本小节以清华大学校园微公交线路规划为例详细说明常规线路规划的实现过程和相关内容。

(1) 路网规划

在 4.2.4 小节基于遗传算法完成的设计结果的基础上，综合考虑微公交系统常规需求和服务内容，如校园出行需求和可用于校园公交系统的车辆数的限制，可拟定本章所示的三条线路备选（如图 5-1 所示）。

① 线路一：南门—东门—美术学院—东北门—紫荆公寓—北门（✕✕✕线路），可主要作为在校学生的东侧通勤线路；

② 线路二：北门—西北门—校医院—西门—照澜院—南门（△△△线路），可主要作为校内退休教师和家属的通勤线路，同时也作为在校学生的西侧通勤线路；

③ 线路三：西门—二校门—音乐厅（校史馆）—中央主楼—美术学院（●●●线路），可主要作为校内退休教师和家属的通勤线路，同时也作为在校学生的东西方向通勤线路。

进一步调研发现，某些时段从新清华学堂到东门（主校门）之间的乘客客

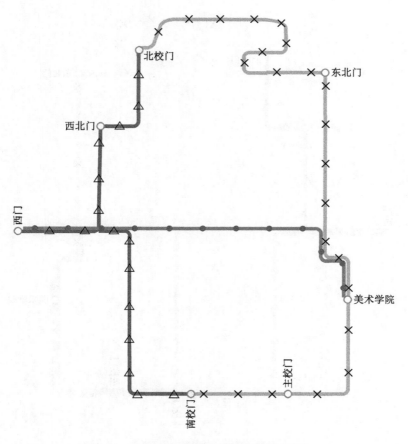

图 5-1 清华大学微公交系统路网规划方案一

流较大。于是，根据实际的客流需求，可延长线路三并形成一个小内环，即主校门—美术学院—中央主楼—新清华学堂—南门形成了一条环路。修改后的路网规划方案如图 5-2 所示。

(2) 路网调整

通常，基于遗传算法的计算结果并不能完全满足出行需求，因此需要对上述微公交路网线路规划方案进行必要的调整。以清华大学为例，家住校外的教师以及在校学生乘坐地铁的需求往往较大，而家住校园附近小区的教职员工又往往需要校园通勤服务，因此在所述常规路网规划方案的基础上需要做必要的调整。

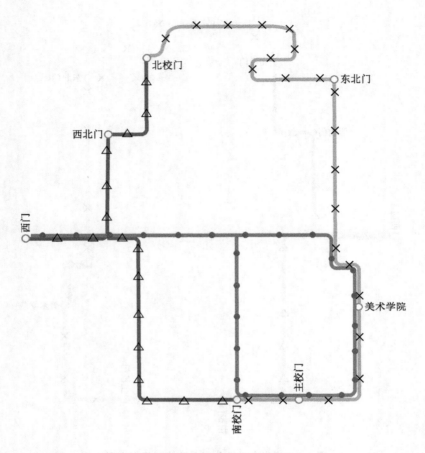

图 5-2　清华大学微公交系统路网规划方案二

① 满足微公交系统合理运营管理的调整　考虑设置过多的校园微公交线路，在有效缩短公交线路长度的同时，也会增加系统运营和管理成本，尤其是需要聘用更多的司机和管理人员；同时兼顾校园内师生出行的兼容性和接驳需求，需要对实际运营线路进行必要的整合。因此，有必要将线路一和线路二进行合并，使其成为环线。

② 满足地铁接驳需求的调整　清华大学周边现有三个地铁站，即 4 号线上的圆明园站和北京大学东门站以及 13 号线上的五道口站（如图 5-3 所示）。为方便师生出校时乘坐地铁和公交，可根据地铁站接驳和校外主要公交站点布局，在原有线路上增加一条接驳线路。

第 5 章 微公交系统运营管理

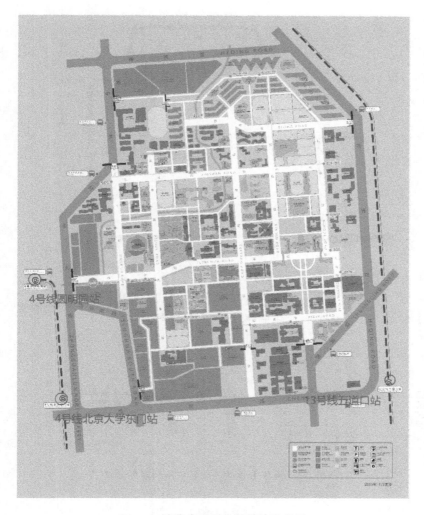

图 5-3 清华大学周边地铁站示意图

考虑圆明园站和北京大学东门站同处于 4 号线上,且圆明园站距离西门较近,所以只需设计北京大学东门站和五道口站的接驳路线。增设的接驳线路如图 5-4 所示"———",即由地铁北京大学东门站发车,途经清华附小、清华洁华幼儿园、清华南门,最后到达地铁五道口站。

③ 满足校内职工通勤需求的调整　前序调研发现,由于校园附近小区距离教学科研办公地方不远,教师通常采用步行方式到校内上班,所以需要设计一条专门到这些小区的定点班车,目的是方便校园附近小区教师的通勤。

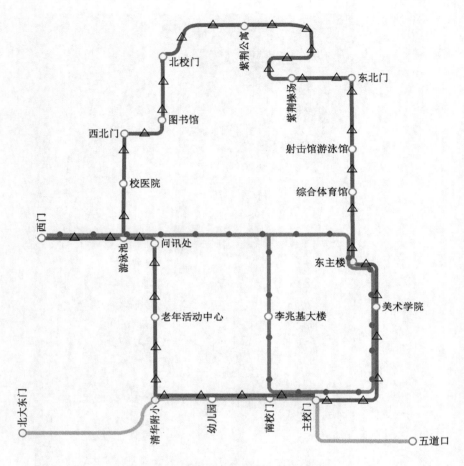

图 5-4 清华大学微公交系统路网规划方案三

图 5-5 所示的虚线线路即为增设的校园微公交线路。

（3）站点规划

校园微公交系统站点规划需在充分考虑园区人员出行需求的基础上进行。一般地可以采用问卷调查、现实调研和数据测量等手段获取园区人员出行需求的相关信息，随后采用适当的数据分析方法对出行需求进行聚类分析，从而获知出行需求较大的区域或地点，最后结合实际地理位置和环境情况，尽可能在出行需求较大的区域或地点设置站点。

以清华大学微公交系统线路设计为例，设计过程中在校园内随机选择人员

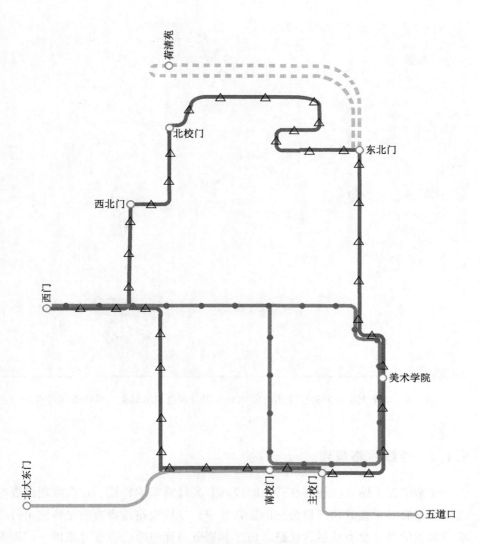

图 5-5 清华大学微公交系统路网规划方案四

进行了问卷调查,对出行需求的调查结果进行统计和聚类分析,计算获得了校园出行需求信息如图 5-6 所示;同时结合上述规划的公交路网方案,设计了如图 5-7 所示的相关公交站点。考虑校园的日常活动和季节变化等诸多因素,设计的站点方案中还提供了部分备选换乘站,包括清华大学西门、清华大学主校门、清华大学北门、清华大学中央主楼等。

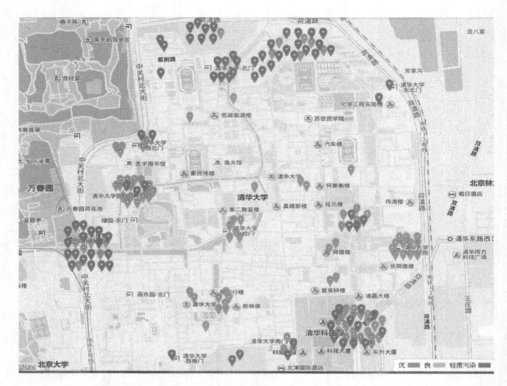

图 5-6　清华大学校园微公交出行需求分布图（深色表示起点，浅色表示终点）

5.1.2　专线线路规划

通常情况下园区交通存在特定时段具有高峰需求的特性，在高峰期设置专线线路会有助于提升园区微公交的运营效率。专线线路是指为满足特定出行需求而设置的微公交专线运营线路。由于其服务目标明确、服务对象单一，因而只需进行线路规划即可。同样，为便于掌握和理解，在阐述微公交相关概念、方法和设计的基础上，本小节以清华大学校园微公交专线线路规划为例详细说明专线线路规划的实现过程和相关内容。

考虑高校如清华大学在"十一""五一"和春节等假期，会有大批游客来校游览，而游客游览存在混乱性与无秩序性，一定程度上造成了校园交通的拥堵，对校园安全也构成了一定的隐患；同时，在寒暑假期间大部分学生和老师校园出行需求大幅下降，原设微公交线路可暂时停运，取而代之可以开设一条

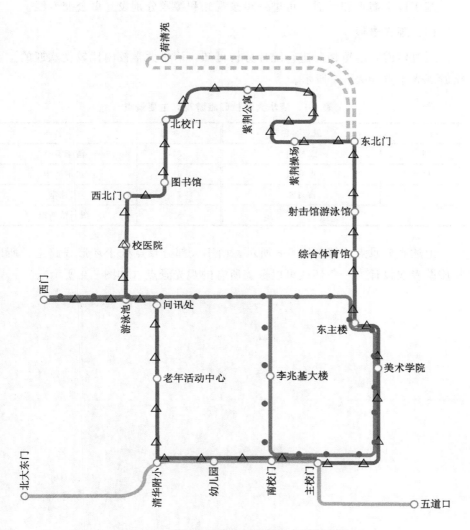

图 5-7 清华大学微公交系统站点规划方案

游览观光专线，专门供校外游客参观游览。

同时还应该看到，游览专线的设立一方面可有序引导游客观光校园，减少大量私家车入园，进而可以缓解校园交通压力，并减少校园内乱停车现象，保障校园内原有的交通秩序；另一方面还可通过建立官方游览管理部门，减少校园内外的"黑导游"现象，并可配备学生进行勤工助学，为游客进行讲解和引导，做到一举两得。

基于以上需求和考虑，可进一步按观光和接驳分别设立微公交专线。

(1) 观光专线

通过对游客游览情况进行统计分析可知，清华大学校内比较受欢迎的主要旅游观光景点如表5-1所示。

表5-1 清华大学校园旅游观光主要景点

景点标号	景点名称	景点标号	景点名称
1	二校门	5	清华学堂
2	近春园	6	水木清华
3	古月堂	7	大礼堂
4	工字厅	8	图书馆新馆

上述观光景点位置如图5-8所示。由于大部分景点处于环形线路上，所以将旅游专线设计为一条环线可以覆盖所有的观光景点（如图5-9所示）。

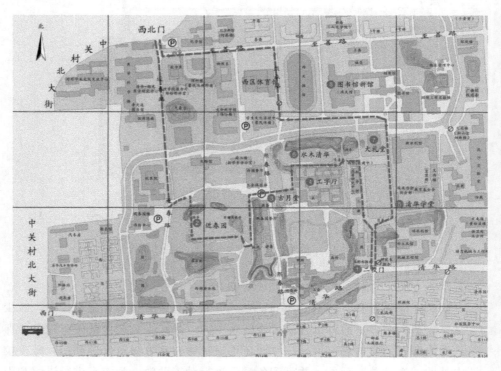

图5-8 清华大学旅游观光主要景点分布图

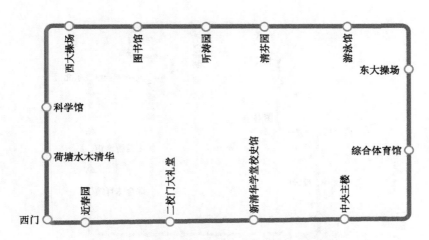

图 5-9 清华大学假期观光专线线路规划方案

(2) 接驳专线

接驳专线主要解决游客乘坐地铁的需求，根据地铁站在清华园的位置情况，可开设如图 5-10 中 "——" 线路所示的接驳专线。其中，该接驳专线连接了地铁 4 号线上的北京大学东门站和地铁 13 号线上的五道口站，若需要去圆明园站的乘客，可自行乘坐校园微公交在西门出校换乘地铁 4 号线。

5.1.3 实际运营线路选择

实际运营线路的选择和确定，还需要考虑实际情况中影响校园微公交系统运营的相关因素，如常规情况下园区周边的交通状况，尤其是微公交线路涉及的园区周围地铁站附近的交通状况、园区外乘车人员的可靠性和安全性等问题。结合清华大学校园周边交通环境和校园管理的需要，并遵守北京市公交线路管理条例等政策规定，最终选定的校园微公交运营线路仅在校园内试运行，运行线路如图 5-11 所示。

同时，考虑一般情况下园区道路相对社会道路较狭窄，校园公交车的随时停靠会对该路段的其他车辆及非机动车产生较大影响，微公交系统的运营方案可考虑取消招手即停的模式而换用严格的站点上车模式，可有效地保证乘车人的安全和路段的交通秩序。

此外，根据校园管理和已有微公交系统运营的经验，恶劣天气下的乘车人数会大大增加，因此在恶劣天气状况如下雪、下雨、沙尘、雾霾等情况下，园

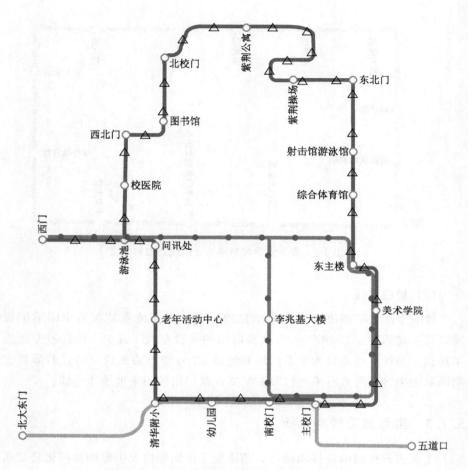

图 5-10　清华大学假期接驳专线线路规划方案

区微公交将加开临时班车，以保证园内的交通通畅。

由此可见，在设计规划的常规线路和专线线路的基础上，选择和确定最终的实际运营线路时，还需要兼顾和考虑以下相关因素：

① 园区周边交通环境与状态；
② 园区周边社会公交系统与枢纽分布；
③ 园区内功能区分布对交通的影响；
④ 园区道路和交通状况；
⑤ 园区治安与安全管理需求；
⑥ 恶劣气候对园区出行的需求与影响。

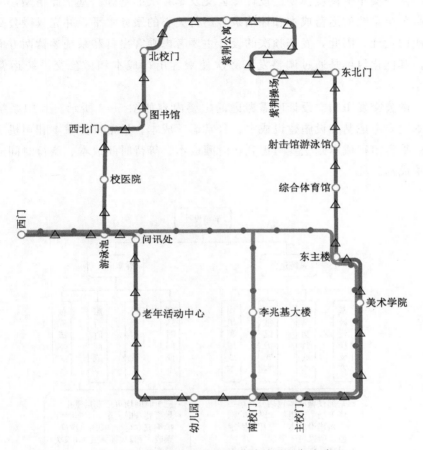

图 5-11 清华大学微公交运营线路试运行方案

5.2 微公交发车频次设计

5.2.1 微公交车辆调度模型

微公交站间距的大小和发车频次的确定是微公交系统规划的两个重要因素,直接影响着系统的运行性能,并将由此确定微公交的运行时刻表、行程安排和排班计划等日常运营调度。因此在微公交系统的规划过程中需要对这两个因素做详细的评估与分析,以确定一个合适的发车频次,从而提高系统服务水平。

微公交车辆调度模型是设计微公交发车频次的基础。基于此模型,可以分析微公交系统的运营成本和评估乘客出行关心的服务水平,并完成微公交发车频次的设计。因此,发车频次的设计主要考虑乘客出行和系统运营两方面的成本,其优化目标是通过调整发车频次使乘客出行成本和微公交系统运营成本最小。

微公交发车频次设计所需考虑的主要内容如图 5-12 所示。其中系统运营成本主要考虑基础设施建设成本、日常运营成本、日常维护成本和司机聘用成本;乘客出行成本则主要考虑到达时间成本、等待时间成本、旅行时间成本和换乘成本。

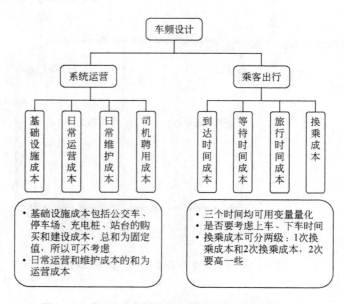

图 5-12 微公交系统发车频次所需考虑的主要内容

在第 4 章的微公交线路设计中,引入基于遗传算法的适应度函数对问题进行了求解,其中只考虑了乘客的出行时间,未考虑微公交系统的运营成本。此时发车间隔与乘客的出行时间成正比,即发车间隔越短乘客的出行时间也就越短,乘客的出行成本也越低,然而却增加了系统的运营成本。所以在考虑微公交发车频次时,应该综合考虑乘客的出行成本和系统的运营成本,从而建立一个保持两者平衡的目标函数。

考虑微公交系统总体成本包括乘客出行成本和系统运营成本两部分,则系统总体成本可定义为:

$$TC = C \times C_o + (1-C) \times C_u$$

式中，C_o 为系统运营成本；C_u 为乘客出行成本；$C<1$ 为加权系数。

(1) 系统运营成本

微公交的运营成本可以用等效发车数量乘以每趟车的平均运营成本来计算，等效发车数量可以用整条线路的运行时长除以发车间隔来描述，即：

$$C_o = u_o \times \frac{T_R}{H}$$

式中，u_o 是每趟车的运营成本；H 是发车间隔；T_R 是公交车运行一趟的时间，包括车辆正常运行时间、加减速延误时间和在站内停留时间。

于是，T_R 可由下式进一步计算得：

$$T_R = \left(\frac{L}{V_b} + nd + Q\rho H\right) + \frac{L}{V_b}$$

式中，L 是线路长度；V_b 是公交车行驶平均速度；n 是线路上的车站数；d 是公交车平均延误时间；Q 是乘客总数；ρ 是乘客平均上车时间。

因此，代入上式可得：

$$C_o = u_o \times \frac{\left(\frac{L}{V_b} + nd + Q\rho H\right) + \frac{L}{V_b}}{H}$$

(2) 乘客出行成本

乘客的出行成本可以等效用出行时间来衡量。乘客的出行时间主要包括到达时间、等待时间和车上的旅行时间三部分。到达时间是指乘客从出发点到达车站的时间；等待时间是指乘客在车站内候车的时间；车上的旅行时间是指公交车从起始站到目的地的运行时间。于是，所有乘客的出行成本可以由下式描述：

$$C_u = C_A + C_W + C_I$$

式中，C_A 表示所有乘客的到达时间等效成本；C_W 表示所有乘客的等待时间等效成本；C_I 表示所有乘客车上的旅行时间等效成本。

① C_A 模型的建立与计算　乘客到达时间等效成本 C_A 等于乘客到达车站所需时间与乘客到达时间价值及乘客数量的乘积，即有：

$$C_A = u_A \times Q \times t_A$$

式中，u_A 是乘客到达时间价值；t_A 是乘客平均到达时间，而乘客平均到达时间等于乘客平均到达车站的距离 l 除以乘客步行速度 V_p，即：

$$t_A = \frac{l}{V_p}$$

于是，乘客到达时间等效成本可以最终由下式计算：

$$C_A = u_A \times Q \times \frac{l}{V_p}$$

② C_W 模型的建立与计算　在微公交车站的等待时间等效成本是由乘客数量、乘客平均等待时间以及等待时间的价值三者乘积得到的，所以一条线路上所有乘客的等待时间等效成本为：

$$C_W = u_W \times \sum_{i=0}^{n-1} q_i t_{W_i}$$

式中，q_i 代表第 i 个站点的乘客数量；t_{W_i} 表示第 i 个站点的平均等待时间；u_W 表示等待时间价值。这里的等待时间价值因人而异，可根据设计情况和需求评估确定。

为方便分析问题，假设乘客在公交线路上是均匀分布的，则有：

$$q_i = \frac{Q}{n}$$

因此，上式可简化为：

$$C_W = u_W \times \frac{Q}{n} \times \sum_{i=0}^{n-1} t_{W_i}$$

考虑车辆是随机到达的，则平均等待时间可以用下式计算：

$$t_{W_i} = \frac{H}{2}\left(1 + \frac{V_i}{H^2}\right), \quad \forall i$$

式中，V_i 是到达时间间隔的偏差。V_i 会随着车辆运行数量或次数的增加而不断增加，这是因为车辆在站点和道路上行驶时总存在一定的延误，且误差会累计。

影响道路延误的因素主要有线路长度、站间距、交通状况以及交叉口的数量；影响站点延误的主要因素有站点分布、乘客的上下车快慢和收费方式。因此到达时间间隔的偏差可以被描述为：

$$V_i = V_{i-1} + V_{ei}$$

式中，V_{ei} 是从第 $i-1$ 站到第 i 站到达时间间隔的延误。通常，V_{ei} 可以设定为一个常数，则上式可改写为：

$$V_i = V_{i-1} + \alpha, \quad \forall i$$

且进一步可以得到：

$$V_i = V_0 + \alpha i, \quad \forall i$$

由上式可以获得 V_i 与站点之间的关系如图 5-13 所示。

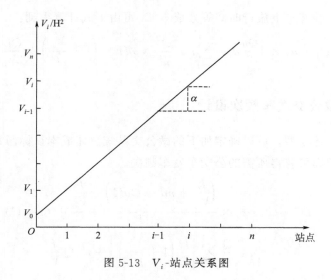

图 5-13 V_i-站点关系图

于是，可得计算所有乘客等待时间等效成本的式子为：

$$C_W = u_W \times \frac{Q}{n} \times \sum_{i=0}^{n-1} \left[\frac{H}{2} \times \left(1 + \frac{V_i}{H^2}\right) \right]$$

③ C_I 模型的建立与计算　乘客车上旅行时间等效成本 C_I 应该是每位乘客在车上的旅行时间与该乘客车上旅行时间价值的积，即可表示为：

$$C_I = u_I \times T_I$$

式中，u_I 是乘客车上旅行时间价值；T_I 是乘客车上旅行时间，包括公交车行驶时间和公交车在路上的延误。

于是，乘客车上旅行时间可表示为：

$$T_I = T_d + T_r$$

式中，T_d 是公交车的延误时间，包括公交车的加减速延误和在车站内的停留时间。考虑车辆是随机到达的，用常量 d 描述车辆在每个车站的延误；同时考虑公交车在车站的停留时间受上下车乘客数量的影响，则公交车的延误时间可表示为：

$$T_d = \frac{Qn}{2} d + \sum_{i=0}^{n-1} i \times \frac{Q^2}{n^2} \times \rho \times H \times \left(1 + \frac{V_i}{H^2}\right)$$

显然，公交车行驶时间 T_r 等于乘客数量 Q 乘以平均旅行距离，再除以公交车的平均行驶速度，即：

$$T_r = \frac{QL}{2V_b}$$

于是，乘客车上旅行时间等效成本 C_I 可由下式计算得到：

$$C_I = u_I \times \left[\frac{Qn}{2}d + \sum_{i=0}^{n-1} i \times \frac{Q^2}{n^2} \times \rho H \times \left(1 + \frac{V_i}{H^2}\right) + \frac{QL}{2V_b} \right]$$

5.2.2 微公交发车频次设计

基于上述模型，可以确定如下的微公交系统总体成本目标函数，并通过求解其最优解即可获得所需的公交车发车频次。

$$\begin{aligned}
TC = & C \times u_o \times \frac{\left(\frac{L}{V_b} + nd + Q\rho H\right) + \frac{L}{V_b}}{H} + (1-C) \\
& \times \left\{ u_W \frac{Q}{n} \sum_{i=0}^{n-1} \left[\frac{H}{2}\left(1 + \frac{V_i}{H^2}\right) \right] + u_A Q \frac{L}{V_p} \right. \\
& \left. + u_I \left[\frac{Qn}{2}d + \sum_{i=0}^{n-1} i \frac{Q^2}{n^2} \rho H \left(1 + \frac{V_i}{H^2}\right) + \frac{Ql}{2V_b} \right] \right\}
\end{aligned}$$

目标函数中的所有变量及常数的定义在表 5-2 中给出。

由上式可以看出，微公交系统总体成本 TC 是关于公交车发车间隔 H 的函数。由于该函数不是初等函数，所以需要利用 MATLAB 的最优化功能求解。

以清华大学校园微公交系统的设计为例，采用表 5-2 所设置的参数，可以分析求得微公交系统总体成本与发车间隔的关系如图 5-14 所示。

表 5-2 校园微公交系统变量与常数定义

变量符号	变量含义	单位	值
C_A	乘客到达时间等效成本	元/时	
C_I	乘客旅行时间等效成本	元/时	
C_W	乘客等待时间等效成本	元/时	
C_o	系统运营成本	元/时	
C_u	乘客出行成本	元/时	
u_W	等待时间价值	元/时	20
u_A	到达时间价值	元/时	20
u_I	车上旅行时间价值	元/时	20
u_o	系统运营时间价值	元/(车·时)	200
Q	线路需求量(乘客数)	人/时	50
n	线路车站数	个	

续表

变量符号	变量含义	单位	值
L	线路长度	km	2
l	乘客步行距离	km	2
V_i	第 i 站发车间隔时间偏差	h	
V_{i-1}	第 $i-1$ 站发车间隔时间偏差	h	
H	发车间隔	时/车	
V_b	公交车行驶平均速度	km/h	36
V_p	乘客步行速度	km/h	3.6
d	每个车站公交车加减速延误	h	0.002778
ρ	乘客平均上车时间	h	0.001667
t_{w_i}	第 i 个站点的平均等待时间	h	
q_i	第 i 个站点乘客数量	人/时	
α	发车时间间隔的偏差递增量	时/站	0.000278
V_{ei}	到达时间间隔延误时间	h	
V_0	第一站发车时间间隔延误	h	0
T_I	乘客车上旅行时间	h	
T_d	公交车延误时间	h	
T_r	公交车行驶时间	h	
t_A	乘客平均到达时间	h	
T_R	公交车每趟行驶时间	h	

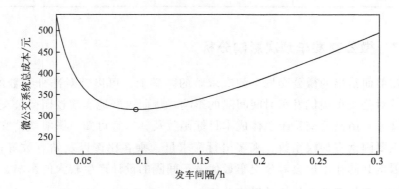

图 5-14 微公交系统总体成本与发车间隔关系

采用 MATLAB 最优化功能求解可得校园微公交最优发车间隔为 0.2724h，即 16min。于是，基于该计算结果可以设置合理的发车频次规划方案。

(1) 校内常规线路

根据上述求得的校园微公交最优发车间隔 16min，同时考虑清华大学校园客流的时间分布情况，可设定首班车为 6:30、末班车为 18:30。于是，设计的校园微公交发车频次规划方案如表5-3所示。

表5-3 校内常规线路发车频次规划方案

线路名称	首班车	末班车	发车间隔/min	车辆数目
线路一	6:30	18:30	16	3
线路二	6:30	18:30	16	3
线路三	6:30	18:30	16	3

（2）校外线路

以上的发车频次方案是针对常规固定线路设计的，对于涉及校外行驶的线路而言，由于早晚上下班的"潮汐现象"，师生通勤只有早晚前往地铁站的客流量较大，所以只需要设置早班接站、晚班送站即可。由此设计的校园微公交发车频次规划方案如表5-4所示。

表5-4 校外线路发车频次规划方案

线路名称	发车时间	车辆数目
地铁接驳线	7:30、17:30	1
附近小区线路	7:30、17:30	1

5.2.3 微公交发车频次影响分析

在前面给出的微公交发车频次求解的基础上，可以针对部分参数的变化，分析其对公交车最优发车时间间隔的影响，从而更好地实现校园微公交系统的运营管理。由微公交系统总体成本目标函数及其求解可知，影响微公交发车频次的主要因素有加权系数、乘客出行需求量、乘客比例以及站点数等；此外，两两因素共同作用也会对公交车最优发车间隔的设计产生较大的影响。

（1）目标函数加权系数影响分析

通常情况下，微公交系统总体成本目标函数中的两个加权系数取相同值，即考虑乘客出行成本和系统运营成本占比各50%。实际上，不同的加权系数对公交车最优发车时间间隔会产生不小的影响，因此设加权系数 C 从 $0\sim0.9$ 发生变化，可计算出各加权系数下的最优发车时间间隔。发车间隔与加权系数的关系如图5-15所示，当加权系数为0.57时，系统总体成本最小，此时发车时间间隔为0.2251h；而加权系数 C 为0.5时，发车时间间隔为0.2588h，与前者相比公交车发车频次下降了14.9%。

第5章 微公交系统运营管理

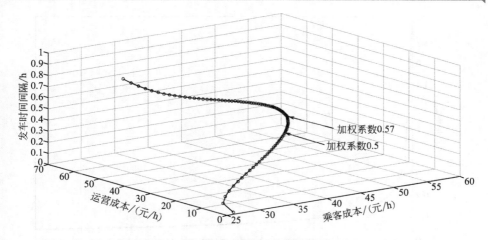

图 5-15 发车时间间隔与加权系数关系

(2) 乘客需求量影响分析

不同时间段乘客的需求量是有变化的，因而有必要研究乘客需求量对最优发车时间间隔的影响。将每个站点每小时的平均客流量分别设置为 10～50 人且以 10 为递增量，可获得不同乘客需求量时微公交系统总体成本与发车时间间隔的关系如图 5-16 所示。从图中可以看到，系统总体成本随着乘客需求量的增加而增加，但最优发车时间间隔却随着乘客需求量的增加而下降。最优发车时间间隔与乘客需求量的关系如图 5-17 所示，系统总体成本与乘客需求量的关系如图 5-18 所示。由此可见，随着乘客需求量的线性增长，最优发车时

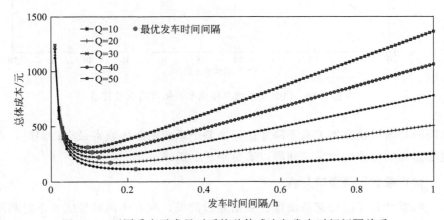

图 5-16 不同乘客需求量时系统总体成本与发车时间间隔关系

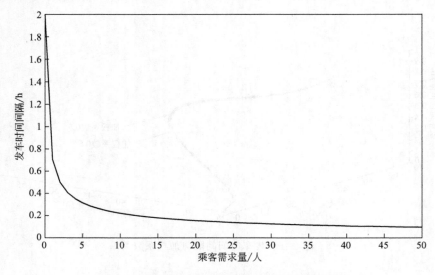

图 5-17　最优发车时间间隔与乘客需求量关系

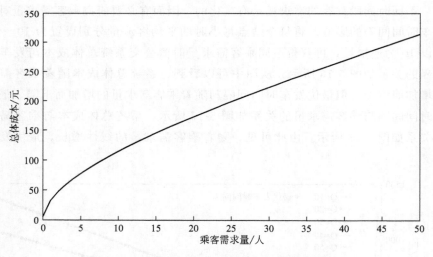

图 5-18　微公交系统总体成本与乘客需求量关系

间间隔必须以反比例关系下降才能保证整个系统的总体成本最小；同时，在客流量高峰期应该缩短发车间隔以满足乘客的需求。

(3) 乘客比例影响分析

根据已有校园公交系统运营数据分析发现，乘客比例对最优发车时间间隔也具有一定的影响。根据问卷调查显示，校园中的乘客身份大致可分为学生、教师、退休人员和外来人员 4 类。其中，外来人员的比例约占 10%，而其他几部分人员在不同时间段是不固定的，因此需要研究不同乘客身份比例对最优发车时间间隔的影响。将退休人员所占比例从 0~0.9 变化，可获得乘客身份比例的影响作用如图 5-19 所示。从图中可以看出系统总体成本随着退休人员比例的增加而增加，但最优发车时间间隔随着退休人员比例的增加却在下降。最优发车时间间隔与退休人员比例的关系如图 5-20 所示，系统总体成本与退休人员比例的关系如图 5-21 所示。由此可知，随着退休人员比例的线性增长，需要将发车间隔以线性关系下降以保证整个系统的总体成本最小。

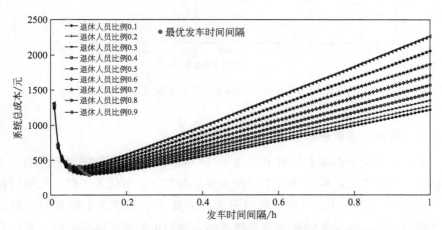

图 5-19　不同乘客比例时系统总体成本与发车时间间隔关系

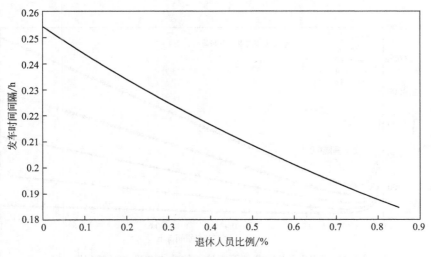

图 5-20　最优发车时间间隔与退休人员比例关系

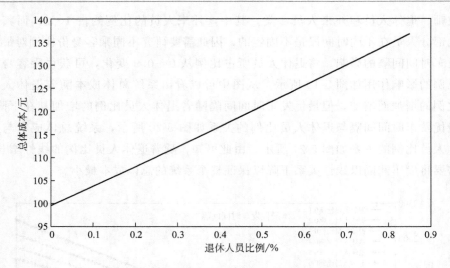

图 5-21　系统总体成本与退休人员比例关系

(4) 线路站点数影响分析

微公交线路上的站点数对最优发车时间间隔应该也具有一定的影响。将站点数从 2~18 变化，可以获得不同站点数量条件下对最优发车时间间隔的影响关系，如图 5-22 所示。从图中可以看出微公交系统总体成本随着站点数的增加而增加，但最优发车时间间隔却随着站点数的增加而下降。同时，最优发车时间间隔与站点数的关系如图 5-23 所示，系统总体成本与站点数的关系如图

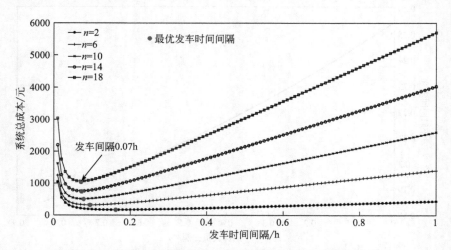

图 5-22　不同站点数条件下系统总体成本与发车时间间隔关系

5-24 所示。由此可知,当线路长度固定时,应将站点数量设置在一个合理范围内,同时保证足够的站间距。在图 5-23 中可以看出随着站点数的增加,最优发车时间间隔会趋于 0.07h,之后不会无限下降。

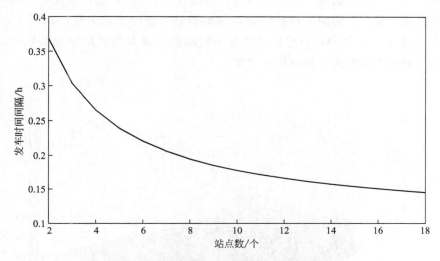

图 5-23　最优发车时间间隔与站点数关系

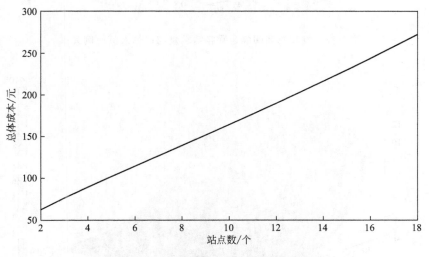

图 5-24　系统总体成本与站点数关系

(5) 乘客需求量与其身份比例影响分析

以上已就单一因素包括乘客需求量、乘客身份比例和线路上站点数对最优发车时间间隔的影响进行了分析,下面分析乘客需求量、乘客身份比例和线路上站点数三个因素中两两组合同时变化时对最优发车间隔的影响。为了研究乘客需求量及其身份比例同时变化时对最优发车时间间隔的影响,可将乘客需求量设置从 5~50 人递增变化,退休人员比例从 0%~90% 递增变化,于是可分别获得最优发车时间间隔和系统总体成本相对两者的变化关系,如图 5-25 和图 5-26 所示。由图中可以看出最优发车时间间隔随着两者的增加而减少,系统总体成本则随着两者的增加而增加。

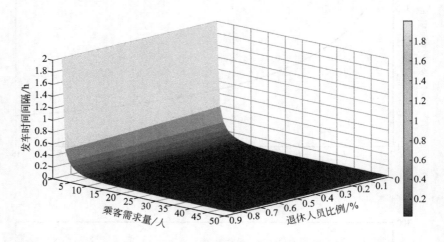

图 5-25 发车时间间隔、乘客需求量与退休人员比例关系

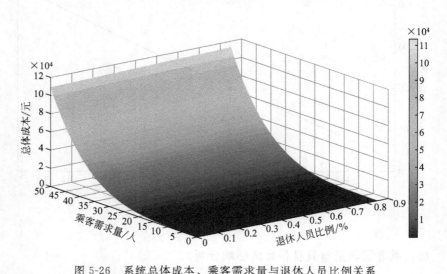

图 5-26 系统总体成本、乘客需求量与退休人员比例关系

(6) 乘客需求量和线路站点数影响分析

为了分析乘客需求量和线路站点数同时变化时对最优发车时间间隔的影响，将乘客需求量从 5~50 人递增变化，站点数从 2~18 个递增变化，可获得最优发车时间间隔和系统总体成本随两者变化的关系，分别如图 5-27 和图 5-28 所示。由图中可以看出，最优发车时间间隔随着两者的增加而减少，系统总体成本则随着两者的增加而增加。

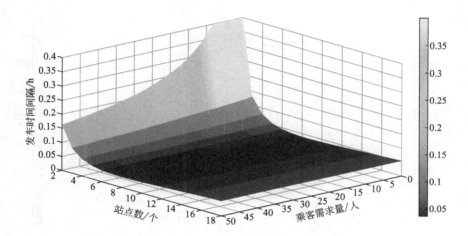

图 5-27 发车时间间隔、乘客需求量与线路站点数关系

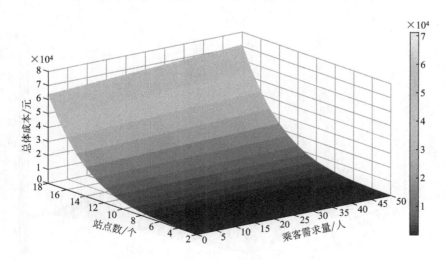

图 5-28 系统总体成本、乘客需求量与线路站点数关系

(7) 乘客身份比例和线路站点数影响分析

为了探究线路站点数和乘客身份比例同时变化时对最优发车时间间隔的影响,将线路站点数从 2~18 递增变化,退休人员比例从 0%~90% 递增变化,可分别获得最优发车时间间隔和系统总体成本随两者变化时的关系,如图 5-29 和图 5-30 所示。由图可以看出,最优发车时间间隔随着两者的增加而减少,系统总体成本则随着两者的增加而增加。

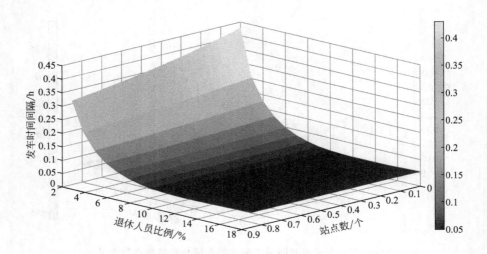

图 5-29 发车时间间隔、退休人员比例与线路站点数关系

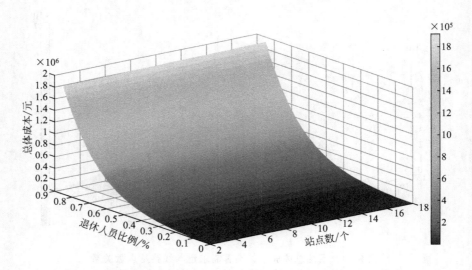

图 5-30 系统总体成本、退休人员比例与线路站点数关系

5.3 微公交调度管理

园区电动微公交系统可为城市交通出行"最后一公里"问题提供有效的解决方案。它不仅凭借电动车的节能减排等性能有效地减少园区内部机动车的排放污染，同时也可延伸区外交通的覆盖范围，使得园区工作人员出行更为便利。

微公交调度管理系统是微公交系统运营管理的重要组成部分。它可以为园区微公交系统运营的管理人员提供包括信息记录、实时监控和运营管理等后台服务功能，从而增强管理人员对园区微公交系统运营的实时管理能力。同时，微公交调度管理系统还可以与移动终端应用相结合，为移动终端应用提供后台服务，通过移动设备为园区用户提供准确的公交运行信息、实时位置和站点信息，方便园区内人员的出行。

为研究适合大型园区出行需求的电动微公交系统出行模式，清华大学在校园内开展了电动微公交系统的研究与示范。通过示范运行，完善了电动微公交系统的运营管理方式，进而总结出一套适用于我国的、可持续发展的电动微公交系统发展模式。下面以清华大学实现的园区电动微公交系统为例，简述微公交调度管理系统的内容与应用。

5.3.1 调度管理系统结构

清华大学微公交后台调度管理系统主要包括 5 大模块：系统登录、实时监控、运营管理、历史回放和系统管理。其中运营管理承担着系统调度管理的主要功能，包括设备管理、人员管理、信息查询和消息提醒等功能。清华大学微公交调度管理系统的结构如图 5-31 所示。

5.3.2 调度管理主要功能

园区电动微公交调度管理的主要功能包括系统登录、实时监控、运营管理、历史回放和系统管理等。

系统登录功能负责实现管理人员使用系统的管理，提供管理人员使用分配的账号和相应密码进行系统登录，并支持进行相关操作。

实时监控功能支持在相应的地图页面上选择监控运行车辆的各种实时信息。

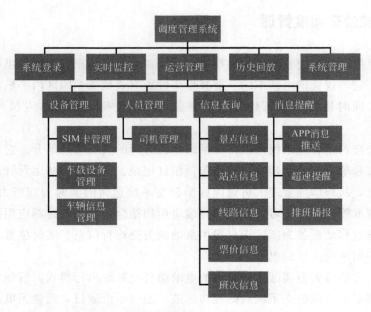

图 5-31 清华大学微公交调度管理系统结构

通过运营管理模块,用户可以实现对订单、客户和线路等数据的增、删、改和查等操作;管理人员则可实现对设备、人员、信息查询和消息提醒等的功能操作。其中设备管理主要实现对车载终端的 SIM 卡信息、车载设备信息和车辆信息的增、删、改和查等操作;人员管理主要实现对司机信息的管理;信息管理主要实现对景点信息、站点信息和线路信息的增、删、改和查等操作,同时支持对线路的添加和编辑、站点的关联和运营、票价信息和班次信息的查询与管理等;消息提醒管理主要实现包括 APP 消息推送、超速提醒以及排班播报等操作。

历史回放功能支持回放特定车辆在过去一段时间内的使用情况和行驶轨迹等。

系统管理功能提供对软件系统的组织、权限、角色、用户和公告的管理。

5.3.3 微公交调度管理系统

(1) 系统登录子系统

系统登录功能支持管理人员使用系统分配的账号和相应密码进行登录,随后可进行其他相关操作。其登录页面如图 5-32 所示。

第 5 章　微公交系统运营管理

图 5-32　微公交调度管理系统登录页面

（2）实时监控子系统

实时监控功能支持在相应地图页面监控选择车辆的各种实时运行信息，如图 5-33 所示。

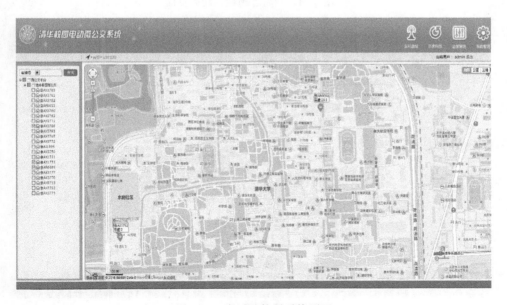

图 5-33　实时监控子系统页面

127

(3) 运营管理子系统

通过运营管理模块，用户可以实现对订单、客户和线路等数据的增、删、改和查等操作，如图 5-34 所示；管理人员则可实现对设备、人员、信息查询和消息提醒等的功能操作。

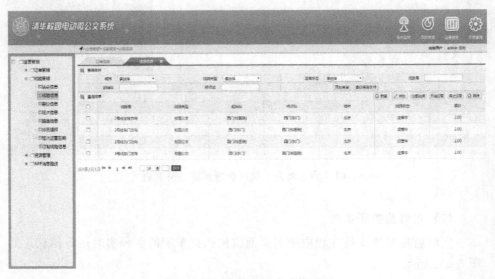

图 5-34 运营管理用户功能页面

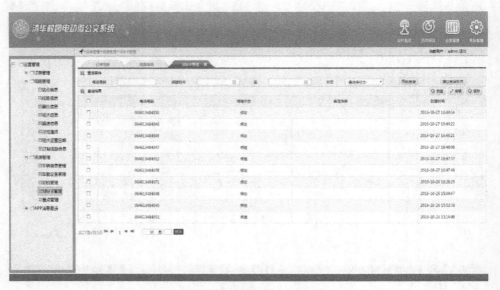

图 5-35 SIM 卡管理页面

① SIM 卡管理 该功能主要支持对车载终端的 SIM 卡信息管理。管理员可以对 SIM 卡信息进行增、删、改、查等操作，其典型操作页面如图 5-35 所示。

② 车载设备管理 车载设备管理主要支持对车载信息的管理操作，管理员可以对车载设备信息进行增、删、改和查询操作，其典型操作页面如图 5-36 所示。

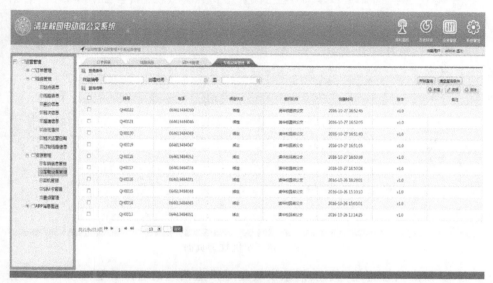

图 5-36 车载设备管理页面

③ 车辆信息管理 运营车辆信息的管理主要支持管理员对车辆信息的增、删、改、查等操作，其典型的操作页面如图 5-37 所示。

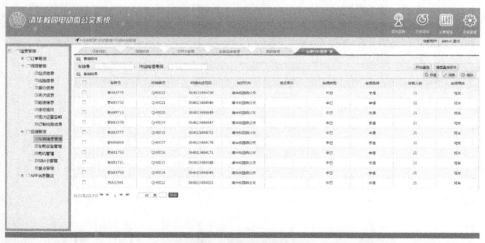

图 5-37 车辆信息管理页面

④ 司机管理　司机管理是系统对司机信息的管理界面，管理员可以进行司机信息的增、删、改和查询操作，其典型的操作页面如图 5-38 所示。

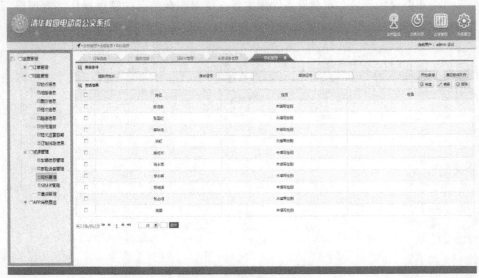

图 5-38　司机管理页面

⑤ 景点信息管理　景点信息模块是对景点信息的管理，管理员可以对景点信息进行增、删、改、查等操作，其典型的操作页面如图 5-39 所示。

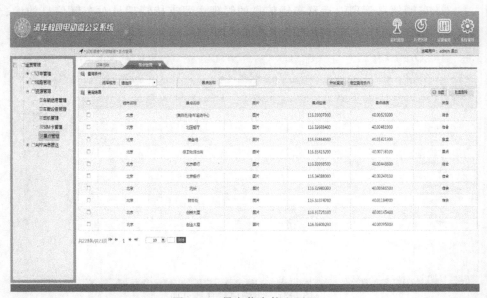

图 5-39　景点信息管理页面

⑥ 站点信息管理　该模块主要完成线路上各站点的信息显示、添加和修改工作，其典型的操作页面如图 5-40 和图 5-41 所示。

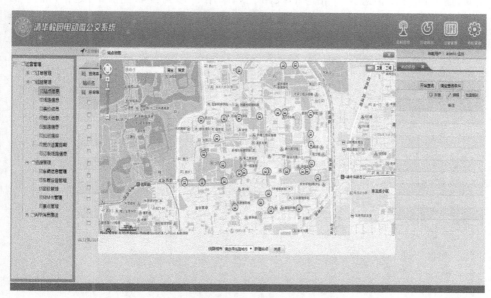

图 5-40　站点信息显示页面

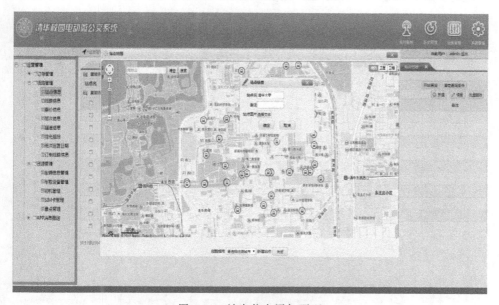

图 5-41　站点信息添加页面

⑦ 线路信息管理　线路信息模块主要支持线路的添加和编辑以及站点的关联和运营等操作。用户可以在地图上选点选择"起始站"和"终点站"，并根据输入的站点信息生成相应的线路。如果用户感觉自动生成的线路不能够满足需要，可以手动拖动线路来完成路线的修改。同时支持站点绑定操作，即将现有的站点跟用户设定的路线绑定。其典型的页面如图 5-42～图 5-44 所示。

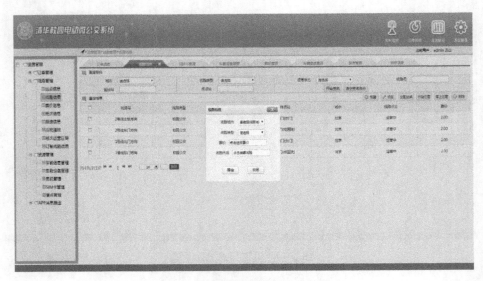

图 5-42　新建线路信息管理页面

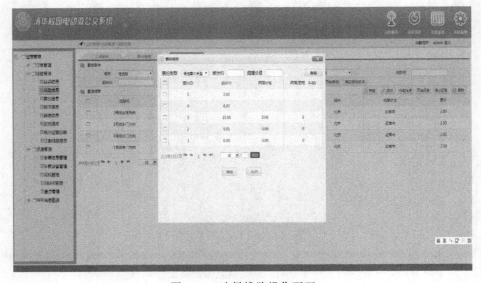

图 5-43　选择线路操作页面

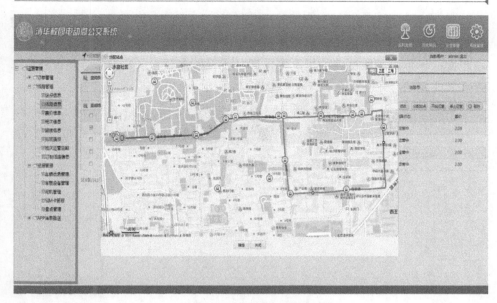

图 5-44　绑定站点操作页面

⑧ 票价信息管理　票价信息模块主要显示乘坐微公交线路的票价相关信息，其典型的应用页面如图 5-45 所示。

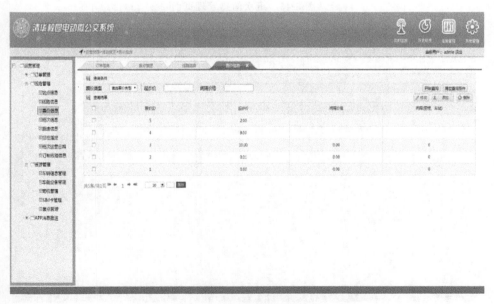

图 5-45　票价信息管理页面

⑨ 班次信息管理　在班次信息管理模块，管理员可以新建班次、对新建的班次进行修改、绑定车辆到班次、对班次进行招募、将班次上线、查看已上线班次的评价和删除已建的班次等，同时还可以查看客户发起的订制线路信息等。其典型的应用页面如图5-46～图5-49所示。

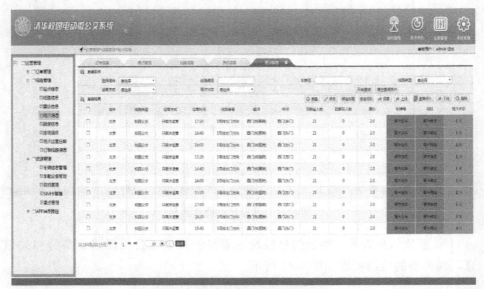

图 5-46　班次信息管理页面

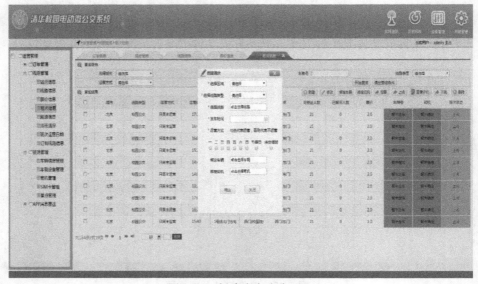

图 5-47　创建班车班次页面

第 5 章 微公交系统运营管理

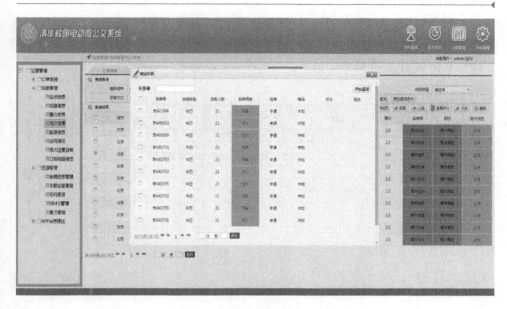

图 5-48 绑定车辆页面

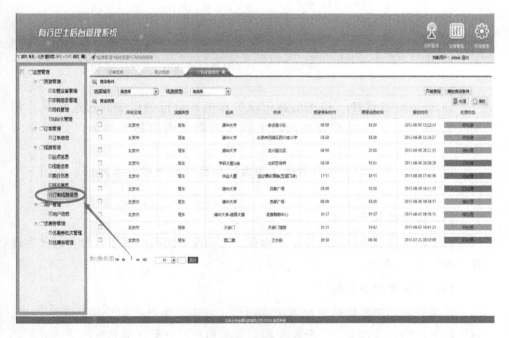

图 5-49 订制线路信息页面

⑩ APP 消息推送管理　APP 推送功能是为管理员提供向 APP 进行消息推送的管理页面，提供按照用户的不同维度的单发和群发功能。其典型的应用操作页面如图 5-50 所示。

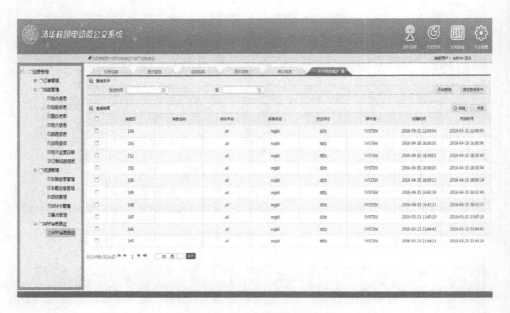

图 5-50　APP 消息推送页面

⑪ 超速信息管理　超速信息记录了车辆在运行过程中的超速情况，如图 5-51 所示，同时还可以在地图上详细看到车辆的超速位置，如图 5-52 所示。

⑫ 排班播报管理　排班播报是为提醒司机师傅按时发车而设，如图 5-53 所示。

（4）历史回放子系统

历史回放功能支持回放特定车辆在过去一段时间内的使用情况和行驶轨迹等，如图 5-54 所示。

（5）系统管理子系统

系统管理功能提供对软件系统的组织、权限、角色、用户和公告的管理，包括添加组织、添加员工、分配组织、分配角色、分配权限和密码管理等。其典型的应用操作页面如图 5-55 所示。

第 5 章　微公交系统运营管理

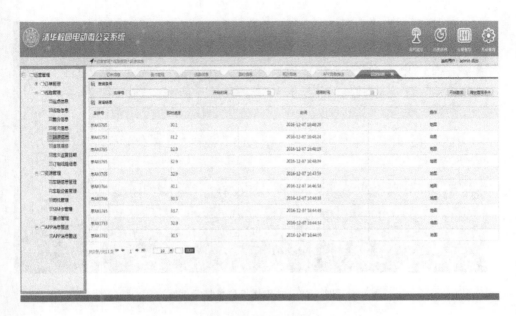

图 5-51　超速信息显示页面

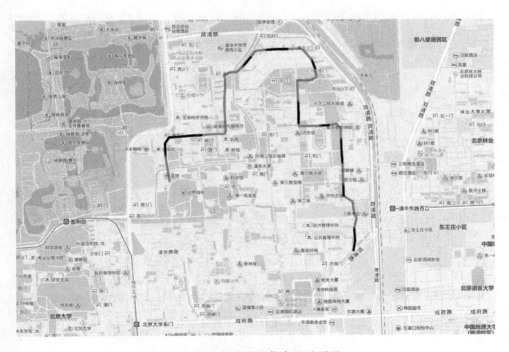

图 5-52　超速位置信息显示页面

图 5-53 排班播报信息显示页面

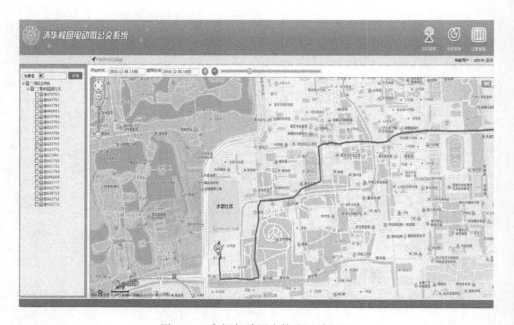

图 5-54 车辆行驶历史轨迹回放页面

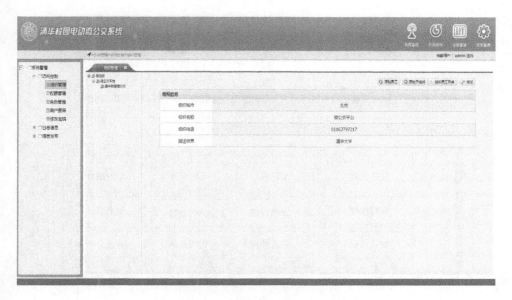

图 5-55　系统管理页面

5.4　微公交线路运营保障

5.4.1　微公交运营技术框架

　　园区电动微公交系统信息服务是系统运营保障的重要内容。通常情况下，园区电动微公交系统信息服务可以与运营管理设计在统一的管理平台下。由此整合基础设备感知的交通状态信息，一方面可实现园区微公交系统的优化调度和智能维护，另一方面也可以通过移动终端APP、手机短信、可变情报板和网站等多种发布渠道提供信息服务，包括出行信息和本地生活信息服务，其实现的技术框架如图5-56所示。清华大学在校内园区电动微公交系统示范运行过程中，完善了电动微公交系统的运营保障系统，下面以清华大学的实际应用为例，介绍园区微公交运营保障体系。

5.4.2　微公交设施建设

　　微公交系统是普遍存在的大型园区内部出行和"最后一公里"接驳问题的重要解决方案，其基础设施的建设应同时满足运营者和乘客的需求。从运营者

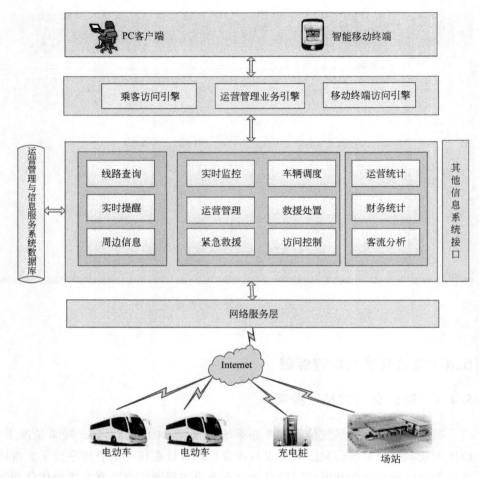

图 5-56　园区电动微公交系统运营管理与信息服务技术框架

角度考虑，微公交系统设施建设应包括路径规划、电动车系统、调度系统、公交运营管理平台和信息采集平台等；而从乘客方面考虑，微公交系统设施建设则主要体现在微公交的信息发布与服务上。

微公交系统建设过程中首先要设计合理的微公交线路。设计的线路既可以满足园区居民的出行需求，同时也可以大大减少园区内的出行时间与成本。第 4 章阐述基于遗传算法的微公交线路设计就是要解决这一问题。微公交的线路规划一般需要经过需求调查、路网设计、发车时间间隔优化、路网仿真和路网评价等一系列工作，最终再确定微公交系统运营线路，并设置相应的线路站点。

充电网是绿色校园微循环电动车系统顺利运行的前提和保证。建设电动车系统充电网需要建立充电网优化布设模型,给出优化设计方案,并且建立完善的管理系统对充电网实施监控和管理,最终形成一套微公交系统停车与充电桩布设一体化方案。其工作内容包括总站设置、临时停靠站设置、停车位充电桩配装以及单一停泊功能的停车位设置等。

在考虑园区内停车位设置以及相应的充电线路和充电桩的优化布设问题时,首先需要考虑系统需求,即微公交电动车的投放数量、规划的微公交站点及其线路;其次,需要考虑园区内已有的停车设施,包括大规模停车场以及分布在路侧、楼前的小规模停车位,也包括园区内既有的输电网络等;最后,还要针对微公交调度的便捷性、平时车位占用的成本、充电装置在园区内的分布性以及输电线路的改造成本,构建相对应的优化模型,并通过系统仿真进行充电调度效果的评估与分析。

在设计的微公交系统园区内停车和充电网布设方案的基础上,还需给充电设施加装监控和管理模块,以监测充电桩的健康状况、充电特性以及开关状态等。在项目建设过程中,可以将这些模块集成到统一的管理系统中,实现对整个充电网的实时监控和远程管理。

园区微公交电动车系统的技术方案如图 5-57 所述。

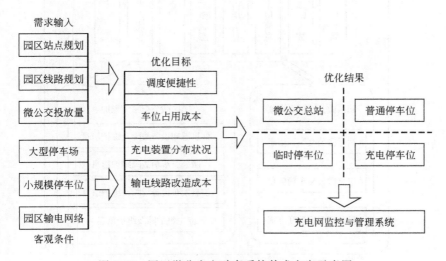

图 5-57　园区微公交电动车系统技术方案示意图

在园区微公交系统的运行过程中，需要针对不同应用情况进行灵活的调度，以保证微公交系统始终工作在良好的运行状况下。在本章介绍的基于微公交系统总体成本的系统调度模型和其多目标优化函数的基础上，可以采用遗传算法、粒子群算法和蚁群算法等对调度模型进行求解获得最优的发车时间间隔，并根据此发车时间间隔结合实际需要对微公交发车频次进行合理的调度。

满足上述功能需求的园区微公交运营管理平台如图 5-58 所示。园区微公交运营管理平台可以通过对车载传感器、路侧传感器感知获取的信息进行分析，实时监管微公交车辆的位置和运行状态、各站点候车人数、停车场车位信息、充电桩占用信息、信息感知和信息发布等设备的工作状态，并全面了解园区内整个微公交系统的工作状态；结合实时车辆运行信息自动完善车辆运营调度表，当各站点候车人数过多时可通过平台向调度人员发出预警，由平台自动

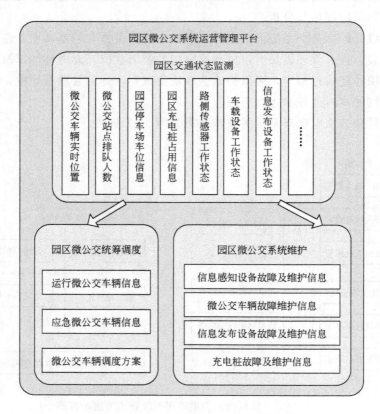

图 5-58　园区微公交系统运营管理平台结构

生成或调度人员手动增加新的调度方案；当园区系统中相关设备工作状态发生异常时，可通过平台向管理员发出故障预警并自动生成故障信息，对设备进行维护后由管理员手动补充设备维护信息，在设备维护次数过多时由平台自动生成设备老化预警，提示管理员及时更换设备。

微公交信息采集平台可以在电动公交车上安装视频采集装置（如图5-59所示），运营方借此设备可以更精确地掌握乘客的出行信息，包括上下车地点、时间和乘客身份等。同时，也可以在线路沿途设置公交车视频监控，严格控制公交车的线路以及运行时速，加强监督与管控。

图 5-59 微公交电动车信息采集设备

5.4.3 微公交信息发布与服务

在园区微公交系统信息发布与服务方面，微公交运营保障系统可以提供信息网站、园区公交 APP 和电子站牌等，以方便乘客使用相关信息服务功能。此外，微公交运营保障系统还应该提供微公交运营管理平台，实时监测园区交通状况，统筹调度园区微公交和维护微公交系统。

以下结合清华大学校园微公交信息发布与服务系统的建设情况，展示典型应用场景和服务平台。

（1）校园公交网站

清华大学校园微公交信息发布与服务系统为乘客提供了校园公交网站查询服务（如图 5-60 所示）。用户可使用该功能实时查看公交车的位置、下一班车辆的到达时间以及随后的发车时间等信息。

图 5-60　校园公交网站实时查询服务页面

（2）校园微公交 APP

清华大学校园微公交信息发布与服务系统为乘客提供了校园公交手机 APP 服务（如图 5-61 所示）。该应用可以实时查看公交车的位置、下一班车到达时间和随后的发车时间等信息。

同时借助手机 APP，系统还提供了包括景点介绍、导游服务和人性化服务设置等功能。其提供的详细服务内容如图 5-62 所示。

（3）电子站牌

清华大学校园微公交信息发布与服务系统将在线路沿线建设相应的电子站牌，其设计结构如图 5-63 所示，以提供公交车的相关实时信息。

第 5 章　微公交系统运营管理

图 5-61　校园公交手机 APP 服务截图

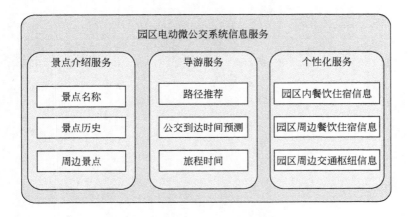

图 5-62　园区微公交系统信息服务内容

145

图 5-63　校园公交电子站牌

第6章
微公交系统安全分析

6.1 园区道路交通安全研究

6.1.1 驾驶安全系数

驾驶安全系数是驾驶员危险驾驶行为的一种表征,可以用来衡量驾驶员驾驶行为对园区交通安全的影响程度。确定该影响程度的途径主要有两种,即驾驶行为特征评估和行车数据统计分析。

通过对驾驶员的(动、静)视力、(掩蔽)听力、注意力、记忆力、反应时间和操作误差等表征驾驶行为的系列特征进行评估,可以获得驾驶员的驾驶安全系数;而基于对行车安全车距、车道偏离、跟驰性能和碰撞时间(time to collosion,TTC)等描述交通状态的相关数据的统计分析,也可以获得驾驶员的驾驶安全系数。随着车路协同技术的推广应用,实时获取驾驶员行车数据成为可能,基于行车数据分析的方法,凭借其丰富的数据、高效的算法和客观的指标等特点,成为确定驾驶安全系数的主流方法。针对园区微公交系统的运营与管理,基于行车数据的驾驶安全系数分析,主要聚焦于跟驰稳定性、加速度变化、车辆碰撞时间和急加减速等特性的分析。

车辆跟驰是一种微观交通行为,在园区交通环境中可以用车辆跟驰模型来描述在无法超车的一条车道上后车跟随前车的行驶状态。车辆跟驰稳定性分析是指对跟驰模型的局部稳定性和渐进稳定性进行分析。其中,局部稳定性分析主要研究跟驰过程中两车车距的变化情况,两车车距的变化大称为不稳定,反之则称为稳定;渐进稳定性主要研究引导车对跟驰车辆速度的影响,跟驰车辆的速度变化大称为不稳定,反之称为稳定。

车辆碰撞时间（TTC）是评价车辆在途碰撞风险的一项重要指标。在不考虑两车加速度的条件下，TTC用来描述两车保持当前车速匀速行驶到两车发生碰撞时的时间。为提高TTC的适应性，美国高速公路安全管理局对其定义进行了修正。修正后的TTC不仅考虑了两车的相对速度，也考虑了两车的相对加速度，使其更适用于行车过程中前车急减速或后车急加速等前后两车加速度相差较大的情况。由于TTC能够有效地描述前后两车的相对速度和相对距离，通常被广泛应用于车辆纵向避撞问题的研究。例如，通过大量实验发现驾驶员能够分辨是否存在碰撞事故的TTC为4s。此外，车辆碰撞时间的倒数（TTC^{-1}）也反映了驾驶员行车过程中的避撞能力。

加速度变化分析可以用来分析和衡量驾驶员的驾驶行为，是构成驾驶安全系数的内容之一。在驾驶安全系数的确定过程中，需要综合考虑行车加速度变化与驾驶行为之间的关系。驾驶员的行车加速度可以反映其驾驶习惯与驾驶风格，反之驾驶员的驾驶风格也会体现在车辆速度与加速度的变化上。例如，通过对驾驶员的驾驶行为进行分析，可以建立驾驶员在直线和曲线道路上的速度变化预测模型。同时，加速度的变化也与行车中的舒适度有密切关系。例如，对行车加速度变化率的研究表明，在车辆横、纵、平三个方向上的加速度中，平纵两方向上的加速度可以更好地描述行车中的舒适性。

特别地，对驾驶员急加减速情况的分析可以鉴别驾驶员的不良甚至危险的驾驶行为，是构成驾驶员驾驶安全系数的又一重要内容。可以基于车辆的实时定位数据识别驾驶员的急加速和急减速驾驶行为。显然，在急加速或急减速行为分析中，时间间隔短的两次单一急加速或急减速行为可以合并为一次急加速或急减速行为；而通过对单一急加速行为和连续急加速行为的分析，可以鉴别是驾驶员的偶发驾驶行为还是驾驶习惯。

6.1.2 行人安全系数

行人安全系数是园区行人出行安全程度的一种表征，也可以用来衡量微公交系统对园区交通安全的影响程度。行人安全系数的确定主要基于三个方面的分析结果，即行人出行特征、交通事件预测以及对交通冲突的识别与评价。

行人出行特征分析是评判园区交通安全的基础性工作，例如通过对个体行人交通出行参数的统计分析，可以获得行人园区出行的步速、空间和步幅等参数；通过对行人过街行为的系统研究，可以获得过街步速与个体和群体行为特征的影响关系。

交通冲突识别与评价则主要研究交通事故发生的频次与道路时空环境的关系，发现交通事故常发路段，从而提出避免交通事故的改进措施。例如相关研究发现，发生在道路交叉口的交通事故中，有高达32%的事故与左转车辆存在关联；以交通流密度和平均车速为参量建立的模型，可以预测非高峰时段行人与车辆的交通事故发生频次，并证明行人车辆事故频次服从负二项分布。

在以上分析中，由于行人具有体积小、运动随机性强、可预测性差等特点，采用常规的交通传感器难以检测其运动参数，在适用于行人检测的技术成熟之前，交通冲突识别与研判还仅停留在车辆-车辆冲突的识别与研判阶段。随着机器视觉、红外成像、激光测距及微波雷达等技术广泛应用于道路行人检测，尤其是在基于车路协同的交通环境协同感知方法和体系引入之后，对行人运动参数的检测将越来越精确，行人-车辆冲突的识别与研判得以快速发展。

6.1.3 车辆安全系数

车辆安全系数是描述车辆本身安全性能的指标，也可以用来衡量车辆对园区交通安全的影响程度。按照车辆安全系统在事故前或后的启用时间，车辆安全技术分为被动安全和主动安全两大类。

被动安全通常是指在汽车本身的构造和功能上增加特定设备或手段，使其在事故发生时保护乘员和步行者，使损失降到最小的技术；主动安全则通常是指汽车的辅助安全驾驶系统，是预防事故、避免车上人员受到伤害而提供的安全保证措施，其目的是提高汽车行驶的可控性，尽力防止和减少事故损失。例如，汽车主动避撞系统就是主动安全技术的典型应用。

目前，汽车的主动安全系统在集成化和智能化方面都有了长足的发展，为车辆安全提供了有力保障。常用的汽车主动安全系统包括车轮防抱死制动及其拓展控制系统、减轻或避免车辆碰撞的防撞系统、汽车驾乘提醒系统以及准自动驾驶辅助系统。其中，车轮防抱死制动及其拓展控制系统由制动防抱死系统、汽车驱动防滑系统、车身稳定系统、自动驻车与上坡辅助系统和电子制动辅助系统组成，减轻或避免车辆碰撞的防撞系统由自适应巡航控制系统、驾驶安全系统、行人保护系统和侧面碰撞预防系统组成，汽车驾乘提醒系统由车道偏离预警系统、盲区监测系统、胎压监测系统、疲劳驾驶预警系统、夜视辅助系统和自适应大灯系统组成，准自动驾驶辅助系统则由陡坡缓降控制系统、泊车碰撞预防系统和自动泊车系统组成。

6.1.4 道路安全系数

道路安全系数是评价园区交通事故发生程度的指标，可以用来衡量园区交通事故对园区交通安全的影响程度。道路安全系数的确定已经从传统的定性分析与定量分析相结合，发展为运用流行病学的方法进行定量分析，即利用概率回归模型分析事故发生和伤亡程度与各影响因素之间的关系，建立安全评估模型，进行交通事故的评价与预测。交通事故的评估与预测主要基于暴露量、事故风险和伤亡程度的分析结果。

暴露量反映了道路使用者在道路上的危险情况，可以用多种状态参量进行描述，包括交通量、行驶距离、行驶时间、人口数与汽车能源消耗量等。通常将进入交叉口的交通量（交叉口流量）作为暴露量来分析道路交叉口的安全性，在下面的小节中均以交叉口实时流量作为暴露量。通常将暴露量作为一种偏移变量或者自变量引入事故风险预测模型，这样可以通过计算事故数与暴露量的比值，实现对事故风险的预测与评价。

事故风险是指特定暴露状态下发生交通事故的风险，通常用事故率（事故数/暴露量）表示。因此，描述暴露量的状态选择至关重要，对交通事故风险的分析和预测结果有重要影响。事故风险预测模型是以某段路或某个路口一定时间段内的事故数作为预测对象的，由于其事故数具有非负性、随机性及离散性，可以采用计数模型进行预测。Poisson 分布模型是最常用的计数模型，其期望值反映的是特定道路条件下事故数的预测值，通常可以表示为各影响因素的线性函数的指数。Poisson 分布模型的特点是预测的随机变量期望和方差相等，而在实际中交通事故数通常呈现方差大于期望的现象，即过度离散性，因此需要在 Poisson 分布模型中引入误差项。针对误差项的不同分布情况，解决过度离散问题的模型有负二项分布模型和 Poisson-lognormal 模型。对于数据量小、样本均值较小的交通事故数据集，Poisson-lognormal 模型具有更好的应用效果。

伤亡程度是指交通事故的伤害程度，通常以受害者的人数及受伤程度评定等级。通过建立事故风险或伤亡程度的预测模型，刻画交通安全与各影响因子之间的关联性，可以实现一定条件下特定交叉口的事故预测与安全评估。根据交通事故中受伤人数及受伤程度，可将交通事故分为不同等级，例如我国交通事故分为轻微、一般、重大和特大事故。伤亡程度预测模型可以用来分析各相关因素对事故伤亡程度的影响。考虑事故等级的离散性，通常使用离散选择模型来预测事故的伤亡程度。常用的离散选择模型有 logit 和

probit 模型。根据不同的需求与数据特点，可以采用二项或多项 logit 或 probit 模型、多层 logit 模型、混合 logit 模型以及有序 logit 模型，实现交通事故预测与安全评估。

综合以上三个因素及其关系可以描述道路的安全状况，从而获得道路安全系数。其中任何一个因素发生改变，都将影响道路的整体安全水平。

6.2 行人车辆冲突分析

行人车辆冲突分析是研究园区行人和车辆之间的冲突程度，是微公交系统安全性的重要体现。行人车辆冲突分析主要包括行人车辆冲突模型、冲突模型实用性修正和基于实验数据的冲突分析。

6.2.1 行人车辆冲突模型

行人车辆冲突模型是行人车辆冲突分析的基础。本小节围绕行人车辆冲突模型的研究，重点探讨行人车辆冲突参数设计、行人车辆几何抽象、行人车辆相对运动关系与冲突参数计算以及冲突安全评价模型等。

(1) 行人车辆冲突参数设计

行人车辆冲突参数的设计过程就是通过选择合适的冲突参数，定量分析存在于行人与车辆之间的相关冲突。在交通冲突分析中，较常用到的冲突参数有碰撞时间、安全减速度（deceleration to safety time，DST）、后侵占时间（post encroachment time，PET）、时间优势（time advantage，TAdv）和冲突时间差（time difference to collision，TDTC）等。

① 碰撞时间（TTC）：在 t 时刻，若行人和车辆均保持当前运动方向和速度不变，碰撞将无法避免，那么 t 时刻的碰撞时间 TTC 就是行人和车辆随后到达碰撞地点所需的时间。TTC 越小，行人和车辆做出避让动作的时间越短，发生冲突的可能性就越大。在一个冲突可能发生的过程中，由于行人和车辆各自存在的避让行为，可能使得两者最终不一定发生碰撞，于是 TTC 并不是时时都存在；而忽视避让动作采用近似计算求得 TTC，将给冲突安全分析带来较大的误差。由此可见，单纯选用 TTC 并不能很好地刻画发生一个冲突的可能性及其安全性。引入安全减速度 DST 可减少由于近似计算 TTC 而带来的不利影响。

② 安全减速度（DST）：在 t 时刻，若行人车辆保持当前运动方向和速度

不变碰撞将无法避免，于是为了避免碰撞，车辆所具有的保证到达碰撞地点的速度恰好为 0 的减速度，就是 t 时刻的安全减速度，即车辆为了避免碰撞所需的最小减速度。安全减速度越大，表明车辆为了避免冲突要做出的避让程度越强，对车辆避让能力的要求越高，发生冲突的可能性越大。只有当行人和车辆的轨迹出现重叠，并且两者保持现在的运动状态将同时到达轨迹交点（潜在冲突点），DST 才可以按照上述过程进行计算，否则将不存在严格意义上的 DST。由于车辆速度相对行人较大，对冲突状态的影响也较大，通常情况下近似计算 DST 时主要考虑车辆的运动特性，而忽略了行人运动状态，其计算的准确性要高于近似计算的 TTC。尽管如此，在冲突双方不存在碰撞可能性时，近似计算 DST 给冲突安全性分析带来的误差仍然不能忽略。为此，可引入后侵占时间（PET）来描述道路行驶权抢占的程度，不再考虑两者碰撞的可能性。

③ 后侵占时间（PET）：若行人车辆轨迹存在交点（潜在冲突点），先到达冲突点一方的抵达时刻与后到达冲突点一方的抵达时刻之差就是 PET。实际上 PET 是一个观测值，只有当冲突发生之后才可以通过计算得到，它能够直接刻画冲突的严重程度，PET 越小，行人车辆发生碰撞的可能性越大，冲突越危险。但由于 PET 是一个观测值，不可能在冲突发生之前计算而得，因此如果考虑系统实现预警功能的需求，PET 不能用于行人车辆冲突分析。

④ 时间优势（TAdv）：在 t 时刻，预计行人和车辆保持当前运动方向和速度不变，从当前位置起优先到达轨迹交点（潜在冲突点）的一方与后到达轨迹交点的一方所用时间之差就是 t 时刻的时间优势 TAdv。TAdv 是一个描述过程的变量，在 t 时刻若行人和车辆将发生碰撞，那么 TAdv=0；若两者不会发生碰撞，仅是存在冲突，那么 TAdv 是一个大于 0 的值；若两者轨迹不存在交点，那么可以直接设置 TAdv 趋于无穷。相比 TTC、DST 和 PET，TAdv 具有较好的冲突过程刻画能力和冲突结果预测能力；但由于 TAdv 忽略了速度的影响，其缺点是直接根据 TAdv 的大小来判断冲突的危险性会造成相应误差。例如当 TAdv 较小时，说明行人和车辆两者到达冲突区域的时间差很小，但如果两者速度较小，那么两者从当前时刻到达冲突点可能还有较长的时间，有充分的机会进行避让，最终冲突是可以消除的；而当 TAdv 较大时，说明行人和车辆两者到达冲突区域的时间差很大，若此时车辆速度较大，即从当前时刻抵达冲突点的时间较短，而此时若行人突然加速，在下一时刻两者的冲突将立刻升级冲突危险级别，TAdv 将会骤减。所以不能简单地根据某一时刻的 TAdv 来判断冲突过程的危险程度。此外，由于行人在交通中的灵活性，他们可能具有持续变化的加速度、速度和位置，在与车辆的冲突过程中，对道路

冲突区域的使用权（即先到达冲突区域的一方）也在不断变换，始终为正值的 TAdv 不能较好地描述道路使用权更替对冲突安全性产生的影响。因此，需要引入冲突时间差 TDTC 来弥补以上不足。

⑤ 冲突时间差（TDTC）：在 t 时刻，预计行人和车辆保持当前运动方向和速度不变，从当前位置起行人到达轨迹交点（潜在冲突点）与车辆到达轨迹交点所用时间之差就是 t 时刻的冲突时间差 TDTC。TDTC 为正即表示车辆将优先行人到达冲突区域，掌握道路使用权；TDTC 为负表示行人将优先车辆到达冲突区域，掌握道路使用权，这种情况较前者会更加危险，原因是这种情况下行人往往不会采取谨慎的避让行为；TDTC 为 0 表示两者将发生碰撞；TDTC 为无穷表示两者轨迹不存在交点。相较 TAdv，TDTC 能更好地刻画冲突过程中道路使用权的交替情况。但与 TAdv 相同的是，TDTC 同样没有考虑速度对冲突危险程度的影响，因此不能通过某一时刻的 TDTC 大小来判断整个冲突过程的危险程度。

(2) 行人车辆几何抽象

行人车辆几何抽象是指对行人和车辆的空间外形进行抽象以简化运算的过程，它是进行行人和车辆运动轨迹分析与预测的基础。行人所占的交通空间可近似为 $0.43m \times 0.2m$ 大小的矩形，在路口平均行进速度（行人 $1.2m/s$，车辆 $3m/s$）情况下，行人肩宽 $0.43m$ 带来的在时间上的影响可以忽略不计，再将行人肩宽的空间与车辆宽度的空间相比，我们就可以将行人简化为一个质点。经过路口的大部分车辆宽度都是 $1.8 \sim 2m$ 的小轿车，考虑绝大部分交通冲突和事故都发生在车辆前方，行人冲撞车辆侧面或后部的情况鲜有发生或较易避免，故可以考虑由车辆前端抽象成的线段代表冲突中的车辆，于是可将车辆抽象为 $2.2m$ 长的线段。基于以上行人和车辆的几何抽象处理，以人的抽象质点为端点、以其运动速度为方向的射线可作为行人的运行轨迹线；以车辆的抽象线段沿速度方向前后平移所形成的区域可作为车辆的运行轨迹区域；抽象线段左端点和右端点平移所形成的两条射线是该区域的边界，在实际中可以使用车辆的一条射线代表车辆的运行轨迹。于是，可得行人和车辆几何抽象结果如 6-1 所示。

(3) 行人车辆相对运动关系与冲突参数计算

在冲突参数的计算中，行人与车辆的相对位置、运行轨迹空间关系和轨迹交点位置等因素都会影响冲突参数的计算方法。为此，按照行人速度是否与车辆速度平行、行人是否处于车辆运行前方轨迹区域内、行人运行轨迹是否与车

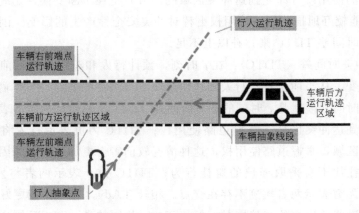

图 6-1 行人车辆几何抽象结果

辆运行轨迹相交三个原则,将行人和车辆的相对运动关系分为 A、B、C 和 D 四大类。

A 类:行人速度与车辆速度平行(如图 6-2 所示),其详细划分与讨论如下。

A.1 行人位于车辆运行轨迹区域外。两者运行轨迹没有交点,不存在冲突。

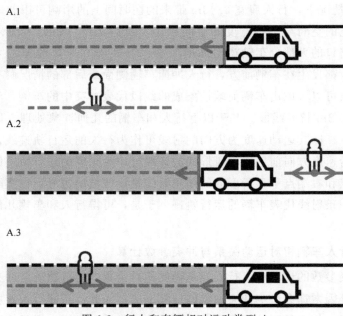

图 6-2 行人和车辆相对运动类型 A

A.2　行人位于车辆后方运行轨迹区域内。行人一般不会向前追赶车辆去发生碰撞，可以假定两者之间不存在冲突。

A.3　行人位于车辆前方运行轨迹区域内。若行人与车辆的速度方向相反，行人与车辆则可能发生碰撞，存在冲突，其中 D_{vp} 为行人与车辆之间的距离。若行人与车辆的速度方向相同，只有当行人速度小于车辆时，两者才可能发生碰撞，此时存在冲突；否则车辆赶不上行人，两者不存在冲突。

B 类：行人与车辆的运行轨迹相交，且位于车辆运行轨迹区域内（如图 6-3 所示），其详细划分与讨论如下。

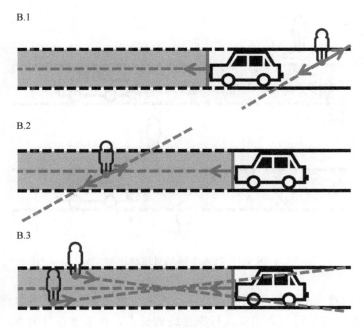

图 6-3　行人和车辆相对运动类型 B

B.1　行人位于车辆后方运行轨迹区域内。行人一般不会向前追赶车辆去发生碰撞，可以假定两者之间不存在冲突。

B.2　行人位于车辆前方运行轨迹区域内，轨迹交点位于车辆前方。行人意图在车辆到达前走出车辆前端的轨迹区域。以行人向车辆右方前行进为例，首先找到行人运行轨迹和车辆右前端点运行轨迹的交点，作为潜在冲突点，分别求出 TDTC、TTC、TAdv 和 DST。值得注意的是，当 TDTC 不小于 0 时，说明行人未能在车辆到达冲突点前走出冲突区域，两者将发生碰撞，此时

TDTC=TAdv=0。由于这种碰撞情况往往发生在车辆前方不远处，所以可以假设潜在冲突点就是两者的碰撞地点，于是可近似计算 TTC 和 DST。

B.3 行人位于车辆前方运行轨迹区域内，轨迹交点位于车辆前方。按照现有运行趋势行人与车辆必将相撞，考虑到这种情况多在行人处于车辆前方较远处发生，于是忽略车辆宽度的影响，将此种类型的情况近似为 A 类中两者速度平行、相向而行的情况进行分析。

C 类：行人运行轨迹与车辆运行轨迹相交，且位于车辆运行轨迹区域外（如图 6-4 所示），其详细划分与讨论如下。

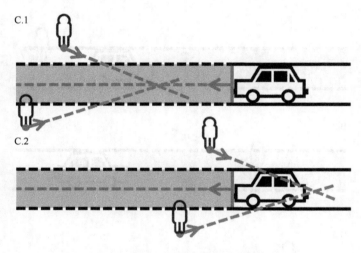

图 6-4　行人车辆相对运动类型 C

C.1 轨迹交点位于车辆前方。以行人从车辆左侧靠近车辆为例，首先找到行人轨迹线与车辆左前端点运行轨迹线的交点，作为潜在冲突点，分别求取 TDTC、TTC、TAdv 和 DST。若 TDTC 大于 0，说明车辆将先于行人通过冲突点；若 TDTC 小于 0，说明行人将先于车辆通过冲突点，一般认为这种交通冲突较为危险，因为行人通常可能采取激进行为来保证自己的道路优先使用权，从而容易造成事故；若 TDTC 等于 0，说明两者将发生碰撞。

C.2 轨迹交点位于车辆后方。行人将积极避让车辆，不会发生冲突。

D 类：行人运行轨迹与车辆运行轨迹不相交，如图 6-5 所示。在这种情况下，两者之间不存在冲突。

综上所述，通过合理的抽象和假设，可以基于行人和车辆的相对位置和速度信息，求取 TDTC 以及可用于辅助分析的三个参数 TAdv、TTC 和 DST。

第 6 章　微公交系统安全分析

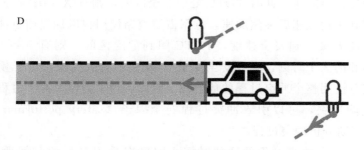

图 6-5　行人车辆相对运动类型 D

(4) 冲突安全评价模型

冲突安全评价模型是用来评价行人与车辆发生冲突时的安全程度的，其分析包括瞬时安全性判定和安全评价模型建立。瞬时安全性判定的目标是评价冲突的每一时刻的安全性，而安全评价模型的建立则需要综合考虑行人和车辆双方的避让行为，从而实现对冲突安全性的评价。

可以采用三层安全等级对瞬时安全性进行判定。安全等级包括 A 类：安全的交通行为；B 类：一般危险的交通冲突；C 类：危险的交通冲突。

行人车辆冲突安全分析的目的是识别危险的交通冲突并发出预警或制动信号，以及识别一般危险的交通冲突并保持一定示警，因此需要关注的都是 B 类和 C 类的交通冲突。通常，B 类交通冲突的 TDTC 分布较分散，主要分布在 [-2, 2]（单位：s）的区间内，其中 [-1, 0.5] 区间内的参数占比较大；C 类交通冲突的 TDTC 则分布在 [-1.5, 1] 区间，且 0 附近的参数分布较为集中。因此，认为处于 [-1, 0.5] 区间内的 TDTC 能够充分代表 B 类和 C 类的交通冲突。于是，可以定义瞬时冲突安全变量为：

$$X = \begin{cases} 0 & , TDTC \in (-\infty, -1) \cup (0.5, +\infty) \\ 1 & , TDTC \in [-1, 0.5] \end{cases}$$

当 TDTC 处于危险区间时 $X=1$，表明该时刻行人车辆冲突是瞬时危险的；否则 $X=0$，表明该时刻行人车辆冲突是瞬时安全的。

一般地，在一个冲突发生的过程中，行人和车辆双方均会做出避让行为，尤其是运动灵活的行人，可能在避让过程中多次做出速度方向和大小的改变，这将导致瞬时冲突安全变量 X 无法说明整个冲突过程的安全性。例如，在前述的 C 类情况下，当车辆出现在行人视野的 i 时刻，假设此时两者的 TDTC 处于危险区间，则有 $X=1$；在 $i+1$ 时刻，行人做出避让行为，停留在原地，同时车辆也开始减速，此时 TDTC 处于安全区间，则有 $X=0$；在 $i+2$ 时刻，行人观察到车辆减速后突然加速，意图占用道路使用权以优先通过冲突点，而此时车辆还未减速到安全速度，TDTC 回到危险区间，则有 $X=1$。由此可见，在相邻的 3 个时刻，瞬时安全变量 X 发生了两次变换，过于频繁，而且不能够充分说明整个冲突过程的危险性。因此，为了对整个冲突过程进行分析并识别危险冲突，可以引入冲突过程安全因子（safety performance factor, SPF）来帮助分析冲突过程。

首先，确定冲突过程的评估时间，即确定采用多长的时间段进行分析是有效的。若分析时间过长，在分析结束之前冲突过程就可能已经结束；若分析时间过短，对行人车辆行为的观测不够充分，分析过程就越难以预测冲突结果。相关研究表明，若以 0.4s 为时间间隔对冲突结束（发生碰撞或者双方安全）时刻之前的 3～4 个时刻进行分析，其冲突过程分析准确度较高。在园区微公交系统中，建议选择 1.6s 作为评估时间，即通过对连续四个时刻的瞬时冲突安全变量进行分析，可较好地确定整个冲突过程的安全性。

定义冲突过程安全函数为：

$$f_1 = \left(1+\sum_i X_i\right) + \sum_i \left(\prod_i^{i+2} X_i\right)$$

式中，X_i 为 i 时刻的瞬时冲突安全变量；$\sum_i X_i$ 为连续 4 个时刻的瞬时冲突安全变量之和；$\sum_i \left(\prod_i^{i+2} X_i\right)$ 用来统计瞬时危险冲突（$X_i=1$）连续出现 3 次的次数。于是，冲突过程安全因子 SPF_1 可以用下式进行计算：

$$SPF_1 = \begin{cases} 1, & f_1=1 \\ 2, & f_1=2,3,4 \\ 3, & f_1>4 \end{cases}$$

若连续四个时刻 TDTC 均处于安全区间，可以认为冲突是安全的，此时 $f_1=1$；若连续 3 个时刻 TDTC 均处于危险区间，说明行人车辆之间不仅存在冲突，且两者没有充分的避让行为，这种冲突是危险的，此时 $f_1>4$；若 TDTC 时而属于危险区，时而处于安全区，说明行人车辆之间有积极避让行为，冲突可能是危险的，需要继续观察以确定冲突的安全性，此时 $f_1=2,3,4$。因此，SPF_1 等于 1、2、3 就分别表示了安全的冲突过程、一般危险的冲突过程和危险的冲突过程。

6.2.2 冲突模型实用性修正

为了消除行人车辆冲突模型在实际应用过程中存在的误差，需要对模型进行实用性修正，包括速度修正、多参数修正、聚类分析算法和引入 M 参数的冲突过程安全性分析。

(1) 速度修正

采用冲突时间差 TDTC 进行瞬时安全性分析时，存在由行人和车辆速度导致的分析偏差，即不能很好地表征行人和车辆的速度对冲突安全性的影响。这是因为 TDTC 仅仅考虑到冲突双方到达冲突地点的时间差，而没有考虑冲突双方真正到达冲突点还需耗费一定的时间，即留给冲突双方的反应和避让时间，而这是影响冲突安全性分析结果的重要因素，从而会导致冲突安全性分析结果的一定误差。特别地在以下两种情况下可能导致的结果误差最为典型：一是车辆速度较小，两者在运行轨迹上有交叠，经计算 TDTC 处于危险区间，然而由于车速低，两者真正到达冲突点还需较长时间，冲突双方尚有足够时间进行避让，所以此时判断瞬时危险是不合理的；二是车辆速度较大，两者在运行轨迹上有交叠，经计算 TDTC 处于安全区间，假设车辆会先于行人通过冲突点，此时行人若采取激进的交通行为，即改变当前运动状态试图加速抢先通过，由于车辆的速度较大，来不及对行人突然的运动状态改变进行避让，其反应时间和避让能力都不足以避免碰撞发生，这样的冲突十分危险，此时判断瞬时安全也是不合理的。因此，由于 TDTC 忽略了车辆行人速度对冲突安全性的影响，单纯依靠计算 TDTC 分析瞬时冲突安全性将会产生一定的误差。

为了解决上述问题，可在冲突过程安全性判断中引入如下的车辆速度修正因子 Z：

$$Z_i = \begin{cases} 0, & V_v(i) < V_{v\min} \\ 1, & V_{v\min} \leqslant V_v(i) < V_{v\max} \\ 2, & V_{v\max} \leqslant V_v(i) \end{cases}$$

式中，Z_i 表示在 i 时刻的速度修正因子；$V_v(i)$ 表示 i 时刻车辆的速度；$V_{v\min}$ 和 $V_{v\max}$ 分别表示安全速度阈值和危险速度阈值。当车辆速度低于 $V_{v\min}$ 时，车辆处于低速行驶状态，冲突双方都有较大的避撞时间，瞬时和整体过程的冲突都趋向安全，此时 $Z_i = 0$；当车辆速度高于 $V_{v\max}$ 时，车辆处于高速行驶状态，冲突双方可能有的避撞时间十分有限，瞬时和整体过程的冲突都趋向危险，此时 $Z_i=2$；当车辆速度处于 $V_{v\min}$ 和 $V_{v\max}$ 之间时，车辆处于中速行驶状态，瞬时和整体过程的冲突危险性主要由 TDTC 参数决定，此时 $Z_i=1$。于是将 Z 因子补充到冲突过程安全函数 f_1 中，即可获得包含速度修正的冲突过程安全函数 f_2：

$$f_2 = \left(1 + \min\{Z_i\} + \max\{Z_i\} + \sum_i X_i Z_i\right) + \sum_i \left(\prod_i^{i+2} X_i Z_i\right)$$

式中，$X_i Z_i$ 为速度修正后的 i 时刻瞬时冲突安全变量，$\sum_i X_i Z_i$ 为连续 4 个时刻的瞬时冲突安全变量之和，$\sum_i \left(\prod_i^{i+2} X_i Z_i\right)$ 是瞬时危险冲突（$X_i Z_i = 1$）连续出现 3 次的次数。

于是，包含速度修正的冲突过程安全因子 SPF_2 可按下式进行计算：

$$\text{SPF}_2 = \begin{cases} 1, & f_2 \leqslant 3 \\ 2, & 3 < f_2 < 8 \\ 3, & f_2 \geqslant 8 \end{cases}$$

若连续 4 个时刻 TDTC 均处于安全区间，且车速处于较低范围，可以认为冲突是安全的，此时有 $\min\{Z_i\} \leqslant 1$，$\max\{Z_i\} \leqslant 1$，$f_2 \leqslant 3$；若连续 3 个时刻 TDTC 均处于危险区间，且车速处于较高范围，说明行人车辆之间不仅存在冲突，且两者没有执行（或没有能力执行）充分的避让行为，这种冲突是危险的，此时有 $\min\{Z_i\} \geqslant 1$，$\max\{Z_i\} \geqslant 1$，$f_2 \geqslant 8$；若 TDTC 时而处于危险区，时而处于安全区，说明行人车辆之间有积极避让行为，车速也时快时慢，这种冲突可能是危险的，需要继续观察以确定冲突的安全性，此时 $3 < f_2 < 8$。因此，SPF_2 的值等于 1、2 和 3 就分别表示了安全的冲突过程、一般危险的冲突过程和危险的冲突过程。

（2）多参数修正

同理，为了消除使用多个参数导致的分析偏差，可以引入其他因子进行类似的修正。

速度修正的核心思想是在分析中加入能够刻画冲突安全性的影响因子，对瞬时冲突安全变量的计算方法和冲突过程安全性的判断方法进行修正，使得该影响因子和 TDTC 能够共同影响分析结果。总之，如果在因子安全域内可以忽略 TDTC 的安全性，则可判定冲突过程为安全；如果在因子危险域内放大了 TDTC 的安全性，则增加了判定冲突过程为危险的概率。运用这一思想，可以对引入的其他因子进行同样的修正。考虑到以上速度修正实际上是对

TDTC 参数忽略速度因素而带来的误差进行补偿,而速度因素对冲突安全性的影响又是通过冲突双方的避让时间来实现的,因此可以直接用避让时间来对冲突安全性分析并进行修正。

在交通冲突参数中,TTC 表示的是碰撞双方到达碰撞点所需的时间,即冲突发生时留给冲突双方的避让时间。TTC 越大,避让时间越长,冲突越安全,对应车辆速度较小时的情景;TTC 越小,避让时间越短,冲突越危险,对应车辆速度较大时的情景。当冲突双方不会发生碰撞时,TTC 的近似计算会给安全性分析带来误差,但其误差能够通过 TAdv 进行衡量。同时,TAdv 的物理意义本身也能为冲突安全性分析提供参考。TAdv 越小,冲突双方到达冲突地点的时间差越小,如果不改变当前运动状态,两者越有可能相撞,冲突较危险;反之两者相撞的可能性较低,冲突较安全。因此,可以将 TTC 和 TAdv 综合起来,构成两个参数对应的修正因子。

此外,影响 TTC 近似计算误差的交通参数是 DST。与车辆速度因素相似,DST 只与车辆的行为有关,刻画的是车辆在冲突过程中的避让能力,行人速度和到达冲突点的时间并不在考察范围内。DST 越小,说明车辆为了在冲突点达到安全速度所需的最小加速度越小,避撞越容易,冲突越安全;反之,车辆为了在冲突点达到安全速度所需最小加速度越大,甚至需要急刹车来避免碰撞,这种情况下的冲突是危险的。需要指出的是,与 TTC 不同,DST 是通过刻画车辆的避让能力来影响冲突安全性分析的,而 TTC 则是通过刻画冲突双方的避让时间来影响冲突安全性分析的。因此,可以将"避让能力"和"避让时间"两者结合,实际上就形成了冲突双方的避让机会(或称避让容易度),即车辆避让能力越强,行人的避让时间越长,冲突双方的避让机会就越多,反之,冲突双方的避让机会越少。

综上所述,TTC、TAdv 和 DST 可以较好地表征车辆行人在冲突过程中的避让难易程度,与车辆速度因素对冲突评价的影响相似,因此可以利用这三个参数对基于 TDTC 的瞬时冲突安全变量的计算方法和冲突过程安全性的判断方法进行修正,从而使车辆行人安全性分析达到更加接近现实情况的结果。

(3) 聚类分析算法

单独使用参数 TTC、TAdv 和 DST 进行车辆行人冲突分析都会带来误差。考虑 TAdv 和 DST 能够弥补 TTC 近似计算所带来的误差,而 TTC 和 DST 又都是对冲突双方避让机会的表征,实际上三者是互相影响的,且其分布特征表征了冲突双方避让的难易程度,即冲突的危险程度。由此可见,根据三种参数的不同值判断冲突的安全性，本质上是一个划分问题，可以通过聚类的方法对其分布进行分析。通常，聚类分析算法包含原始交通数据的预处理和特定聚类分析方法的实现两部分。

首先，对路侧传感器模块存储的原始交通参数数据进行预处理，计算出TTC、TAdv和DST参数。路侧传感器模块中存储的交通参数数据格式可表示为：

$\{时间; ID; 类型; 长度; X方向速度; Y方向速度; X坐标; Y坐标\}$

其中，时间与传感器发送检测目标数据的时间间隔相同。如同一交通参与者的前后两次记录的时间间隔为100ms，即在存储的原始数据文件中交通参与者的所有交通参数以100ms为更新周期。于是，将处于同一个100ms区间内的所有记录定义为"同一时刻出现在道路区间中的交通参与者"，并对这些数据进行相关的安全冲突分析才有物理意义，否则描述冲突对象的交通参数在时间上会存在错位，结果不能用于安全冲突分析。考虑相隔100ms的两个时间点行人车辆的运动关系改变较小，冲突分析的结果变化不突出，需要将时间间隔扩大。因此可以选取400ms为间隙提取传感器采集的相关数据，从而每隔400ms对"同一时刻出现在道路区间中的交通参与者"进行冲突分析。

其次，利用K均值聚类方法，以点到聚类中心的欧氏距离之和作为测度，对TTC、TAdv和DST参数进行聚类分析。相关研究表明，在向量聚类分析中聚类数目越多，$\sum_{i=1}^{c}\rho(\omega_i)$值越小；而$\sum_{i=1}^{c}\rho(\omega_i)$值越小，总误差就越小，聚类效果就越好，但随之带来计算时间的相应增长。此外，聚类数目越多，其聚类结果与初始中心点的选取关系越密切，产生的聚类结果也越多，随机性增强。因此，选取合适的聚类数目，避免出现较强的随机性，且能够保证类间的不相关度较大，在$\sum_{i=1}^{c}\rho(\omega_i)$值开始收敛时（或快速下降后），便可认为已达到期望的聚类效果，此时聚类结果应该处于$\sum_{i=1}^{c}\rho(\omega_i)$速度下降的转折点。

（4）引入M参数的冲突过程安全性分析

为了在瞬时安全性和过程安全性的判断过程中考虑车辆和行人避让机会对分析结果的影响，可以采用多参数修正因子M对基于TDTC参数的冲突过程安全分析进行修正。

在冲突过程安全性判断中引入多参数修正因子M：

$$M_i = \begin{cases} 0, & m(i) \in \overline{m}_3 \\ 1, & m(i) \in \overline{m}_2 \\ 2, & m(i) \in \overline{m}_1 \end{cases}$$

式中，M_i 表示在 i 时刻的多参数修正因子，$m(i)$ 表示在 i 时刻的 TTC、TAdv 和 DST 的三维空间坐标：

$$\overline{m}_i = \left\{ m \,|\, \min_j \left\{ \| m - \overline{m}_{j0} \|^2 \right\} = \| m - \overline{m}_{i0} \|^2 \right\}$$

当 $m(i)$ 属于 $\overline{m}_3$ 时，可以认为冲突双方都有较充裕的避让机会，冲突趋向安全状态，$M=0$；当 $m(i)$ 属于 $\overline{m}_2$ 时，可以认为冲突双方的避让机会有限，冲突安全性取决于冲突双方的避撞意愿，$M=1$；当 $m(i)$ 属于 $\overline{m}_1$ 时，可以认为冲突双方几乎没有时间实施避撞行为，冲突趋向于危险，$M=2$。

将 M 补充到冲突过程安全函数 f_1 中，可得多参数修正的冲突过程安全函数 f_3：

$$f_3 = \left(1 + \min\{M_i\} + \max\{M_i\} + \sum_i X_i M_i\right) + \sum_i \left(\prod_i^{i+2} X_i M_i\right)$$

式中，$X_i M_i$ 为多参数修正后的 i 时刻瞬时冲突安全变量；$\sum_i X_i M_i$ 为连续 4 个时刻的瞬时冲突安全变量之和；$\sum_i \left(\prod_i^{i+2} X_i M_i\right)$ 是瞬时危险冲突（$X_i M_i = 1$）连续出现 3 次的次数。于是，经过多参数修正的冲突过程安全因子 SPF_3 可按照下式进行计算：

$$\mathrm{SPF}_3 = \begin{cases} 1, & f_3 \leqslant 3 \\ 2, & 3 < f_3 < 8 \\ 3, & f_3 \geqslant 8 \end{cases}$$

由此可见，若连续 4 个时刻 TDTC 均处于安全区间，且冲突双方避让机会较大，则可认为行人车辆之间的冲突是安全的，此时有 $\min\{M_i\} \leqslant 1$，$\max\{M_i\} \leqslant 1$，$f_3 \leqslant 3$；若连续 3 个时刻 TDTC 均处于危险区间，且冲突双方避让机会较小，则可认为行人车辆之间不仅存在冲突，且两者没有能力实施充分的避让行为，这种冲突是危险的，此时有 $\min\{M_i\} \geqslant 1$，$\max\{M_i\} \geqslant 1$，$f_3 \geqslant 8$；若 TDTC 时而属于危险区，时而处于安全区，则可认为行人车辆之间有积极避让行为，且避让机会保持在中等程度，这种冲突可能是危险的，需要继续观察以确定冲突的安全性，此时有 $3 < f_3 < 8$。显然，SPF_3 等于 1、2 和 3 分别对应了安全的冲突过程、一般危险的冲突过程和危险的冲突过程。

6.2.3 基于实验数据的冲突分析

在实际系统和应用过程中,车辆行人安全冲突分析还可基于对车辆行驶过程中所获得的实际数据的研判进行,称为基于实验数据的冲突分析。通常,该方法是借助安装的车载单元及其应用模块进行的。车载应用模块主要负责完成前端的界面显示和后端的冲突计算,分别由两个程序实现。一个程序实现系统的前端界面显示功能,可视化显示冲突区域内行人与车辆的相对位置关系,为驾驶员提供预警信息;另一个程序提供可视化的冲突分析仿真环境,用于测试冲突算法。

为便于读者快速理解基于实验数据的冲突分析方法和实现过程,本节选用车辆行人安全分析的典型案例,分别简要讨论和说明相关实现过程和分析结果。

(1) 冲突分析模块实现与流程

在选定车辆行人安全冲突分析模型后,用 Eclipse 集成开发环境编写基于 Java 语言的冲突分析建模算法,并封装成类库;用 Android Studio 集成开发环境编写基于 Java 语言的对应应用,并将建模的冲突分析类库导入到应用中。在此基础上形成的程序,将模拟一辆机动车和一个行人的冲突过程,其模块化的功能流程如图 6-6 所示。

基于以上流程,可构建基本研究所需的可视化分析环境,其程序界面如图 6-7 所示,其中方形代表移动中的车辆,圆点代表行人。在该可视化分析环境中,设定车辆以 2m/s 的速度匀速向前行驶;用户可以通过用手点击屏幕给行人运动施加加速度来改变行人的运动状态,加速度的大小固定为 $0.5m/s^2$,加速度的方向为行人所在点指向屏幕点击点的向量方向。通过改变行人的运动状态,用户可以模拟各种情形下的交通冲突。当用户需要更新车辆位置时,退出应用程序并重新进入即可。行人的形状由冲突危险程度确定,安全情况下行人显示为●;一般危险的冲突中行人显示▲,提醒驾驶员注意;而危险冲突中行人显示为■,向驾驶员发出冲突警报。

(2) 实验结果分析

针对前面列出的 A.3、B.2 和 C.1 三种行人车辆相对运动关系,使用 Z 参数修正的冲突分析方法,借助编制实现的车载应用模块,即可进行行人车辆冲突的相关实验,并能够对这些场景进行冲突分析,其结果分别如图 6-8、图 6-9 和图 6-10 所示。

第 6 章　微公交系统安全分析

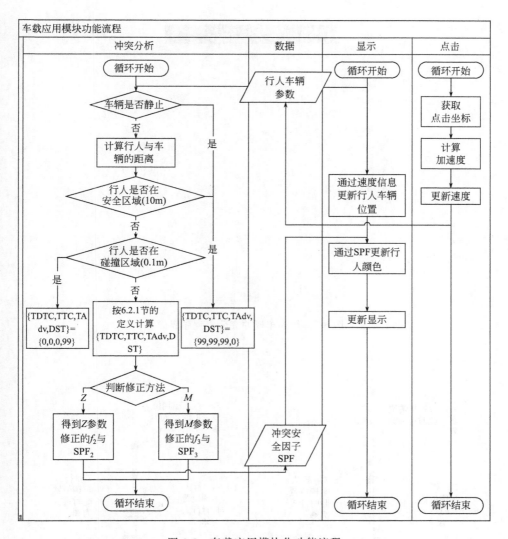

图 6-6　车载应用模块化功能流程

在图 6-8（a）中，行人位于车辆前方，与车辆相向而行，冲突状态由安全依次升级为一般危险、危险，行人标识则由●依次升级为▲和■。由此可以发现，T_1 时刻行人沿车辆正前方前进，此时瞬时冲突是危险的（两者有碰撞趋势）；然而由于车速较慢，两者的碰撞时间较长，还有很多机会做出避让，因此冲突过程总体是安全的，行人被标记为●。经过一段

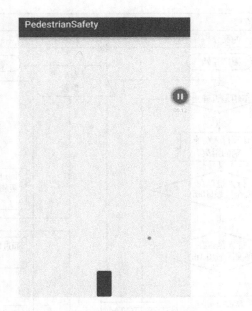

图 6-7　行人车辆冲突分析程序界面

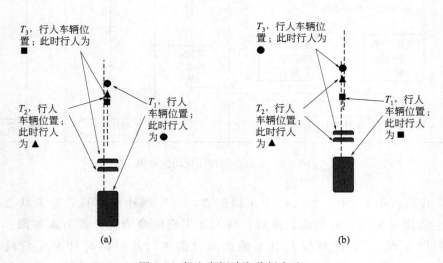

图 6-8　行人车辆冲突分析实验一

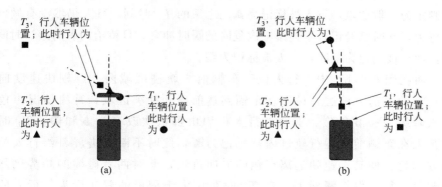

图 6-9　行人车辆冲突分析实验二

时间到达 T_2 时刻，两者之间的距离缩短，且碰撞时间减少，行人车辆尚有一定机会做出避让，此时冲突被判定为一般危险，行人被标记为▲。之后到达 T_3 时刻时，行人仍然没有做出避让行为，此时已经记录了连续三次危险的瞬时冲突，且留给两者的避让时间很短，冲突被判定为危险，行人被标记为■。

在图 6-8(b) 中，行人位于车辆前方，向着碰撞的反方向加速，试图避免碰撞，冲突情况由危险依次降级为一般危险、安全，行人标识由■依次改变为▲和●。T_1 时刻为行人车辆相向而行时被标记为■，此时不断点击屏幕给行人反向加速度，使其迅速朝远离车辆的方向加速。之后的一段时间，行人速度先是减小为 0，之后开始反向增加，此时两者碰撞的趋势仍然无法避免，行人保持■标记。在 T_2 时刻，由于积极的避让行为，行人的速度方向改变为与车辆同向，且速度开始大于车辆，此时两者不再有碰撞趋势，第一次出现了安全的瞬时冲突，行人被标记为▲。在 T_3 时刻，过去的多个时刻冲突均被判定为安全状态，此时冲突过程即被判定为安全，行人变回●标记。

在图 6-9(a) 中，行人位于车辆前方轨迹区域内，以较慢速度向车辆运行左前方前进，没有意识到后方的车辆，冲突情况由安全依次升级为一般危险、危险，行人标识由●依次改变为▲和■。可以发现，T_1 时刻行人向着车辆运行的右前方前进时，瞬时冲突是危险的（TDTC 处于危险区间），然而由于车速较慢，两者的碰撞时间较长，还有很多机会做出避让，因此冲突过程整体是安全的，行人被标记为●。经过一段时间到达 T_2 时刻，两者之间的距离缩短，TDTC仍然处于危险区间，行人车辆尚有一定机会做出避让，此时冲突被判定为一般危险，行人被标记为▲。之后的T_3时刻，行人仍然没有做出避让行为，此时已经记录了连续三次危险的瞬时冲突，且留给两者的避让时间很短，冲突被判定为危险，行人被标记为■。

而在图6-9(b)中，行人位于车辆前方轨迹区域内，以较快速度向车辆运行的左前方前进，试图在车辆到达前离开冲突区域，冲突情况由危险依次降级为一般危险、安全，行人标识由■依次改变为▲和●。T_1时刻为行人在车辆前方运行轨迹内被标记为■，此时不断点击屏幕给行人朝左前方加速，使其迅速朝远离车辆的方向行进，此时两者碰撞的趋势仍然无法避免，行人保持■标记。在T_2时刻，由于积极的避让行为，行人的逃离速度达到较高水平，将先于车辆通过危险区域，此时两者不再有碰撞趋势，第一次出现了安全的瞬时冲突，行人被标记为▲。在T_3时刻，过去的多个时刻冲突均被判定为安全，此时冲突过程整体被判定为安全，行人回到●标记。

在6-10(a)中，行人位于车辆运行轨迹区域外的右方，向着车辆运行前方而行，冲突情况由安全依次升级为一般危险、危险，行人标识由●依次改变为▲和■。可以发现，T_1时刻行人向着车辆运行前方前进时，瞬时冲突是危险的（TDTC处于危险区间）；然而由于车速较慢，两者的碰撞时间较长，还有很多机会做出避让，因此冲突过程整体是安全的，行人被标记为●。经过一段时间到达T_2时刻，两者之间的距离缩短，行人车辆尚有一定机会做出避让，此时冲突被判定为一般危险，行人被标记为▲。之后的T_3时刻，行人仍然没有做出避让行为，此时已经记录了连续

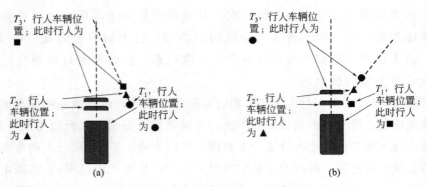

图6-10 行人车辆冲突分析实验三

三次危险的瞬时冲突,且留给两者的避让时间很短,冲突被判定为危险,行人被标记为■。

而在图6-10(b)中,行人位于车辆运行轨迹区域外的右方,向着冲突的反方向加速,试图避免冲突,冲突情况由危险依次降级为一般危险、安全,行人标识由■依次改变为▲和●。T_1时刻为行人向着车辆运行前方前进时被标记为■,此时不断点击屏幕给行人反向加速度,使其迅速朝远离车辆的方向加速,之后的一段时间内,行人速度逐渐减小为0,此时两者碰撞的趋势仍然无法避免,行人保持■标记。在T_2时刻,由于积极的避让行为,行人的速度开始反向,此时两者不再有碰撞趋势,第一次出现了安全的瞬时冲突,行人被标记为▲。在T_3时刻,过去的多个时刻冲突均被判定为安全,此时冲突过程整体被判定为安全,行人回到●标记。

进一步地,采用多参数修正法实现对冲突分析的修正,针对前面介绍的A.3情况下行人车辆的相对运动关系,将冲突分析结果与速度修正方法进行对比,可得如图6-11所示的实验结果。

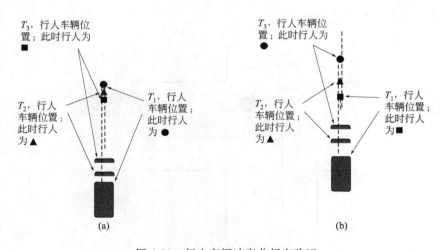

图6-11　行人车辆冲突分析实验四

6.3　无灯控交叉口安全分析

交叉口是城市道路的重要组成部分,也是发生车辆行人交通冲突的重要区域。作为园区道路的重要组成部分,交叉口的车辆行人安全冲突分析就显得尤为重要。本章将在系统分析道路安全和车辆行人交通安全的基础上，分别研究无灯控交叉口和灯控交叉口的交通安全要素和分析方法，以形成系统化的分析方法和技术体系。

6.3.1 问题描述与信息获取

（1）问题描述

一般地，对于双向两车道及其以上的道路，交叉口的交通冲突主要体现在直行-直行冲突、直行-转向冲突两种情况。不失一般性，以夹角为 90°时两辆车的直行-直行冲突为例，可以对无灯控交叉口的交通冲突进行分析。图 6-12 给出了一个双向两车道的无灯控交叉口示意图。在该交叉口中，仅考虑单一的机动车交通参与者，暂不包含非机动车和行人。其中，车 1 和车 2 分别从两个方向驶向交叉口，路口中的实心圆代表两车的潜在冲突区域；分别用加速度 a_1、速度 v_1 和加速度 a_2、速度 v_2 表征两车的运动状态，其距潜在冲突点的距离分别为 L_1 和 L_2。同理，可将上述描述用于交叉口存在多辆车需要通行的情形，且其分析方法类似。

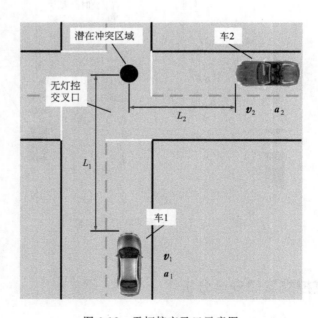

图 6-12　无灯控交叉口示意图

(2) 基于车路协同的信息获取

新一代智能车路协同系统 i-VICS，是当今国际智能交通领域的前沿技术和必然发展趋势。它有别于传统交通系统信息获取的方法，即在毫米波雷达、激光扫描仪、高精度 GPS、视频检测等常规信息获取手段的基础上，基于现存的多种无线通信模式，可以实时地进行车-车、车-路间的信息交互，有效地实现交通参与者之间的信息共享和协作。表 6-1 详细比较了两类信息获取手段的不同。

表 6-1 基于 i-VICS 和传统交通信息获取手段的比较

比较项目	传统的车辆信息获取	基于 i-VICS 的车辆信息获取
系统成本	1. 高精度摄像头 2. 高精度毫米波雷达 3. 用于自动驾驶的超高精度激光扫描仪 价格不菲，多装配于中高级款型的汽车，普及率受到限制	1. 车载系统 2. 路侧系统 3. 手持终端 系统一般分为以上三个模块，车主、政府、行人各承担一部分费用，相对经济
应用场景	受天气（泥、雪、雾、霾）、设备工作区域（道路拐角、设备有效区域）等方面的制约	周边车辆信息共享，并依托通信质量，可在该道路区域较大范围内实现安全预警
保护群体	在车多人多的道路环境中，仅能起到保护自车安全的作用	该道路区域内交通参与者信息共享，不仅能提供车辆驾驶安全，也可通过手持终端提供行人通行安全

图 6-13 展示了当两车视线受阻（隔离带、树木群、高大建筑等）时，依靠 i-VICS 的通信手段来获取彼此间的状态信息。只要两车处于通信的范围内，即可以接收信息。各车驾驶员会结合自身的判断，采取加速、匀速、减速三种策略，最终目标是安全、快速地通过该交叉口。这一过程，其实就是一个动态博弈的过程。基于车路协同技术，车辆间的状态信息可以实现共享，这必将对驾驶员的决策过程起到很大的辅助作用。

6.3.2 完备信息条件下的动态博弈分析

(1) 重复动态博弈

博弈论研究的是理性的个体在相互依存时的决策过程，主要分为静态博弈和动态博弈两大类。道路交通中常出现的插车情形就属于一个动态的重复博弈

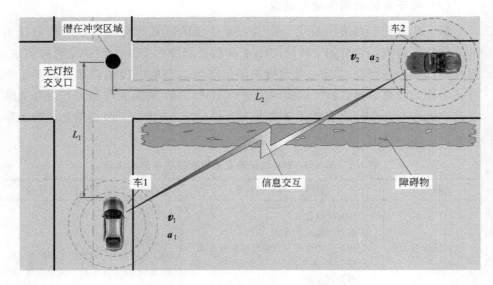

图 6-13 基于车路协同的车辆信息交互

过程，此过程中参与博弈的驾驶员需要几乎同时采取操作。当驾驶员发现通过交叉口可能存在冲突区域时，标志着博弈过程正式开始，直到任何一方完成交叉口通行后博弈过程结束。假设基于 i-VICS 获得的相关交通信息是及时准确的，没有传输时延和精度误差等存在，于是驾驶员的决策过程即可以看成是一个完全信息下的有限次重复动态博弈。

一个标准形式的博弈需要包括三个元素，即博弈者（Gamers）的集合 G：$G=\{G_1,G_2,\cdots,G_N\}$，各博弈者策略（Strategy）的集合 S：$S=\{S_1,S_2,\cdots,S_N\}$ 以及各博弈者的收益（Profits）P_i：$P_i(S)$，$i=1,2,\cdots,N$；则交叉口处两辆车驾驶员的博弈过程也可描述为：

$$G:G=\{\text{Vehicle}_1,\text{Vehicle}_2\};$$
$$S:S=\{S_1,S_2\};S_1=S_2=\{\text{加速},\text{匀速},\text{减速}\};$$
$$P_i:P_1(S_1,S_2),\quad P_2(S_1,S_2)。$$

(2) 收益函数的选择

为满足现代交通管理与控制的需要，收益函数需要考虑安全性、快速性和舒适性。此处特别引入驾驶舒适性指标，即反映驾驶员加速或减速的切换频率。显然，一个经验丰富的驾驶员，总是能采取比较安全的决策；而一个新手司机，其在安全性上的把握则相对较差。一个性格比较急躁的驾驶员，总是迫切希望能够尽快通过交叉口，而在他的决策过程中，势必较多地注重快速性指标；而一个处事比较平稳的驾驶员，车速总会保持在一个适中的范围内。一个激进型的驾驶员，习惯于急加速或急减速，从而导致油门、刹车踏板切换过于频繁，严重影响驾驶的舒适性；而一个保守型的驾驶员踏板的切换频率明显少很多。

在无灯控交叉口出现插车情形时，安全性和快速性是驾驶员决策的重要考核指标。近年来，对驾驶员行为特性的研究越来越深入。美国高速公路安全管理局 NHTSA（National Highway Traffic Safety Administration）进行了 83 次碰撞试验，根据平均减速度和最大减速度的累积分布，将处于临界碰撞状态下车辆制动特性的统计分析总结归纳如表 6-2 所述。Seungwuk Moon 等学者则根据 125 名驾驶员正常行驶的经验数据，统计出了减速度同 TTC^{-1} 的关系如表 6-3 所述。Seungwuk Moon 认为 98% 的驾驶员低速行驶过程中的减速度不会超过 $-2.17m/s^2$ 并且认为超过 $-4m/s^2$ 的情况为"紧急刹车或危险情形"，因此保持在 $-2m/s^2$ 内为"安全状态"。

表 6-2 临界碰撞状态下车辆加速度分析

占比	加速度/(m/s²)				
	10%	30%	Mean	70%	90%
平均加速度	−0.22	−0.31	−0.35	−0.42	−0.55
最大加速度	−0.50	−0.61	−0.75	−0.81	−0.95

表 6-3 不同加速度区间的 TTC^{-1} 取值分布

加速度 /(m/s²)	TTC^{-1}/(1/s)				
	5%	25%	Mean	75%	95%
−2.0～−0.5	−0.02	0.03	0.11	0.17	0.36
−4.0～−2.0	−0.01	0.14	0.25	0.34	0.60
−6.0～−4.0	0.23	0.28	0.70	0.98	1.50
<−6.0	0.56	0.85	1.13	1.35	1.72

此外，对驾驶员分类的相关研究表明，根据驾驶员的驾驶行为进行分类其结果有很多。Chiyomi Miyajima 等学者以 276 名驾驶员的现场试验数据作为样本，基于驾驶员对油门和刹车踏板的力度和频率进行分析，可使驾驶员的辨识率达到 76.8%，并且相对误差减少了 55%。

6.3.3 基于插车情形的安全分析

(1) 性能指标选取

在无灯控交叉口出现插车情形时,设两辆车第 i 个决策时间的速度分别为 $\boldsymbol{v}_1$ 和 $\boldsymbol{v}_2$,加速度分别为 a_1 和 a_2,两车到达冲突点的距离分别为 L_1 和 L_2。根据 PET 定义,两车分别以当前的速度和加速度通过冲突点的时间差可定义为:

$$\Delta T_i = \left| \left(\sqrt{\left(\frac{\boldsymbol{v}_1^i}{a_1^i}\right)^2 + \frac{2L_1^i}{a_1^i}} - \frac{\boldsymbol{v}_1^i}{a_1^i} \right) - \left(\sqrt{\left(\frac{\boldsymbol{v}_2^i}{a_2^i}\right)^2 + \frac{2L_2^i}{a_2^i}} - \frac{\boldsymbol{v}_2^i}{a_2^i} \right) \right|,$$

$$\boldsymbol{v}_1^i \leqslant \boldsymbol{v}_{\max}, \boldsymbol{v}_2^i \leqslant \boldsymbol{v}_{\max}, i = 1, 2, \cdots, N$$

式中,$\boldsymbol{v}_{\max}$ 为该交叉口的最高限速。显然,参数 ΔT_i 能够反映第 i 个决策时间点时两车之间的安全性。

车辆由第 i 个决策点到下一决策点的速度变化可定义为:

$$\Delta \boldsymbol{v}_j^i = \boldsymbol{v}_j^{i+1} - \boldsymbol{v}_j^i = a_j^i \Delta t_j^i, j = 1, 2; i = 1, 2, \cdots, N$$

式中,a_j^i 表示第 j 辆车在第 i 个决策点时的加速度;Δt_j^i 表示第 j 辆车两次决策的时间间隔。显然,参数 $\Delta \boldsymbol{v}_j^i$ 能够反映第 j 辆车两次决策之间的速度增量,即体现了快速性。

此外,车辆第 i 个决策点的加速度与前一时刻的加速度相比较,其差值可以作为评价舒适性能的指标,即:

$$\Delta a_j^i = |a_j^i - a_j^{i-1}|, j = 1, 2; i = 1, 2, \cdots, N$$

于是,两车的收益函数可以描述为如下形式:

$$F_j^i = \alpha F[\Delta T_i] + \beta F[\Delta v_j^i] - \gamma F[\Delta a_j^i]$$

由于收益函数中的 3 个指标量纲各不相同,其在函数中的影响力不同,因此需要对它们分别进行归一化操作。式中的 $F[*]$ 即表示了归一化过程,且分别为安全性、快速性和舒适性增加了权值,并且有:

$$\alpha + \beta + \gamma = 1$$

使用中需注意式中各权值前的正负号。ΔT_i 为非负值,其值越大表明越安全,收益函数的值也越大,因此 α 前取正;Δv_j^i 可正可负,其值越大表明速度越快,对应的收益函数也越大,因此 β 前取正;Δa_j^i 为非负值,其值越大表明对踏板使用的频率越高,越违背舒适性原则,相应的收益函数的值也越小,因此 γ 前取负。

(2) 指标归一化处理

数据归一化处理的方法很多，最常用的有 Min-max Normalization 和 Zero-mean Normalization 两种形式。考虑到 Δv_j^i 的取值，此处主要采用 Zero-mean Normalization 方式对 3 类数据分别进行处理，并使其满足标准正态分布。于是，实现数据归一化处理的转化函数为：

$$x^* = \frac{x - \mu_x}{\sigma_x}$$

式中，x^* 为归一化处理后获得的数据；x 为原始数据；μ_x 为原始数据的期望；σ_x 为原始数据的标准差。

(3) 精炼纳什均衡分析

我们知道，对于一个博弈问题，其严格意义上最优解一定是唯一的纳什均衡；但对于一个重复动态博弈过程，则可能具有多个纳什均衡。采用纳什均衡分析插车情形下安全问题的一般方法是按照理性博弈者的约束，剔除一部分不合理的纳什均衡，在剩下的纳什均衡中依据出现的概率进行选择。

根据无灯控交叉口的最大限速条件即：

$$0 \leqslant \boldsymbol{v}_j^i \leqslant \boldsymbol{v}_{\max}, j = 1, 2; i = 1, 2, \cdots, N$$

以及交通规则规定行驶中的车辆不能倒车的硬约束，筛掉部分不合理的纳什均衡。若还存在多个纳什均衡，则根据等概率事件的原则计算概率后进行选择。可按以下算式计算相关概率：

$$p(S^k) = \frac{1}{n}, k = 1, 2, \cdots, n$$

式中，n 表示有效的纳什均衡数目；S^k 表示采取第 k 种策略；$p(S^k)$ 则表示采用该策略的概率。

6.3.4 基于仿真的无灯控交叉口安全分析

可采用仿真方式对上述方法进行分析和验证。

如果给定初始条件：$L_1^1 = 200\text{m}$，$L_2^1 = 150\text{m}$，$\boldsymbol{v}_1^1 = 60\text{m/s}$，$\boldsymbol{v}_2^1 = 50\text{m/s}$，$\boldsymbol{a}_1^1 = \boldsymbol{a}_2^1 = 0\text{m/s}^2$，则策略集可选取为 $S_1 = S_2 = \{2, 0, -2\}\text{m/s}^2$，$\boldsymbol{v}_{\max} = 70\text{m/s}$，$\boldsymbol{v}_{\min} = 0\text{m/s}$，仿真步长为 0.2s。为说明权值 α、β 和 γ 的有效性及其作用，选择 4 组仿真实验进行分析，其仿真结果如图 6-14～图 6-17 所示。

(1) 安全性 ($\alpha=0.98$, $\beta=0.01$, $\gamma=0.01$)

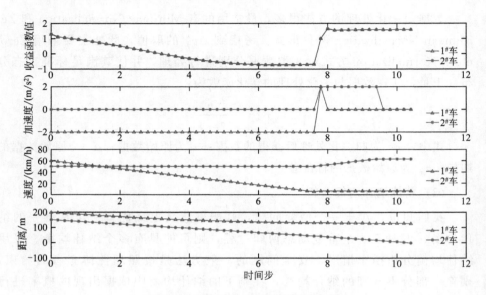

图 6-14 强调安全性指标的插车过程

(2) 快速性 ($\alpha=0.01$, $\beta=0.98$, $\gamma=0.01$)

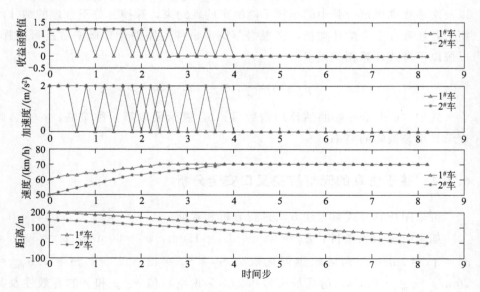

图 6-15 强调快速性指标的插车过程

(3) 舒适性（$\alpha=0.01$，$\beta=0.01$，$\gamma=0.98$）

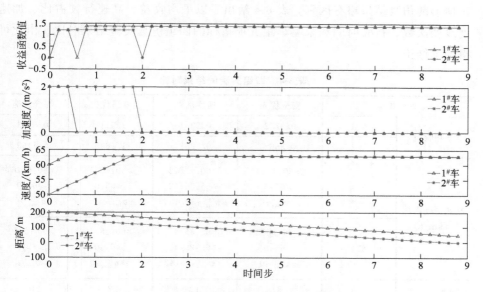

图 6-16　强调舒适性指标的插车过程

(4) 综合性（$\alpha=0.40$，$\beta=0.30$，$\gamma=0.30$）

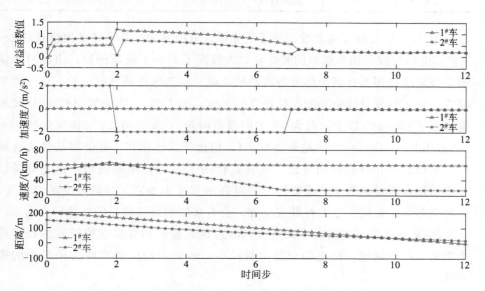

图 6-17　综合考虑安全性、快速性、舒适性指标的插车过程

根据收益函数中安全性、快速性和舒适性的三项权值选取的不同，四种插车情形的仿真结果略有区别，表6-4给出了以平均收益、高速行驶占比、加速度改变次数、行驶时间和末端车距五项指标的四组仿真实验结果对比。由此可得如下结论。

表6-4 四组实验的结果对比

评价指标		安全优先	速度优先	舒适优先	综合性能
平均收益	车1	0.3752	0.2304	1.3113	0.5573
	车2	0.3862	0.4301	1.2843	0.4163
高速行驶占比 /(km/h)	车1	$\geqslant 60:1/53$ $\geqslant 65:0$ $\geqslant v_{max}:0$	$\geqslant 60:42/42$ $\geqslant 65:36/42$ $\geqslant v_{max}:30/42$	$\geqslant 60:45/45$ $\geqslant 65:0$ $\geqslant v_{max}:0$	$\geqslant 60:61/61$ $\geqslant 65:0$ $\geqslant v_{max}:0$
	车2	$\geqslant 60:1/53$ $\geqslant 65:0$ $\geqslant v_{max}:0$	$\geqslant 60:35/42$ $\geqslant 65:29/42$ $\geqslant v_{max}:23/42$	$\geqslant 60:38/45$ $\geqslant 65:0$ $\geqslant v_{max}:0$	$\geqslant 60:5/60$ $\geqslant 65:0$ $\geqslant v_{max}:0$
加速度改变次数	车1	3	12	2	0
	车2	2	12	2	3
行驶时间/s	—	10.4000	8.2000	8.8000	12
末端车距/m	—	127.1191	44.3022	47.1156	20.3733

① 从平均收益方面来看，舒适优先模式取值最大，几乎是其他模式的2~5倍，说明驾驶员切换踏板的频率在很大程度上影响了收益函数，由此可知该模型鼓励选择那些有利于体现舒适性的策略。从高速比例方面来看，速度优先模式在整个行驶过程中都能保持很高的车速。车1的42次决策中有36次使速度达到了65km/h以上（包含30次的最高时速），车2有29次使速度达到了65km/h以上（包含23次的最高时速），相比较其他模式，能够以最快速度通过交叉口；而在行驶时间方面，该模式仅用了8.2s，用时最短，也充分验证了快速性在收益函数中的重要性。但过高的车速也加剧了车辆冲突的可能性，因此两车为了保证一定的行驶安全性，会有多次加速和减速的交替行为出现。

② 从加速度改变次数方面来看，舒适优先模式和综合性能模式的效果最为明显，两车加速、减速的交替次数最少，验证了舒适性在收益函数中的重要性。

③ 在行驶时间方面，综合性能模式用时最长可达12s，安全优先模式紧随其后为10.4s。但是通过对比两种模式的速度，可以发现整个过程中综合性能

模式的平均车速远大于安全优先模式。当然，由于仿真结束的条件是以某一方通过交叉口或某一方完全停车为前提，因此单独比较行驶时间是没有意义的，它应该与末端车距一起比较才能够更好地反映真实情况。在此处介绍的仿真实验中，安全优先模式的末端车距为127.1191m，而综合性能模式的末端车距只有20.3733m，说明在综合性能模式下两车都很靠近交叉口，且车1的末端车速为60km/h、车2为25km/h，这些距离和速度完全符合无灯控交叉口安全通行的要求。再有，综合性能模式能够以最少的加速度改变次数、以较快的速度，行驶到离交叉口较近的位置，实现了驾驶员安全、快速、舒适地通过交叉口的初衷，优于其他三种模式。

6.4 灯控交叉口安全分析

6.4.1 问题描述与信息获取

（1）问题描述

灯控交叉口是通过信号灯来实现机动车通行的控制和管理的，它可以大大减少无灯控交叉口存在的机动车之间的交通冲突。然而，考虑园区道路交通的混合特性，园区灯控交叉口的主要交通冲突转化为机动车与非机动车的交通冲突即机非冲突。机非冲突降低了交叉口通行能力和行车安全，是影响园区交通出行效率和安全的重要因素。图6-18给出了灯控交叉口的典型交通冲突案例，即当信号灯相位为通行时，机动车和非机动车均从下方向上方运动，非机动车与右转机动车在圆圈处存在交通冲突。

（2）基于智能路口技术的信息获取

由于非机动车通常未装备车路协同设备，采用基于车路协同的信息获取方法难以获取非机动车信息，因此需要基于智能路口技术实现信息的获取。智能路口技术是指通过安装在路口的摄像头、声波雷达、激光雷达、无线通信等感知设备，基于数据融合、图像识别、三维重建等方法，实现对路口交通参与者状态信息的全方位获取。智能路口技术是车路协同技术的重要内容，可提升混合交通状态的信息获取能力。

6.4.2 数据驱动的灯控交叉口安全分析

随着交通系统信息获取手段和能力的提升，海量交通数据的获取已成为

图 6-18　灯控交叉口典型交通冲突案例

现实，基于数据驱动的灯控交叉口安全分析方法越来越受到研究人员的关注。结合灯控交叉口的真实数据，可以系统分析影响灯控交叉口安全的主要因素。该方法主要包括数据采集与融合、模型建立与求解以及研究结果与分析三部分。为便于介绍和说明，此处以实际系统为例，对基于数据驱动的灯控交叉口安全分析方法涉及的相关内容进行阐述。

(1) 数据采集与融合

以2014年度某市设有卡口的69个灯控交叉口为例，不失一般性，以交通事故中的机动车-电动自行车事故（"机-电"事故）为研究对象，可设灯控交叉口小时机动车与电动自行车事故数为因变量 Y，机非隔离类型、是否有遮阳棚、是否有左转待转区、是否有提前右转车道等为自变量 X。

考虑数据集覆盖全年8760h，对应上述69个灯控交叉口共可获得604440条数据记录，且每条数据记录包含25个自变量；同时，该数据集还包含78条事故发生在交叉口60m以内的"机-电"事故信息。以交叉口流量为偏移量，周期时长为变量，以机非隔离类型、中央隔离类型、是否设置遮阳棚、是否设置左/右转车道、是否设置提前右转车道、是否设置左转待转区、是否设置左转相位、是否下雨、空气质量等级、是否工作日、是否夜晚以及季节等因素作为分类变量，相关变量的统计信息如表6-5和表6-6所列。

表 6-5 连续变量及实际数值变量统计汇总

变量名称	极小值	极大值	均值	标准差
流量	1	2952	437.18	345.89
流量(对数)	0	7.99	5.52	1.28
周期时长	0	151	83.09	27.72
事故数	0	1	0.00	0.012
入机动车道数(进入路口)	1	6	3.68	1.209
入非机动车道数(进入路口)	0	1	0.80	0.397
出机动车道数(离开路口)	1	4	2.79	0.744
出非机动车道数(离开路口)	0	1	0.74	0.436

表 6-6 分类变量取值范围统计汇总

变量名称	不同取值的含义及百分比			
	0	1	2	3
记录数=604440	—			
机非隔离(DCV)	无(0%)	标线(75.0%)	栏杆(21.2%)	绿植(3.8%)
中央隔离(CD)	无(0%)	标线(75.6%)	栏杆和绿植(24.4%)	
遮阳棚	无(81.7%)	有(18.3%)	—	—
左转车道	无(48.1%)	1条(44.3%)	2条(7.6%)	—
提前右转(SRL)	无(80.4%)	有(19.6%)	—	—
右转车道	无(57.2%)	1条(30.6%)	2条(12.2%)	—
左转待转区(LWA)	无(57%)	有(43%)	—	—
左转相位(LTP)	无(59.8%)	有(40.2%)	—	—
下雨	有(84.9%)	无(15.1%)	—	—
空气质量(AQ)	良好(68.3%)	污染(14.1%)	重度污染(17.6%)	—
工作日	非工作日(31.3%)	工作日(68.7%)	—	—
季节	春季(25%)	夏季(25%)	秋季(25%)	冬季(25%)
是否夜晚	白天(66.9%)	夜晚(33.1%)	—	—

(2) 模型建立与求解

首先,选取 11 个独立变量作为事故风险影响因素,利用 SPSS 软件提供的相关性分析方法,分析所有变量之间的相关性;其次,计算数据集样本均值与方差,以验证数据集中数据的有效聚焦性,且符合 Poisson 模型的基本假设;最后,采用随机配比重采样 Poisson 模型(RMR Poisson),建立基于样本数据的事故风险预测模型并求解。

随机配比重采样方法借鉴配比抽样和随机重采样技术,通过在空间和时间2个维度上对每条事故非零记录 A_i 随机匹配一定数量、取自全样本的数据,得到一个随机配比子样本 S_i,m 条事故记录对应 m 个子样本 S_i,子样本数据 S_i 组成的集合 SS_k 记为一次完整随机配比采样的结果。重复此随机配比采样过程 n 次,可得到 n 个随机配比样本 SS_k,将 n 个 SS_k 合成一个数据集,即可用于建模分析。例如,可对每一条事故数不为 0 的记录匹配 99 条其他"时间、地点"的记录(绝大部分记录的事故数为 0),将 100 条记录组合为一个事故数非 0、记录占比约为 1% 的子样本。

表 6-7 给出了随机配比采样的一种格式,其生成方法如下:将全部交叉口分别记为 J_1,J_2,$\cdots$,J_{69},若事故 A_0 发生在交叉口 J_{20} 的时刻 T_0,则针对该时刻随机可抽出 19 个其他交叉口 J_1,J_2,$\cdots$,J_{19} 以组成 19 个(时间,地点)对。在一年中随机抽取与 T_0 相同工作日(周一至周五)的 4 个时刻 T_{01}、T_{02}、T_{03} 和 T_{04},对应每一时刻也随机抽取除 J_{20} 的 20 个交叉口,从而组成 80 个(时间,地点)对。采用上述方法,在没有数据缺失的情况下,每一起事故非零数据 A_i 对应一个大小为 100 的样本集 S_i,显然 S_i 包含 A_i,且最多可包含 99 条事故数为 0 的对照数据。于是,对所有事故进行随机配比采样可以得到与事故记录对应的一组样本 S_1,S_2,$\cdots$,S_k,记 $SS = S_1 \cup S_2 \cup \cdots \cup S_k$ 为一次完整的随机配比采样结果,用于灯控交叉口安全冲突问题的建模分析。重复以上配比采样步骤,可以得到一组独立样本 SS_i,$i = 1, 2, \cdots$。考虑事故记录对应样本集为 SS_0,对 SS_0 进行 n 次独立重复配比采样即可得到样本集为 SS_1,SS_2,$\cdots$,SS_n,记为 $SSS = SS_1 \cup SS_2 \cup \cdots \cup SS_n$。例如2014 年度灯控交叉口"机-电"事故共 78 起,利用随机配比采样共可得到 7800 个(时间,地点)对,即对应 7800 条数据样本,重复 4 次可得到样本量为 31200 的全样本。

表 6-7 随机配比采样格式

事故时刻	事故交叉口
事故时刻 T_0:02/04/2014,17:00	随机对照交叉口(20):J_{20},J_{19},$\cdots$,J_{65}
随机对照时刻 T_{01}:09/04/2014,15:00	随机对照交叉口(20):J_{55},J_{18},$\cdots$,J_{11}
随机对照时刻 T_{02}:16/07/2014,09:00	随机对照交叉口(20):J_{23},J_{31},$\cdots$,J_{34}

续表

事故时刻	事故交叉口
随机对照时刻 T_{03};22/10/2014,21:00	随机对照交叉口(20): $J_{57}, J_7, \cdots, J_{69}$
随机对照时刻 T_{04};03/12/2014,17:00	随机对照交叉口(20): $J_{17}, J_{29}, \cdots, J_6$
配比采样样本 S_0	$(T_0, J_{20}), (T_0, J_{19}), \cdots, (T_0, J_{65})$, $(T_{01}, J_{55}), (T_{01}, J_{18}), \cdots, (T_{01}, J_{11})$, $(T_{02}, J_{23}), (T_{02}, J_{31}), \cdots, (T_{02}, J_{34})$, $(T_{03}, J_{57}), (T_{03}, J_7), \cdots, (T_{03}, J_{69})$, $(T_{04}, J_{17}), (T_{04}, J_{29}), \cdots, (T_{04}, J_6)$

不失一般性，可以认为一辆汽车经过交叉口时是否发生交通事故服从一次伯努利试验，即设单位时间内第 i 个交叉口事故数为 y，则 y 发生的概率 $P(y=k)$ 服从二项分布。同时，考虑每个小时内经过灯控交叉口的车辆数可以达到几千上万辆，故可进一步认为 $P(y=k)$ 近似服从 Poisson 分布。以 Y_{it} 表示交叉口 i 在时间 t 内发生的事故数的随机变量，以 y_{it} 表示交叉口 i 在时间 t 内发生的事故数，λ_{it} 为 y_{it} 的期望，则 y_{it} 服从如下分布：

$$P(Y_{it}=y_{it})=\frac{\exp(-\lambda_{it})}{y_{it}!}\lambda_{it}^{y_{it}}$$

将交叉口的道路参数、交通流、信号配时、天气等因素作为自变量，记为 $\boldsymbol{X}_{it}=(1, X_{it1}, X_{it2}, \cdots, X_{itp})^T$，且与 λ_{it} 存在线性对数关系，即：

$$\lambda_{it}=\exp(\boldsymbol{\beta}^T\boldsymbol{X}_{it})$$

式中，$\boldsymbol{\beta}=(\beta_0, \beta_1, \cdots, \beta_p)^T$ 为各影响因素对应的权重。事实上不同交叉口、同一交叉口不同时间的 β 取值并不相同。为合理简化问题分析，可假设不同交叉口单位时间内的事故发生数服从独立"同类型"分布，即所有灯控交叉口均有相同的权重，β 是与时间和交叉口无关的常数。

此外，暴露量通常可作为偏移量引入事故风险模型，为方便计算，一般取暴露量的对数，其表示形式为：

$$\lambda_{it}^*=\exp[\boldsymbol{\beta}^T\boldsymbol{X}_{it}+\log(\text{exposure}_{it})]=\text{exposure}_{it}\times\exp(\boldsymbol{\beta}^T\boldsymbol{X}_{it})$$

此时事故风险仍满足最初的假设：

$$\lambda_{it}=\lambda_{it}^*/\text{exposure}_{it}=\exp(\boldsymbol{\beta}^T\boldsymbol{X}_{it})$$

设配比采样数据 $S=\{(y_{i1}, \boldsymbol{X}_{i1}^T), (y_{i2}, \boldsymbol{X}_{i2}^T), \cdots, (y_{in}, \boldsymbol{X}_{in}^T)\}$ 是按照表 6-7 的方法从总体数据 $(y_i, \boldsymbol{X}_i^T)$，$i=1, 2, \cdots, m$ 中抽取的样本，因 $y_i\in\{0, 1\}$ 服从 Poisson 分布，则配比采样数据 S 仍满足方差等于均值，

也满足 Poisson 模型条件，可以对其进行建模，其中 (y_i, X_i^T)，$i=1, 2, \cdots, m$ 表示第 i 个交叉口在 t 时刻的采样数据，y_{it} 表示事故数，X_{it} 表示影响因素，$\boldsymbol{\beta}=(\beta_0, \beta_1, \cdots, \beta_p)^T$ 为待估计参数。

（3）研究结果与分析

表 6-8 给出的是 4 次重复采样 RMR Poisson 模型与经典 Poisson 模型的结果对比，其中 β 为自变量的系数、STD 为标准误差、95% CI 为置信度为 95% 的置信区间以及弹性系数 β 为估计值与对应自变量均值的乘积。表中加粗显示的条目是显著的影响因素。从表中可以看出采用配比重采样方法，模型可获得更紧凑的 95% 置信区间（RMR 95%CI）和更小的标准误差（RMR STD）。

表 6-8 配比重复采样（RMR）与经典 Poisson 结果对比

事故影响因素	β	STD	95% CI	RMR β	RMR STD	RMR 95%CI	弹性系数
常数	−14.35	0.471	(−15.268, −13.423)	−9.510	0.233	(−9.967, −9.054)	9.510
机非隔离=3	0.553	0.519	(−0.465, 1.571)	0.595	0.260	(0.087, 1.104)	0.712
机非隔离=2	0.399	0.363	(−0.312, 1.111)	0.400	0.181	(0.046, 0.755)	
机非隔离=1	（对照组）						
遮阳棚=1	−0.942	0.434	(−1.792, −0.092)	−0.958	0.217	(−1.383, −0.534)	−0.174
遮阳棚=0	（对照组）						
提前右转=1	0.956	0.290	(0.388, 1.524)	0.942	0.144	(0.661, 1.223)	0.188
提前右转=0	（对照组）						
左转待转=1	0.809	0.363	(0.097, 1.520)	0.911	0.183	(0.552, 1.271)	0.350
左转待转=0	（对照组）						
左转相位=1	−0.008	0.356	(−0.705, 0.688)	0.003	0.178	(−0.346, 0.352)	−0.003
左转相位=0	（对照组）						
中央隔离=2	−0.190	0.313	(−0.803, 0.423)	−0.135	0.155	(−0.438, 0.168)	−0.236
中央隔离=1	（对照组）						
工作日=1	0.096	0.258	(−0.410, 0.602)	−0.243	0.129	(−0.496, 0.010)	0.119

第6章 微公交系统安全分析

续表

事故影响因素	β	STD	95% CI	RMR β	RMR STD	RMR 95%CI	弹性系数
工作日=0	(对照组)						
下雨=1	−0.446	0.367	(−1.166, 0.274)	−0.346	0.183	(−0.704, 0.012)	−0.512
下雨=0	(对照组)						
空气等级=3	−0.446	0.392	(−1.214, 0.322)	−0.392	0.199	(−0.781, −0.002)	−0.660
空气等级=2	0.063	0.320	(−0.564, 0.690)	0.110	0.160	(−0.205, 0.424)	
空气等级=1	(对照组)						
冬季	−0.528	0.411	(−1.333, 0.278)	−0.479	0.209	(−0.889, −0.070)	−1.321
秋季	0.534	0.307	(−0.067, 1.135)	0.316	0.153	(0.015, 0.616)	
夏季	0.377	0.321	(−0.251, 1.005)	0.298	0.160	(−0.016, 0.612)	
春季	(对照组)						
周期时长	−0.014	0.005	(−0.024, −0.003)	−0.017	0.003	(−0.022, −0.011)	−1.194

实际上，配比重复采样 Poisson 模型求出的参数估计值具有良好的收敛性，当重复采样次数大于 4 次后，参数估计值波动范围不超过第 4 次估计值的 5%。图 6-19～图 6-22 分别展示了其中 4 个显著影响因素的参数估计值随重复采样次数变化的规律。

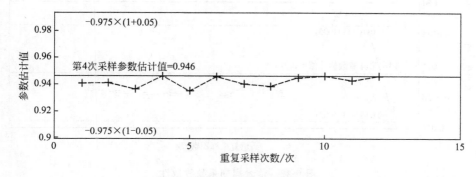

图 6-19 提前右转车道系数收敛性

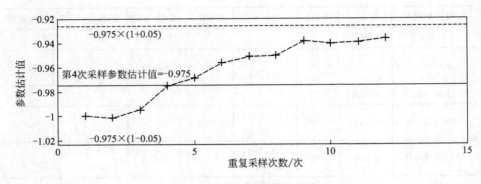

图 6-20　遮阳棚系数收敛性

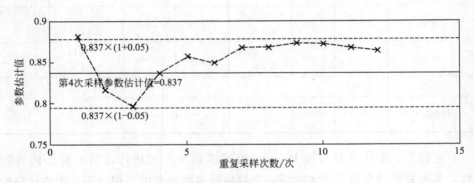

图 6-21　左转待转车道系数收敛性

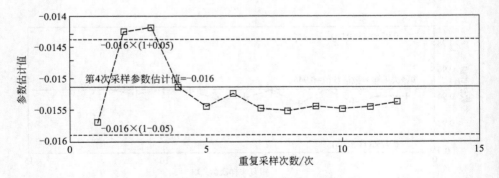

图 6-22　信号周期系数收敛性

从上述结果可以看出，提前右转、左转待转区、遮阳棚和信号周期四个因素对灯控交叉口事故风险有显著影响；根据弹性系数可知这四个因素对"机-电"事故风险的影响由高到低依次排列为信号灯周期时长、左转待转区、提前右转车道和遮阳棚。结合表6-8所列模型求解结果和显著性水平检验结果，可以对5%误差水平下显著的四个事故风险影响因素进行如下解释。

① 提前右转车道与"机-电"事故风险呈显著正相关（显著性水平＝0.001）。与传统右转车道相比，提前右转车道增加了1个出口和入口，增加了机非冲突点。大部分提前右转车道不管对非机动车还是机动车，在入口和出口都缺少足够、有效的警示标志；提前右转车道在对驶入交叉口的右转车辆进行分流的同时，也增加了右转机动车与直行非机动车的潜在冲突。故没有配套有效的机非隔离措施或警示标志的提前右转车道，将导致"机-电"事故风险的增加。

② 左转待转区与灯控交叉口"机-电"事故风险呈显著正相关（显著性水平＝0.014）。在我国，由于非机动车尤其是电动自行车驾驶人交通意识较弱，普遍存在闯红灯、超速行驶、逆向行驶和违法占用机动车道行驶等交通违法行为。左转弯待转区以及待转区内静止的车辆会给人产生安全区域的错觉，常常会出现电动自行车进入待转区前方等待通行的情况，此时容易引发"机-电"交通事故；此外，对于无视红绿灯而横穿人行横道的电动自行车，停在左转弯待转区的机动车给他们形成了一定的视线盲区，从而增加了"机-电"交通事故风险。

③ 遮阳棚与灯控交叉口"机-电"交通事故风险呈显著负相关（显著性水平＝0.023）。在灯控交叉口非机动车道停止线前的等待放行区设置遮阳棚可以降低"机-电"事故风险。该结论同时也佐证了②关于左转待转区与"机-电"事故风险正相关的解释。路口设置遮阳棚给非机动车提供了更舒适的等待通行环境，降低了非机动车闯红灯、进入机动车道等交通违法的意愿，从而降低了灯控交叉口"机-电"交通事故的风险。

④ 周期时长与交叉口"机-电"交通事故风险呈显著负相关（显著性水平＝0.002）。随着信号周期的增长，灯控交叉口"机-电"事故风险将会下降，这是因为信号周期增长后，非机动车穿越交叉口的时间更为充裕，急加速或减速的行为减少，行驶过程中对周围的突发事件能够做出更及时的反应，从而降低了"机-电"事故的风险。相关研究结果显示，大多数闯红灯行为发生在此方向绿灯相位刚刚开始或即将结束时，较长的信号周期减少了相位切换的次数，继而降低了车辆的闯红灯行为，从而也降低了"机-电"交通事故风险。

综合上述分析结果可以看到，为降低灯控交叉口"机-电"交通事故风险，应充分考虑电动自行车的行驶特点，一方面加强宣传教育，提高非机动车驾驶人遵守交通法规的意识；另一方面也要合理设计交通设施，增加遮阳棚和交通协管员等措施，在设有提前右转车道的地方做好机非隔离和危险警示，从而降低非机动车的事故率。

6.5 园区交通安全研判与防护

6.5.1 园区道路交通安全评价

园区道路交通安全评价是衡量园区道路交通系统的重要方法。本节给出了基于园区出行数据分析的园区道路交通安全研判方法，主要包括数据分析、模型构建和模型求解三部分。

(1) 数据分析

数据采集和分析是评价园区道路交通安全的基础，为了对园区道路交通安全进行评价，需要采集车辆交通安全分析的相关数据，包括事故数据、路网定量指标、车速数据以及其他可能影响车辆交通安全的土地利用形态、时间分布等因素，从而建立相应的车辆交通安全分析数据库。

数据分析通常以交通分析小区（traffic analysis zones，TAZ）为单位进行。交通分析小区以路网定量指标为划分标准，包括每个 TAZ 路网的拓扑指标与几何指标。拓扑指标是指借助空间句法理论，计算每个小区路网的连接度、局部整合度以及全局整合度，这里选择全局整合度（global integration）作为每个小区路网的拓扑指标。几何指标是指根据道路设计及标志标线平面图以及街景地图，计算每个小区路网的线密度（road density）与交叉口密度（intersection density），将两者作为每个小区路网的几何指标。

考虑每个小区的出行方式与目的对土地利用形态进行划分，可分为居住用地（residential）、商业用地（commercial）、混合用地（mixed，包括居住用地和商业用地）和其他用地（others）四种形态，将其作为分类变量引入模型，其中居住用地作为基础变量。

为了统计每个小区的车辆事故数，需要明确每起事故相对于小区边界的空间位置。如果事故点不位于小区的边界上，它的归属情况是明确的；对于发生在小区边界上的事故，则需要以小区边界道路中心线为事故的归属线，结合交通信息系统（traffic information system，TIS）中记载的每起涉及事故的车辆行驶方向（东、南、西、北），明确事故点相对于事故归属线的位置，最终确定事故唯一的归属地。

通常对于车辆事故伤亡的严重程度可分为 3 个等级，即致命事故（killed accidents）、严重事故（seriously injured accidents）和轻微事故（slight accidents），其中致命事故与严重事故并称为死伤事故（KSI accidents, killed and seriously injured accidents）。

为了检验车速与道路交通安全的非线性关系，可将平均车速分成四个等级，即低速 [low speed（＜20km/h）]、中速（medium speed [20～40km/h]）、中高速 [med-high speed（40～60km/h）] 和高速 [high speed（＞60km/h）]。在采用事故风险预测模型分析车速影响时，通常将曝光量作为偏移量引入模型，因为以曝光时间作为曝光量可以更恰当地反映车速对交通事故发生风险的影响；为了方便事故风险（事故数/曝光量）的计算，曝光量的对数形式 [ln(VH)] 更便于计算和分析。

通常，交通安全状况会随着时间的变化而发生变化，因此可以考虑将一天内的不同时间段作为分类变量。当然，时间分布可能并不能直接影响事故的发生，但是引入模型可以体现数据的时间异质性，从而反映某些随时间变化的因素对交通安全的影响。为了建立时间上离散、更能体现实时性的数据集，通常可以将每天分为六个时间段进行研究分析。六个时间段分别为 07:00～11:00（上午），11:00～15:00（中午），15:00～19:00（下午），19:00～23:00（晚上），23:00～03:00（深夜）和 03:00～07:00（黎明）。

需要注意的是，引入模型的自变量需排除变量间的相关性，如果存在相关性或者多重共线性，模型参数的估算结果将会出现严重偏差，因此需要对各变量之间的多重共线性和相关性进行检验。多重共线性的检验可采用方差膨胀因子（the variance inflation factor，VIF）诊断法，其关系式可表达为：

$$\text{VIF}_i = \frac{1}{1-R_i^2}$$

式中，R_i 为自变量 x_i 的复相关系数；$1-R_i^2$ 为容忍度即方差膨胀因子的倒数。相关研究表明，如果某个自变量的容忍度小于 0.2，即 VIF_i 大于 5，即可能存在共线性问题。

(2) 模型构建

针对交通事故数具有非负性、随机性和离散性特点，通常可采用计数模型预测交通事故数。最常用的计数模型是泊松（Poisson）模型，其最大特点是预测的随机变量的期望值和方差相等。然而，实际中的交通事故数通常呈现出方差大于期望的现象，即过度离散性（over-dispersion），所以需要在 Poisson 模型中引入误差项来解决过度离散问题。如误差项服从伽马分布（gamma distribution），则事故数服从负二项分布（Negative Binomial，NB）模型。

设 y_i 为第 i 个小区内发生的事故数，在 NB 模型中 y_i 服从泊松-伽马（Poisson-Gamma）分布，则存在以下关系：

$$y_i \sim \text{Neg}(\lambda_i, \alpha)$$

式中，Neg 为 Poisson-Gamma 分布；λ_i 为 y_i 的期望 $E(y_i)$；α 为离散系数。

将可能影响事故发生的相关因素作为模型的自变量，采用对数线性关系引入模型则有：

$$\lambda_i = \exp\left[\beta_0 + \sum_{k=1}^{p} \beta_k X_{ik} + \ln(VH_i)\right]$$

式中，X_{ik} 是各影响因素的自变量；β_0 为常数；模型参数 $\beta = (\beta_1, \beta_2, \cdots, \beta_p)'$ 为影响因素对应的影响系数；VH_i 为曝光量。

使用上述 NB 模型时假定了各个小区的事故数是相互独立的，然而实际上事故的分布具有空间聚集特征，其对模型参数 β 的估计结果有显著影响。因此，在建立贝叶斯条件自回归（conditional autoregressive，CAR）模型时，引入空间效应项 ϕ_i 以说明第 i 个小区同其他小区的空间相关性，从而令设定的事故风险模型转变为：

$$\lambda_i = \exp\left[\beta_0 + \sum_{k=1}^{p} \beta_k X_{ik} + \ln(VH_i) + \phi_i\right]$$

在贝叶斯 CAR 模型中，ϕ_i 的先验条件分布可定义为

$$\phi_i \mid \phi_{(-i)} \sim N\left\{\frac{\sum_j \phi_j \omega_{ij}}{\omega_{i+}}, \frac{\tau_\phi^2}{\omega_{i+}}\right\}$$

式中，$\phi_{(-i)}$ 为除 ϕ_i 以外所有 ϕ 的集合；τ_ϕ^2 为精度系数；ω_{ij} 为空间权重矩阵 W 的元素，表征空间内第 i 个小区和第 j 个小区的关系；ω_{i+} 为与第 i 个小区相邻的小区的 ω_{ij} 的和，即 $\omega_{i+} = \sum_{j=1}^{n} \omega_{ij}$；$N$ 是与第 i 个小区相邻的小区集合。

实际上，CAR 模型中的空间权重矩阵 W 可以构造为 0-1 一阶邻接矩阵 W_a、几何质心距离权重矩阵 W_b 以及基于连通性的空间权重矩阵 W_c。

① 0-1 一阶邻接矩阵 W_a：

$$W_a = \begin{bmatrix} 0 & \omega_{12}^a & \cdots & \omega_{1n}^a \\ \omega_{21}^a & 0 & \cdots & \omega_{2n}^a \\ \vdots & \vdots & \ddots & \vdots \\ \omega_{n1}^a & \omega_{n2}^a & \cdots & 0 \end{bmatrix}$$

当区域 i 与区域 j 有共同边界时，空间邻接矩阵 W_a 中对应的元素 ω_{ij}^a 取 1，否则取 0。

② 几何质心距离权重矩阵 W_b：

$$W_b = \begin{bmatrix} 0 & \omega_{12}^b & \cdots & \omega_{1n}^b \\ \omega_{21}^b & 0 & \cdots & \omega_{2n}^b \\ \vdots & \vdots & \ddots & \vdots \\ \omega_{n1}^b & \omega_{n2}^b & \cdots & 0 \end{bmatrix}$$

当区域 i 与区域 j 之间的几何质心距离为 d_{ij} 时，其在空间权重矩阵 W_b 中对应的元素为 $\omega_{ij}^b = e^{-d_{ij}/\Psi}$，其中 Ψ 是所有区域之间的平均距离。

③ 基于连通性的空间权重矩阵 W_c：

$$W_c = \begin{bmatrix} 0 & \omega_{12}^c & \cdots & \omega_{1n}^c \\ \omega_{21}^c & 0 & \cdots & \omega_{2n}^c \\ \vdots & \vdots & \ddots & \vdots \\ \omega_{n1}^c & \omega_{n2}^c & \cdots & 0 \end{bmatrix}$$

当区域 i 与区域 j 之间存在通路时，其在空间权重矩阵 W_c 中对应的元素为 $\omega_{ij}^c = Q^\alpha(e_{ij})/C^\beta$，其中 e_{ij} 为区域 i 与区域 j 之间的路径，用两个小区的几何质心的连线表示；$Q(e_{ij})$ 为区域 i 与区域 j 之间的交通容量，用连接两个小区的实际道路条数表示；α、β 分别表示交通容量和路径里程的权重系数，为方便起见此处令 $\alpha = \beta = 1$。

(3) 模型求解

完全贝叶斯方法的求解是在模型参数 β 的先验分布 $f(\beta)$ 的基础上，用 y 表示因变量的观测值，结合信息表达的似然函数 $f(y|\beta)$，对参数 β 的后验分布 $f(\beta|y)$ 进行预测来实现的。参数的先验信息可以根据对已有模型参数的理解和经验给出合理的先验分布，也可以是没有确凿信息的先验分布。由此，可将贝叶斯方法求解的关系表达为：

$$f(\beta|y) = \frac{f(y|\beta)f(\beta)}{\int f(y|\beta)f(\beta)\,\mathrm{d}\beta} \propto f(y|\beta)f(\beta)$$

式中，$\int f(y\mid\beta)f(\beta)\mathrm{d}\beta$ 为观测值的边缘概率分布。

于是，可使用贝叶斯方法中的方差信息准则（deviance information criterion，DIC）检验进行计算：

$$\mathrm{DIC}=\mathrm{D}(\bar{\beta})+2p_D=\overline{\mathrm{D}(\beta)}+p_D$$

式中，$\mathrm{D}(\bar{\beta})$ 是模型参数 β 期望值的离散度；$\overline{\mathrm{D}(\beta)}=\mathrm{E}[D(\beta)\mid y]$ 是模型参数 β 离散度的期望值；$p_D=\mathrm{E}[D(\beta)\mid y]-\mathrm{D}\{\mathrm{E}[D(\beta)\mid y]\}$ 反映了参数的数量及模型的复杂程度。相关研究表明，DIC 越小，模型的拟合度越好。

6.5.2 园区交通安全研判与防护需求

园区交通安全研判与防护需求是建立研判与防护系统的基础，也是有效提升园区交通安全的重要保障，其需求包括数据平台安全研判与防护需求、驾驶人安全研判与防护需求、重点车辆安全研判与防护需求、道路安全研判与防护需求以及多维综合研判与防护体系需求。

① 数据平台安全研判与防护需求：数据中心平台的建设与维护是关乎系统顺利运行的关键，当前的交通数据多处于分散存储及应用状态，通过数据中心的建设，可达到各类数据物理分散、逻辑统一的目标。

② 驾驶人安全研判与防护需求：建立驾驶员安全征信体系，以及结合违章和肇事数据，对其进行系统化测试与危险行为诊断，进一步进行驾驶行为干预与跟踪监测，促使驾驶员改进其驾驶行为习惯，以期降低重大伤亡事故的发生。

③ 重点车辆安全研判与防护需求：车辆安全风险进行研判需要考虑车辆的动静态性能指标，"两客一危"、重型货车又是重特大交通事故的重灾区，先进的车辆安全装置可以在途经危险路段或盲区存在危险时进行有效预警，以避免恶性碰撞事故的发生。

④ 道路安全研判与防护需求：道路安全与道路设计要素、交通管理要素、气候环境及社会环境都有密切联系，如何对显著影响道路安全风险的因素进行排查与改善，是道路安全防护的核心需求，故而需要基于动静态道路参数与事故数据，深入挖掘事故风险与各相关因素之间的联系，揭示各道路要素对事故风险的影响。

⑤ 多维综合研判与防护体系需求：建立交通安全指数动态评价与监测系统，对交通安全的多个维度进行综合研判，运用科学的方法与技术，深入分析事故发生的关联因素和伤害机理，进行交通安全指数动态评价，实现一定条件

第 6 章　微公交系统安全分析

下、对于特定区域或道路的事故预测与安全评估，进而预测街区、园区乃至整个城市的安全指数，为交通管理部门提供重要的决策支持，也为个人安全出行提供参考。

6.5.3　园区交通安全研判与防护系统

园区交通安全研判与防护系统的建设需要考虑驾驶行为安全性、车辆运行安全性与道路环境安全性，建立交通安全指数动态评价系统，为交通管理、企业服务、个人出行提供支持与保障。三个维度的安全系数可以根据应用对象灵活组合，为各类服务对象进行有针对性的安全出行服务。

图 6-23 展示了以交通安全指数计算与监测为核心的典型交通安全动态监测与应用系统的结构图，包括车载单元、路侧单元、数据分析平台、服务管理中心和个人终端应用程序等。

① 车载单元主要完成驾驶员行车数据与车辆动态参数的采集与传输，其数据来源主要包括通过车辆 OBD 接口获取的行车数据与车辆故障信息、通过 GPS 获取的位置信息、通过汽车雷达等车辆传感器获取的信息、通过行车记录仪以及各向辅助摄像头等视频采集装置获取的视频信息等。

② 路侧单元主要完成道路环境动态信息的采集与传输，以及辅助完成车

图 6-23　交通安全动态监测与应用系统结构图

辆信息的被动采集（车型、车牌号、采样行车数据等）。

③ 数据分析平台是整个系统的核心与关键组成部分，承担着数据预处理、数据分析与结果输出的功能，是安全指数实时计算与监测的中心平台。

④ 服务管理中心主要面向交通管理部门以及运输服务企业，政府管理部门可以通过指挥中心实时监测辖区路网的交通安全指数，提供决策支持；运输服务企业可以根据动态安全指数进行车辆调度、人员调配，提高运输安全性。

⑤ 个人终端应用程序是面向公众的应用服务系统，可以随时监测驾驶员的驾驶状态并进行安全预警；还可以向驾驶员呈现车辆安全系数，帮助驾驶员随时了解与改善自己的驾驶行为与用车习惯；同时还可以向驾驶员提供路网安全指数，进行安全出行诱导；更进一步，可以提醒驾驶员注意周边危险驾驶员与车辆导致的安全风险。得益于车路协同技术的发展，各类交通和车辆实时信息可以即时有效地在人-车-路-中心之间实现交互，为园区交通系统的安全运行提供保障。

第7章 微公交评价体系设计

7.1 评价体系设计原则与依据

7.1.1 设计目标

一般地，实施交通规划评价可以涉及三个方面的内容。首先，交通规划评价是确定各个方案的价值和确定一个方案比另一个方案更为可取的过程；其次，交通规划评价是为决策者提供管理政策建议、权衡项目轻重和确认不可靠性的主要信息来源；最后，交通规划评价还可以为规划人员提供项目可以进一步开展研究的范围。

可见，交通规划评价本身作为分析问题的手段，可以为交通规划方案的设计、优化与决策提供科学的依据，也可帮助决策者理解现今复杂交通系统的结构及其应用。评价既是分析问题的过程，又是向决策者提供决策信息的过程；因此，其重点除评价结果外，还在于决策过程本身及其约束条件。近年来，各国越来越注重城市交通建设对社会和经济发展的影响，在不断发展和完善道路公共交通线网规划理论的同时，对规划方案的评价理论与方法也有了长足进步。众多学科的发展，如系统学中以系统思想为基础的耗散结构理论、协同学和突变论等系统科学理论的诞生，模糊数学和数量经济学等数学手段的发展，层次分析论和系统动态学等方法论的创立，大型计算机及其应用软件的开发等，这一切使得综合技术、经济、社会和环境等多目标于一体的交通规划综合评价体系得到了进一步的发展和完善。

7.1.2 设计原则

系统科学指出，一个体系的构成单元是要素，若干个相互作用、相互联系的要素构成了体系。在一个稳定的体系中，一方面，各要素相互作用、相互制约，按一定关系形成一定的层次结构；另一方面，不同的要素又相对独立，彼此存在差异性。作为被评价的对象，任何客观事物都是有机组成的，是体系相互作用下的统一体。

根据这一基本科学理论，我们可以根据某种特定的目标将评价对象分解为若干体系，每个体系又可以分解为若干组成要素；有机组合每个要素和每个体系的作用和功能，从而形成一个完整的评价指标体系。因此，指标体系实际上是目标需求在特定方面的规定，是具体的、可操作的和可量化的目标。

为了尽可能保证评价结论的客观性、科学性、独立性和全面性，构建的园区微公交系统评价指标体系应该遵循以下原则：

（1）科学性原则

选取的评价指标必须科学、合理和客观地反映园区微公交系统的总体性能。指标的选择、指标权重的确定以及指标的计算方法等都必须以系统工程等相关的科学理论为基础；建立的评价指标体系应该具有科学性和特殊性，不仅能反映城市公共交通运营和服务的要求，而且还能反映园区微公交系统的特点。

（2）综合性原则

选取的评价指标必须能够综合反映园区微公交系统的整体功能、水平和特性。单一指标仅能从某一个方面反映评价对象的性质，因此建立的城市公共交通系统评价体系应综合、全面地反映园区微公交的线网规划、公交调度和运营服务的各个方面，以便给决策者提供科学而全面的理论依据。

（3）客观性原则

选取的评价指标必须能够客观反映园区微公交系统的应用环境和发展水平。构造评价指标体系的目的是为园区微公交系统的线网规划和运营调度提供优化和改进的依据，因此要保证评价指标体系的客观性和实用性，保证评价数据来源的可靠性、准确性和评价方法的科学性。

（4）独立性原则

选取的评价指标必须具备相对独立性。园区微公交系统是一个十分复杂的系统，评价指标的选取要遵循独立性原则，要使指标之间尽量相互独立，信息的关联性要尽量小，尽量避免出现相互包容的关系，以实现评价指标体系的结构最优化。

(5) 可操作性原则

选取的评价指标必须具备可操作性。园区微公交系统评价的意义在于分析园区微公交线网规划和公交调度方案，以更好地指导实际工作。因此，评价指标的选取要有实际的应用意义，指标的含义要明确，评价所需的数据可以通过直接或间接的方式获得，获得的途径具备比较强的操作性，便于相关数据的收集、加工和处理。

(6) 定量性原则

选取的评价指标必须支持定量分析。评价指标的选择要能够清楚地反映实际问题与需求，除定性分析提供的原则性和政策性的结论外，基于数学模型的定量计算可以更好地帮助决策者和管理者优化系统结构，量化管理目标。

7.1.3 设计依据

本书关于园区电动微公交系统评价指标体系的设计，是在深度调研国内外相关研究现状的基础上，结合《北京市电动汽车推广应用行动计划》的相关说明进行的。具体情况归纳如下：

(1) 国外公共交通系统评价指标体系研究

国外对公共交通系统评价的研究主要集中于城市公共交通线网优化、快速公共交通（bus rapid transit，BRT）系统构建、公共交通服务质量因素分析、系统方案设计和定量评价等方面。法国的研究和分析指出公共交通评价指标主要包括线网密度、准点率、车辆满载率、安全行驶里程、公共交通站点覆盖率、非直线系数，同时还应该包括服务便利、在途安全和舒适程度等。澳大利亚从1969～1989年的20年间对公共交通系统开展了包括出行需求与可达性、市场运营、服务与费用、政策与计划、系统管理与所有权、行车调度与时刻表、服务规划与设计、共性关键技术等13个方面的研究。

考虑各国公共交通出行需求和应用环境的差异，学者们对不同条件下的公共交通评价内容和指标进行了众多研究，得到了各具特色的研究成果。首先，针对公共汽车服务质量评价存在多种重要指标需要协调平衡分析的需求，采用各重要指标的集合辨识框架，建立了一种量化各种特性并识别相互之间相对重要程度的方法，即一种定量计算服务质量和比较相同和不同公共汽车司机之间服务水平的方法。相关研究结合美国旧金山市快速交通系统 BRT、印度南部德里三条公共交通线路和加尔各答两条线路等，分别就这些系统的出行服务质量提出了相应的分析评价方法，评价内容涉及公交系统的可达性、出行时间、可靠性、直达系数、服务频率和客流密度等多项服务质量水平评价指标。其次，针对评价中存在部分指标难以用定量数据进行描述的问题，形成了公交系统服务水平定性和定量相结合的系统分析方法，这些定性的指标包括公交系统的舒适性、安全性和快捷性等，采用的定量指标则包括旅行时间、旅行距离、出行费用、公交网络的覆盖水平和公交网络可达性等。相关研究以澳大利亚 Queensland 南部地区的公交系统为例，评价了公共交通可达程度与公共交通规划目标之间的关系，提出了将总出行时间细分为行程时间、在途时间、等候时间以及潜在的等候时间等，以此对公共交通系统服务水平进行评价，并结合出行成本形成了完整的理论和方法。最后，在上述研究成果的基础上，采用先进的数据分析方法和技术，拓展体现公交系统服务水平的评价指标，包括以时间、货币、出行距离、舒适水平表征的公共交通可用性和可靠性，这些因素的某种组合表示的实际或估值费用，以及将土地价值货币化后的公交路网可达性等。

（2）国内公共交通系统评价指标体系研究

我国现有的公共交通系统评价指标体系的研究主要集中在评价指标的选取和评价方法的改进，相关研究形成了一些具有示范意义的标志性成果。首先，相关研究人员对我国常规公共交通系统的服务水平分析与评价进行了系统研究，从城市公共交通系统技术评价的内容入手，提出了基于城市公共交通技术的评价指标体系，并对各项指标的含义及取值进行了系统和体系化的探讨，形成了较为规范的理论体系与方法。其次，结合我国公交系统的实际发展情况，将传统公交系统的服务水平评价与基于公交优先的服务水平评价做了区分，其存在根本的差异，由此提出了公共交通评价指标体系应该优先考虑中国特色的城市公共交通，并对先进的公共交通系统（advanced public transportation systems，APTS）进行了分类和界定。再次，采用模式识别、数据挖掘和大数据分析等技术，扩展了公交系统服务水平的评价方法和内容。这些方法包括基于地理信息系统（geographic information system，GIS）的模糊聚类分析方法、考虑综合评价指标权重的层次分析法、基于虚拟决策单元的数据包络分析法（data envelopment analysis，DEA）等，提出了从路网服务供给与需求的相互协调关系出发，采用定量和定性相结合的方法对公共交通系统服务水平进行分析评价的方法，如特征向量法、加权最小平方法、极大熵法等；扩展的评价内容包括步行距离、乘车安全、公交票价、有线网密度、准点率、车辆满载率、车辆安全行驶里程、公共交通站点覆盖率、非直线系数等。最后,将公交系统的规划和发展与城市规划与建设相结合,将公交系统服务水平的分析评价拓展到所有与城市建设相关的泛在内容,包括城市公共交通发展的总体水平、科学性、便捷性、舒适性、安全性、可达性、可靠性、灵活性和实用性等。具体指标中还考虑了公共交通线网与土地利用之间的关系,着重分析了土地利用对公共交通线网密度的影响;从动态时变性出发研究了道路交通网络结构可靠性的时间冗余性、空间冗余性以及时间经济性和空间经济性,在分析全网可靠性的基础上,讨论公共交通网络可靠性对解决城市交通问题的重要意义;为了使评价的结果更加客观,结合灰关联度和熵的概念,提出了能够在城市路网规划、公共交通线网规划上有所体现的城市公共交通综合评价指标。

(3)《北京市电动汽车推广应用行动计划》

为深入贯彻落实国家《大气污染防治行动计划》和《北京市 2013—2017 年清洁空气行动计划》,切实做好电动汽车推广应用工作,努力实现大气污染防治目标,北京市特制定了《北京市电动汽车推广应用行动计划》(以下简称《行动计划》)。

《行动计划》要求紧紧围绕首都城市战略定位,坚持市场导向和政府推动相结合,以政策服务创新为牵引,以重点应用示范为突破,以市场全面开放为动力,以基础设施建设为支撑,在公共领域率先示范,兼顾有序培育私家电动汽车市场,营造全社会共同关注创新、共同支持减排的良好氛围,努力将北京建设成为电动汽车全国示范应用的新标杆、应用规模全球领先的新高地。

《行动计划》还强调坚定不移推进公交电动化,将电驱动公交车的推广应用与交通体系深化改革相结合,使技术创新与商业模式创新相协调,因线制宜,实现换电、场站集中充电、在线充电、停靠站分散补电等多种供电模式的有机协同和车辆、供电、运营之间的有效匹配。

从《行动计划》可以看出,政府对电动车的推广有着强烈的决心和坚定的行动,为北京市进一步发展园区电动车微公交系统奠定了良好的基础,创造了必要的条件。

7.2 微公交评价体系设计

7.2.1 总体框架

基于评价体系设计的六大原则,为保证评价结论的客观性、科学性、独立性和全面性，设计的园区微公交评价体系主要从系统评价、运营评价和效用评价三部分展开，如图7-1所示。

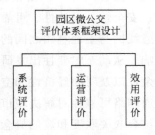

图7-1 绿色园区微公交评价体系框架设计

7.2.2 系统评价

从系统角度进行评价应该包含对线路网规划、站点规划、停车场规划和充电设施规划的评价，如图7-2所示。

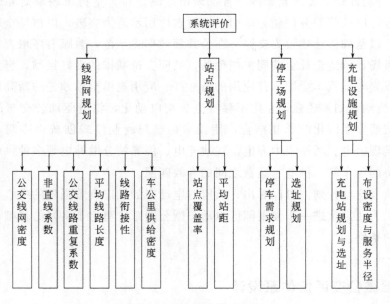

图7-2 系统评价体系框架

（1）线路网规划

线路网规划指的是在交通规划的基础上，完成的对线路网的干支道路线路、技术等级、方案比较、投资效益和建设周期的测算等系统规划工作。该项工作是综合且复杂的系统工程，具有非可逆性，相关线路一经建成，便不易更改。因此规划一个布局合理、规模适当的线路网就显得尤其重要，规划结果的好坏直接影响城市交通结构的合理性、工程项目的经济效益和社会效益。

线路网规划的具体评价指标包括公交线网密度、非直线系数、公交线路重复系数、平均线路长度、线路衔接性和车公里供给密度。

（2）站点规划

公交站点（公交停靠站）是公交系统提供出行服务不可缺少的环节。公交车必须在此停靠搭载乘客以提供运输服务，乘客必须在此上下车完成相关出行。可以说，站点规划在很大程度上决定了整个公交系统的运行质量和服务水平，因此站点设置问题的研究具有重要的实用价值。

站点规划的具体评价指标包括站点覆盖率和平均站距。

（3）停车场规划

面对城市车辆激增、道路堵塞、事故频发、污染加重的严峻局面，考虑城市土地资源越发紧张的现状，优先发展公共交通已成为解决我国大城市交通问题的必选出路，建立以轨道交通系统为骨架，以常规公交为主体，多种交通方式相互协调的综合客运交通体系是公共交通发展的必由之路。同时，由于我国交通历史发展原因，公交重点枢纽附近停车场、公交车辆保养场的规划建设远远滞后实际需求，用地严重不足极大影响了公交系统作用的有效发挥。因此，做好城市公交场站及其配套停车场的规划是当务之急。

停车场规划的具体评价指标包括停车需求规划和选址规划。

（4）充电设施规划

伴随能源和环境压力的不断加大，国内外许多城市都积极规划将电动汽车更加广泛地应用到城市交通中。因此，电动汽车电力能源补给系统的建设和发展就成了影响和制约电动汽车发展和推广应用的关键因素之一。随着电动汽车的不断发展进步，充电站的规划和建设将步入规模化、网络化时代，进行充电站布局规划研究迫在眉睫。同时，电动车充电系统的便利性、经济性和安全性也在一定程度上决定着电动汽车的发展进程。

充电设施规划的具体评价指标包括充电站规划与选址和布设密度与服务半径。

7.2.3 运营评价

微公交系统的运营方是系统运营的管理者，是系统运行和管理的主体，其主要职责是负责微公交系统的运营管理，提供运营与管理服务。园区微公交系统的运营评价通常会以自我评价的方法进行，选取科学的自我评价指标，实现对其运营服务效果的评价。通过定期的自我评价，发现运营中存在的问题，充分发挥微公交运营方的主观能动性，不断自我完善以提高运营服务管理水平。

在不断提高运营管理水平的同时，微公交运营方也要充分考虑运营的经济效益，以此作为运营管理水平提高的基础条件。考虑运营管理工作涉及的因素较多，而可量化指标又相对有限，因此在实际评价过程中，主要从运营的安全性、经济性、合理性、高效性和可靠性五个方面进行评价，如图 7-3 所示。

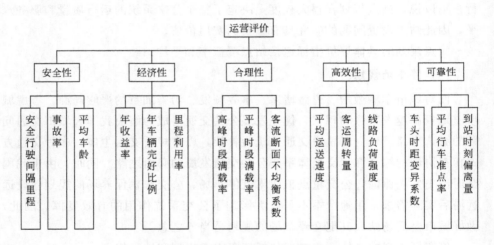

图 7-3　园区微公交运营评价体系

（1）安全性

安全性是指运动系统避免被控系统处在潜在危险或不稳定状态的能力。在公交车辆运行过程中，广大乘客首要关注的是安全问题。车行万里，安全第一。行车安全性不仅影响城市公交运行服务质量，更重要的是，行车安全性低会造成各种交通事故频发，对个人和公众的生命财产安全造成巨大损失。

行车的安全性是园区微公交服务质量中最重要的考核目标。行驶的安全系数越高，表明给广大乘客提供的必需的安全保障条件越好。实际上系统可以从运行里程、单位车辆事故数和平均车龄三个方面实现园区微公交系统的安全性量化评价。

因此，具体的安全性评价指标包括安全行驶间隔里程、事故率和平均车龄。

(2) 经济性

微公交运营经济性是指在保证社会效益的前提下微公交运营方所追寻的经济效益。微公交运营方在分析经济效益时，易选取对比性强、直观的经济指标作为评价指标。例如，由于年收益可直接反映当年的运营收益情况，在经济性分析上选取年收益率作为自评指标。在社会效益最大化的同时，良好的经济收益有益于保证系统运营具有充足的管理经费，也有助于提升管理水平，由此可将经济收益含政府经济补贴作为提高运营水平的一个基础条件。

此外，车辆完好比例是在保证运营成本的基础上，对公交运营的经济性进行评价；而里程利用率则是指城市公交有效行驶里程（载客运营里程）占总行驶里程的百分比，该指标是从公交企业运营效率的角度，刻画城市公交的经济性。

因此，具体的经济性评价指标包括年收益率、年车辆完好比例和里程利用率。

(3) 合理性

微公交运营合理性指的是园区内车站分布、站距的设置以及线路的规划是否能满足人们的乘车需求，其次是根据当地人们的居住情况（包括住房密集度及住房建设以及周围设施）、公共场所人流量的密集度等所规划出的公交车线路是否能够有效地应用于人们的生活且不具负面的影响性，以此说明该公交车线路设置是否合理。

合理的运营可以良好衔接多种客运方式，提高乘客出行连续性和顺畅性，减少换乘等待时间，提高运营效率和服务水平。运营管理上的合理性侧重于实现时间上的一体化以及运力配置。

在微公交运营系统当中，利用 GPS、GIS 和计算机辅助调度系统，在客流信息、路况信息和运营管理信息共享的基础上，建立面向换乘枢纽的多模式、多线路协调的一体化运营调度体系。根据换乘枢纽及其衔接线路的客流时空需求特性来协调线路的调度计划，优化公交运力组合，降低出行者和运营商的总成本，实现系统的优化整合。

因此，具体的合理性指标包括高峰小时满载率、平峰小时满载率以及客流断面不均衡系数。

(4) 高效性

运营的高效性指科学利用微公交系统的资源，快速地实现乘客空间移动的能力。在微公交系统中，运营的高效性有利于提高微公交系统的整体运输效率。在乘客方面，有利于减少乘客的出行时间，降低因出行时间造成的利益损失，以适应市场经济快节奏的工作与生活。运营的高效性充分体现了现代交通的特点和优势，是解决园区交通主要矛盾的必备要素。运营高效性可从两个方面进行分析，其一是运送的速度，其二是与客流需求相平衡的运能配置。

微公交服务要求运力与运量之间保持平衡，实现车辆和人员的有效配置，否则将对服务效果产生不利影响。运力过低，服务功能不足，社会出行需求不能完全满足；运力过高，服务功能过剩，公交运营方的经济效益下降。所以必须及时调整两者之间的比例关系，使其保持相对平衡。运能的配备往往是根据社会经济、人口和土地利用等静态指标确定的，客运需求的影响因素很多，且具有一定的随机性、复杂性和较强的动态性。

因此，具体的高效性指标包括平均行驶速度、客运周转量和线路负荷强度。

(5) 可靠性

运营可靠性体现微公交系统的稳定性。公交系统是一个大的动态系统，由于存在许多影响因素，使得公交系统服务具有强烈的随机性。可靠性作为一个概率性的指标能有效地评价公交系统运营状态的稳定性。

对于提供服务的公交运营方来说，车辆能否遵循时刻表运行也有重要意义。由于延误或者其他原因，当前后车辆到达某一站点出现大时间间隔或者前后车辆几乎同时到达，将会产生前车严重超载而后车空荡的客流不平衡现象，两辆车行车间距无法保证，甚至发生连锁反应，导致后续车辆不能按正常时刻表运行。这种情况就涉及公交系统的可靠性问题。

良好的运行可靠性是乘客掌握出行时间的根本，是乘客准确安排出行计划的前提。公交系统的运行可靠性充分揭示了公交延误产生的根本原因在于供需矛盾及供需随机性带来的延误发生的随机性。因此，公交运营方在管理上可借助对公交服务可靠性的分析，把握供需随机特性，确定影响服务的敏感因素，优化资源调配，减少公交延误的发生，或采取相应的管理措施调节乘客需求。

因此，具体的可靠性指标包括车头时距变异系数、平均行车准点率和到站时刻偏离量。

7.2.4 效用评价

在园区微公交系统运营阶段，广大乘客是最广泛的使用者，乘车中各类乘客的主观体验和感受都应该成为评价指标。效用评价是园区微公交系统服务水平的考察重点，相对于基础设施来讲，效用评价的高低能够较好地反映园区微公交系统的整体利用情况。考虑乘客接受程度的效用评价通常涉及便捷性、快速性、舒适性、实用性四方面，如图7-4所示。

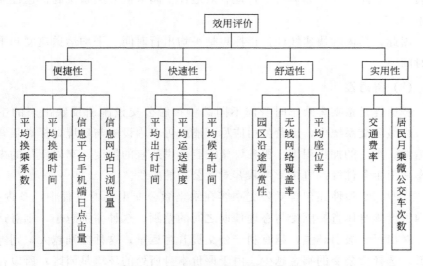

图 7-4 园区微公交效用评价体系

(1) 便捷性

便捷性是指乘客在出行过程中乘坐微公交的方便程度，主要包括就近乘车和换乘过程的便捷程度。线路网布设的合理性、线网密度的大小、换乘系数的大小、发车频率的高低、站点布置的合理性等因素都影响着乘客乘车的方便性。

便捷性是效用评价的一项重要标准，乘客对于出行便捷的要求就是能在出行时段内少换乘甚至直达目的地以完成空间位置的移动，便捷性的准确评价有利于提高微公交运营的服务水平。在便捷性的评价中，还应考虑当今社会已进入信息化时代，微公交信息网站浏览量代表了乘客获取微公交运营信息的便利程度，有必要将微公交信息网站浏览量作为一项重要指标，以此衡量微公交信息服务的便捷性。

因此，具体的便捷性评价指标包括平均换乘系数、平均换乘时间、信息平台手机端日点击量和信息网站日浏览量。

(2) 快速性

快速性是指微公交系统运送乘客的速度，主要是指微公交系统车辆在运送乘客时，尽量使乘客出行所花费时间包括步行、候乘、乘行及换乘时间最少。快速性是衡量园区微公交系统服务水平的一项重要指标，快速的公交服务能有效降低乘客出行耗时，提高乘客选择公共交通出行的概率，从而整体上提高服务质量。由此可知，如何科学合理有效地评价园区微公交系统的快速性显得尤为重要。

因此，具体的快速性评价指标包括平均出行时间、平均运送速度和平均候车时间。

(3) 舒适性

舒适性是指乘客乘车时身体不同部位接触公交设施所反映出来的主观感受。在微公交系统中，运营公司应尽可能改善车内设施与环境，提高乘客乘车舒适性。车内的拥挤程度、服务设施能否提供适宜的温度、车内座位的多少以及车厢卫生条件等都直接影响乘客对微公交的感受。

同时，舒适性还包含微公交乘客在乘坐微公交出行的过程中，车内空间、车内温度等身体直接感受与心理预期之间的差别。这种差别越小，则舒适性越高，对出行者吸引越强，越有利于公交提升客运量；这种差别越大，则舒适性越低，选择微公交的乘客越少。由于评价本身所处的环境是园区，所以在一般舒适性的评价之外，加入了园区环境观赏性的评价指标。而无线网络覆盖率的加入则是为了进一步适应当今社会的信息化发展，提升信息服务水平。

因此，具体的舒适性评价指标包括园区沿途观赏性、无线网络覆盖率和平均座位率。

(4) 实用性

实用性主要通过乘客乘坐微公交的出行费用体现，通过衡量微公交系统出行交通费用是否在广大乘客的可接受范围内来评价微公交系统的实用性。合理的票价对乘客具有更大的吸引力，因此在制定票价的过程中不仅要考虑公交运营方的利益，也要兼顾社会整体利益。票价的高低、乘客的接受程度与当地的整体经济收入水平有密切的关系。此外，居民月乘公交车次数也能在一定程度上反映出微公交系统的经济实用性。

因此，具体的实用性评价指标包括交通费率、居民月乘微公交车次数。

7.3 系统评价指标设计

7.3.1 线路规划

园区微公交线网规划的评价有很多指标可供选择，但都需要在分析调查和查阅大量资料的基础上进行构建。一个完整、健全的评价指标体系一般由若干个单项评价指标构成，分别反映各项指标希望解决的问题。本书综合国内外已有的分析与研究成果，根据评价指标设计的选取原则，从实际情况出发，建立了园区微公交系统进行线网规划评价的指标体系，主要包括微公交线网密度、非直线系数、线路重复系数、平均线路长度、线路衔接性、车公里供给密度等。其中微公交线网密度和微公交线路重复系数反映了园区微公交系统的覆盖水平，而平均线路长度和平均站点间距则反映了园区微公交系统线网规划的合理性。

（1）线网密度

微公交线网密度是评价乘客乘车方便程度的最主要指标，可有效反映微公交复线及其重叠的影响，也可间接评价居民接近公交线路的程度。一般来说，微公交线网密度越大越好。通常，微公交线网密度是指园区内每平方公里微公交线路长度所占的比率，其计算公式为：

$$S_{11} = \frac{\sum_{i=1}^{m} l_i}{S}$$

式中，l_i 是微公交线路所经过园区内道路中心线线段长度；S 表示园区用地面积；m 是微公交线路经过园区内道路中心线段的数量。微公交线网密度的确定可参考城市公交线网密度的确定原则。根据《城市综合交通体系规划标准》，在市中心城区公交线网密度一般为 $3\sim 4\text{km}/\text{km}^2$。根据国内外应用经验，公交线网密度在二类交通系统中应保持在 $2.63\sim 3\text{km}/\text{km}^2$ 范围内，属于中等水平。

在计算微公交线网密度时需要注意的是，微公交线网密度指标计算的难点在于微公交线网长度的计算。在电子地图上微公交线路可抽象为与园区道路相重叠的折线，实际上园区道路经过的微公交线路可能不止一条，因而微公交线网长度不是简单地指经过园区道路中心线的微公交线路长度的代数之和，而应该是微公交线路经过的园区道路中心线的总长度。因此，计算微公交线网长度时要排除重叠的线路长度,只是计算园区内微公交线路经过的园区道路中心线的长度。

(2) 非直线系数

非直线系数是指微公交线路首末站之间的实际距离与空间直线距离之比,可反映微公交线路的曲折程度。该系数的大小,不仅可反映乘客的乘车方便程度,而且还可反映乘客消耗的旅行时间。不同线路对应不同的非直线系数,其计算公式为:

$$S_{12} = \frac{l_i}{l_s}$$

式中,l_i 是公共交通线路长度;l_s 代表公交线路首末站空间的直线距离。

(3) 线路重复系数

微公共交通线路重复系数是微公共交通线路总长度与线路网长度之比,反映了微公交线路在园区主要道路上的密集程度,也可反映微公交线路设计的合理性。一般在城市的商业区,公交线路重复系数都比较大,当某一区域内线路重复系数过大时会给本区域造成较大的交通压力,从而容易形成交通拥堵,造成居民出行的不便;同时城市公交线路重复系数较低时,也会造成居民出行换乘系数变大。微公交线路重复系数的计算公式为:

$$S_{13} = \frac{\sum\limits_{l_{st} \in \mathrm{LG}} l_{st}}{\left[\sum\limits_{l_{st} \in \mathrm{LG}} l_{st} - \sum\limits_{l_{st} \cap l_{s't'} \in \mathrm{LG}} (l_{st} - l_{s't'})\right]}$$

式中,l_{st} 表示同一条线路上两个相邻站点 s 和 t 之间的距离;$l_{s't'}$ 表示同一条线路两个相邻站点 s' 和 t' 之间的距离;$l_{st} \cap l_{s't'}$ 表示站点 s 和 t 之间的线段和站点 s' 和 t' 之间的线路重复长度;LG 则描述线网中节点和路段所构成的图。

根据《城市综合交通体系规划标准》,微公交线路重复系数在 1.2～1.5 范围内比较合理。

(4) 平均线路长度

平均线路长度是指微公交线网中微公交车辆运营所经过道路的平均长度。微公交线路的长度应适中,过长会导致线路断面客流分布不均匀、调度难度大、车间时距难以控制、站点准点率低等问题,从而影响运输效率或造成非直线系数大等缺陷;而线路过短则可增大微公交车辆的调车转向总时间,降低公交车辆的使用率,使公交车的运营车速下降,居民平均换乘次数增加。微公交平均线路长度的计算公式为:

$$S_{14}=\frac{\sum_{i=1}^{n}l_i}{N}$$

式中，l_i 表示公共交通线路长度；n 表示公共交通线路数量；N 表示公共交通线路总数量。

根据国内外的相关应用经验，微公交平均线路长度选择在 3～7km 之间比较合理。

（5）线路衔接性

微公交线路的衔接性是指某条公交线路能够与其他微公交线路相衔接的线路数量或比例。提高线路衔接性是微公交规划人员的重要任务。微公交线路衔接性越高居民出行就越便利，衔接性比较低则会减少微公交对公众的吸引力。例如，若居民出行时需要换乘，当线路衔接性比较差时，换乘所需步行的距离就会增加，从而增加居民的出行时间。微公交线路衔接性的计算公式为：

$$S_{15}=\frac{\sum_{i=1}^{n}n_i}{n}$$

式中，n_i 表示公交线路 i 与其他线路相衔接的线路数量；n 是公交线网中线路总条数。

根据国内外的相关应用经验，微公交线路衔接性一般保持在 3～6 之间比较合理。

（6）车公里供给密度

微公交车公里供给密度是指统计期内微公交运营总里程 L 与服务人口 P 之比，反映了微公交服务对该系统运营里程的需求和占有程度。车公里供给密度越大，则微公共交通越发达，即人均占有微公交运营里程越高。微公交车公里供给密度的计算公式为：

$$S_{16}=\frac{\sum_{i=1}^{n}l_i}{P}$$

式中，l_i 表示公共交通线路 i 的线路长度；n 是公共交通线路数量；P 表示需要微公交服务的总人口数。

根据《城市综合交通体系规划标准》，微公交车公里供给密度应该保持在 11.16～57.94km/万人范围内为宜。根据国内外的应用经验，车公里供给密度 33.72km/万人为中等水平。

7.3.2 站点规划

园区微公交系统实施站点规划评价的指标体系包括站点覆盖率和平均站距。

(1) 站点覆盖率

微公交站点覆盖率,又称微公交站点服务面积率,是微公交站点服务面积占园区用地面积的百分比。它反映了园区居民的出发地和微公交站点之间的距离、居民从出发地到达微公交站点的步行时间,同时也反映了微公交站点密度。因此,微公交站点覆盖率是衡量微公交线网规划中站点设置的合理性的指标,是反映园区居民接近微公交系统的一个重要指标。

常规情况下微公交站点覆盖率越高,代表其便利性及通达性越好。公交站点覆盖率的计算公式为:

$$S_{21} = \frac{S_N}{S} \geqslant r_{\min}$$

式中,$r_{\min}$ 表示最小微公交站点服务面积率;S_N 表示微公交站点服务面积;S 是园区用地面积。

一般地,可选择 $r_{\min}=0.5$、$R=300\text{m}$ 或 $r_{\min}=0.9$、$R=500\text{m}$,其中 R 是微公交站点的服务半径。按《城市综合交通体系规划标准》规定,通常可按 300m 半径或 500m 半径计算微公交站点覆盖率。当按 300m 半径计算时,微公交站点覆盖率应不小于 50%,按 500m 半径计算时应不小于 90%。

(2) 平均站距

微公交平均站距是指微公交企业所经营的公交线路中各站点间的平均距离,主要反映微公交的方便性。一般来说,在相同的线路长度下,站点数量越多,平均站点间距就越小,微公交车辆进出站的频率就越高。平均站距过大时,将导致乘客步行距离的增加。因此在实施微公交系统站点规划时需要对站点间距进行合理设置。微公交平均站距的计算公式为:

$$S_{22} = \frac{\sum_{j=1}^{m} l_j}{M}$$

式中,l_j 表示微公交线路所经过园区内道路中心线的线段长度;M 是微公交线路站点的总数量。

根据国内外的相关应用经验,微公交平均站距应该在 0.3~0.8km 之间为宜。

7.3.3 停车场规划

微公交的停车场规划评价须考虑停车需求规划和停车场选址规划。

(1) 停车需求规划

对园区停车设施需求量的调查与分析是园区停车场规划中十分重要的内容,停车需求预测的准确与否既影响到规划和管理部门制定停车管理政策,也影响到停车设施选址和泊位建设。因此,有必要分析研究影响城市停车设施需求的各个因素。从国内外学者的研究来看,园区土地的利用开发强度和进入园区的机动车流量对停车需求量的影响最为显著。

园区停车需求预测是园区机动车停车系统研究的核心问题。从国内外已有的研究结果可以看到,各国的国情不同,城市发展形态不同,经济增长不同,停车预测模型也不同,由此也造成计算方法差异较大。停车需求规划中常用到的模型有停车生成率模型、交通影响分析模型、用地分析模型、需求量回归分析模型和出行吸引量预测模型等。

停车生成率模型是指单位土地利用指标所产生的停车泊位数,即在停车需求与土地使用之间建立的单位面积用地的停车需求量。

交通影响分析模型是从机动车保有量、土地利用等的现状及其变化趋势入手,建立起的与停车需求的关系,以估算现有停车需求和预测未来停车需求。该模型是生成率模型的扩展,其实质是寻求停车生成率与各种性质用地量间的关系,即根据停车特征和土地利用性质调查,确定一天内在现有机动车拥有水平和现行交通政策下不同土地利用特性所产生的高峰停车需求;根据预测的城市机动车拥有水平和道路交通量的增长,确定高峰停车需求的交通影响函数;最后按照城市规划的用地特性,推算机动车高峰停车需求量。

用地分析模型是利用用地特性与雇员数的关系来预测未来的停车需求。例如,一个以商业为主的地区,长时间停车需求是由雇员上班出行引起的,而短时间停车需求是由在该地区进行的商业活动引起的。

需求量回归分析模型是根据若干相关变量的历史资料,用回归分析方法计算出回归系数,并进行统计检验,同时通过线性趋势预测方法预测各影响因素的未来值,从而代入回归式中预测未来停车需求。

出行吸引量预测模型是通过园区车辆停车调查和驶出园区后的 OD 调查,获得园区停车特征(停放时间、周转率、高峰小时系数等)和现有车辆园区外出行 OD，进而预测交通方式分配比例及园区机动车出行吸引量，最终进行停车需求分析。

(2) 选址规划

影响园区公共停车设施选址的因素很多，主要评价指标可以有停车后步行距离、停车设施土地开发费、连通道路的交通状况、现有停车设施的作用、停车设施收费和停车可达性等因素。

① 停车后步行距离　停车后步行距离反映停车者从停车设施到达目的地的便捷程度。路外停车设施应尽可能地建在停车发生源并使停车者停车后到达目的地的步行距离最短。停车后步行距离可以用可选方案与停车需求发生源平均距离 d 的倒数表达：

$$S_{31}=\frac{1}{d}$$

$$d=\frac{\sum_{k=1}^{n}d_k}{n}$$

式中，d 是可选方案与停车需求发生源间的平均距离；d_k 是可选方案与停车需求发生源 k 的距离；n 是停车需求发生源的个数。

园区内的停车者一般只能接受一定长度的步行距离，步行距离过大将明显影响停车设施的利用率。上述公式仅仅表达停车发生源的分布，但停车发生源的规模和性质对停车吸引的能力不同，相应地对可接受的步行距离也就不同。为此需对 S_{31} 进行修正：

$$S_{31}=\frac{1}{d}\beta$$

式中，β 是停车吸引发生源强度修正系数。

② 停车设施土地开发费　停车设施土地开发费包括征购土地费、拆迁费、建设费等，它是影响公共停车设施选址的重要因素之一，特别是对于用地紧张、建设费较高的中心城区尤其重要。一般可直接采用折算的建设费作为比较指标，但考虑到不同的可选方案间建设费用往往相差悬殊，从而导致在综合分析中比其他因素具有更高的灵敏度，故可取建设费用的负幂函数作为代用指标：

$$S_{32}=F^{-r}$$

式中，F 是直接建设费；r 是适当的缓和指数，$0<r\leqslant 1$。考虑到规划的停车设施目前难以确定详细的建设费用，可用其相对造价的比值作为代用

指标。

③ 连通道路的交通状况 相连道路的交通状况是影响停车设施的布局和规模的重要因素，连通停车设施与园区的出入口道路应能承担增设停车设施后附加吸引的交通量。本指标用道路通行能力与道路实际交通量之比来表示：

$$S_{33}=\frac{c}{v}$$

式中，c是道路通行能力；v是道路实际交通量。

④ 现有停车设施的作用 为了提高停车设施的利用率，最大程度地满足停车需求，应尽量均匀布置停车设施，使规划的停车设施在已有停车设施的服务半径之外。一般地，可选方案周围现有停车设施负荷度越大，说明对新停车设施的需求越大；反之，负荷度越小，需求则越小。本指标可用下式计算：

$$S_{34}=d_i c_i$$

式中，d_i是可选方案与已有停车设施的距离；c_i是现有停车设施的负荷度。

⑤ 停车设施收费 停车设施的管理制度和收费不同，也会对停车吸引和停车设施的选址有影响。该指标可用实际收费额的倒数来表示：

$$S_{35}=\frac{1}{F}$$

式中，F是实际收费额。

为保证综合评价中指标作用的协调性，需要对上述五项因素进行适当的标定处理。各项指标取值越大则越显优越。另外，当可选方案中某一项因素相同或接近时，该项因素可不参与评价，以适当减少计算量。

⑥ 停车可达性 停车设施如具有较高的停车可达性，就可能获得较高的利用率和较显著的社会经济效益。停车设施设在不同等级道路上，其可达性有较大的差异。具体指标可根据道路等级定量确定（如表7-1所示）。

表7-1 停车可达性S_{36}的标定

道路等级	位置	
	平交口（附近）	路段
主干道	4	3
次干道	3	2
支路	2	1

7.3.4 充电设施规划

微公交系统充电设施规划的评价指标主要包括充电站的规划与选址以及布设密度与服务半径。

(1) 充电站的规划与选址

充电站是纯电动微公交车商业化运营的重要基础设施。建设充电站的基本要求是节能、高效、低造价、安全可靠、便于维护和扩展。而充电站的选址工作是微公交系统规划的重要环节，其选址的合理与否直接影响到后期充电站的运营效益、服务质量、运营安全性以及服务质量等。

影响充电设施规划布局的关键因素是电动汽车充电量的总体需求。当充电量达到一定规模后，充电设施才可以实现大规模布点。而电动汽车充电量又与其保有量、日均行驶里程和单位里程能耗水平等因素相关。

运行模式不同，电动汽车的续驶能力和充电时间也不同，将影响充电方式和能耗，进而影响到充电设施的建设方式和功率需求。在规划过程中一般可考虑以下几类车辆：

① 示范区用车　可采用更换电池组的方式，但投资金额和维护工作量都较大。针对园区电动车微公交系统的需求，建议采用整车充电方式，以降低设备投资和维护工作量。

② 运营商车队　由于园区电动微公交车其行驶里程和路径可提前预估，建议利用运营商的固定停车场建设充电设施，并主要利用夜间进行充电。

③ 微型车辆　由于此类车辆电池容量较小，充电时间相对较短，电池成本也较低，建议园区电动微公交系统采用整车充电方式，并尽量避免大量微型车辆集中充电。

在考虑充电设施的规划与选址时，除考虑不同电动汽车类型的运行模式外，还要充分考虑车辆运行性能、电池能力、续驶里程以及当地配网运行特点和配电容量等因素，以合理布局充电站和交流充电桩；同时，考虑站点多样性要求，实现充电站与交流充电桩相结合、公用与专用充电站相结合，以合理利用运营商营业场所、公共建筑和住宅区的停车场等。

(2) 布设密度与服务半径

充电站的布局要考虑"需求"和"可能性"两个因素。前者的指标是交通量与服务半径，后者的指标是交通、环保、区域配电能力、路网建设规划等，同时还要充分考虑区域输配电网现状及发展趋势。

充电站的布点，实际上涉及多个充电站对电网的影响。从电网角度，宜将充电站建设在配电变压器周围以方便获取电能、减小对电网的影响；但从用户角度考虑，宜将充电站建设在停车场周围。

目前示范运营的电动汽车的单次充电行驶里程为150～200km。考虑电池的循环寿命、性能老化、交通拥堵等因素，要保证电动汽车连续可靠行驶，充电站的服务半径应以电动汽车单次充电行驶里程计算。

7.4 运营评价指标设计

7.4.1 安全性

(1) 安全行驶间隔里程

定义安全行驶间隔里程为O_{11}，用于反映车辆行车时间内的安全性能。该指标是非常重要的一个指标，公共交通车辆运营应该坚持安全第一的原则，安全行驶间隔里程可选取统计期内车辆总行程与发生的乘车责任事故次数之比，即：

$$O_{11}=\frac{L}{Z}$$

式中，L是公共交通车辆总行驶里程；Z是行车责任事故次数。该指标的值越大，体现了公共交通行车安全性越高。

《城市交通管理评价体系》中对城市公交车辆的行车责任事故间隔里程进行了详细的等级分级，五层次的具体参数见表7-2所示。

表7-2 城市公交车辆行车责任事故的间隔里程

标准等级	一	二	三	四	五
行车责任事故的间隔里程/(万千米/次)	≥125	100～125	75～100	50～75	0～50

(2) 事故率

定义事故率为O_{12}，表示城市公交车辆发生的总事故数与运营车辆总数的比值。安全间隔里程是从车辆运行里程的角度对安全性进行界定，事故率是从单位车辆的角度对安全性进行诠释。该指标可良好反映城市公交的运行服务质量，同时也能表明公交运营企业及从业人员平时对于车辆保养、维修方面工作的程度。事故率的计算公式为：

$$O_{12} = \frac{A}{V} \times 100\%$$

式中，A 是园区微公交车出现各类事故的总数；V 为微公交车数量。

(3) 平均车龄

定义车辆平均车龄为 O_{13}，用平均车龄来反映车队车辆保持安全性能的基础条件是否完善。平均车龄取所有车辆车龄的平均值，即：

$$O_{13} = \frac{\sum Y_i}{n}$$

式中，i 是被调查车辆的编号；n 是被调查车辆的总数。

7.4.2 经济性

(1) 年收益率

用微公交系统每年须支付的建设成本 C_A 表示其建设总投资，而年运营收益总和表示为 C_R，则通过 C_A 与 C_R 可计算微公交系统运营的年收益。建设成本的计算公式为：

$$C_A = P \frac{i(1+i)^n}{(1+i)^n - 1}$$

式中，P 表示微公交建设总投资，主要包括基础设施建设费用、车辆采购费用等初期建设投入总资金；i 表示银行贷款利息；n 表示投资回收期。

因此可定义年收益率为 O_{21}，其计算公式为：

$$O_{21} = \frac{C_R - (C_A + C_0)}{C_A + C_0} \times 100\%$$

式中，C_R 表示年收入资金，主要包括车票收入和政府补贴费用等；C_0 表示运营业务费用、人工成本、燃油费、保修费、折旧费和行车事故费等车辆运营成本。

(2) 年车辆完好比例

定义年车辆完好比例为 O_{22}，即以为公交运营公司开设的微公交线路为单位，以一条线路的所有车辆为计算对象，获得的设备完好的车辆数量与线路所有车辆数量的比值，其计算公式如下：

$$O_{22} = \frac{V_g}{V_t} \times 100\%$$

式中，V_g 表示线路上设备完好的车辆数；V_t 表示线路所有车辆数。

(3) 里程利用率

定义里程利用率为 O_{23}，表征微公交有效行驶里程（载客运营里程）占总行驶里程的百分比。该指标可说明微公交系统的利用程度，即微公交成本中有效花费的程度。指标值低，说明车辆在运行过程中有效里程低，乘客票价和微公交运营成本还有待进一步降价，经济性还有提升的空间。

里程利用率 O_{23} 的计算公式如下：

$$O_{23} = \frac{l}{L} \times 100\%$$

式中，l 表示线路有效行驶里程；L 表示线路总行驶里程。

7.4.3 合理性

(1) 高峰小时车辆满载率

定义高峰小时车辆满载率为 O_{31}，描述高峰时段微公交车上实际乘客人数与车辆满载定员的比值。高峰小时车辆满载率体现了微公交舒适性的极端状况，是反映舒适性的重要考核指标。考虑平时工作日的客流早晚潮汐现象明显，客流量常常会在高峰时段达到最大值，极易造成车厢内乘客较多、拥挤程度较高，使得乘客舒适性下降。

实际上高峰小时车辆满载率代表车辆运营线路高峰小时内单向高峰路段车辆实际载客量与额定载客量之比，即：

$$O_{31} = \frac{C}{C_r} \times 100\%$$

式中，C 表示高峰小时内单向高峰路段车辆实际载客量；C_r 表示高峰时间内额定载客量。

(2) 平峰小时车辆满载率

定义平峰小时车辆满载率为 O_{32}，描述车辆平峰时段车辆内部客座利用率和车内的拥挤情况。通常可以通过运营线路平峰小时内单向平峰路段车辆实际载客量与额定载客量之比表示：

$$O_{32} = \frac{C'}{C'_r} \times 100\%$$

式中，C' 表示平峰小时内单向平峰路段车辆实际载客量；C'_r 是平峰时间内额定载客量。

（3）客流断面不均衡系数

定义客流断面不均衡系数为 O_{33}，描述线网承担客流的均衡程度，用以评价线网的客运效率。通常用各线路客流断面最大值与各线路客流断面平均值的比值进行表示，其计算公式如下：

$$O_{33}=\frac{C_{\max}}{\overline{C}}$$

式中，$C_{\max}$ 表示客流断面最大值；$\overline{C}$ 表示客流断面平均值。

根据实际应用经验，该指标值 $O_{33}<1.2$ 时客流均衡程度为优，O_{33} 在 $1.2\sim1.5$ 之间时客流均衡程度为良，$O_{33}>1.5$ 时客流均衡程度为差。

7.4.4 高效性

（1）平均行驶速度

定义平均行驶速度为 O_{41}，以描述微公交车运营效率。通常，在保障安全的前提下微公交车平均行驶速度越高，其运营效率越高。平均行驶速度的计算公式如下：

$$O_{41}=\frac{L}{T}$$

式中，L 表示平均行驶里程；T 表示平均行驶时间。

（2）客运周转量

定义客运周转量为 O_{42}，描述微公交系统为社会提供的载客能力，可反映微公交线网的客运效果和作用。该指标的值越大，代表线路客运效果越好。该指标可用微公交线路的客运量与该线路的平均运距的乘积表示，其计算公式如下：

$$O_{42}=PL$$

式中，P 表示公交线路的客运量；L 表示平均运距。

（3）线路负荷强度

定义线路负荷强度为 O_{43}，描述微公交线路单位长度承担的客流量，用以评价线网的运营效率和经济性。该指标值越高，线路运营效率越高。可以用微公交线路的日客运量与微公交线路总长的比值进行表示，其计算公式如下：

$$O_{43}=\frac{C}{L}$$

式中，C 表示日客运量；L 表示公交线路总长。

7.4.5 可靠性

(1) 车头时距变异系数

定义车头时距变异系数为 O_{51}，描述基于一条特定线路上到达某个车站的车辆的车头时距的变异程度，是车头时距稳定性的主要表征。通常用作车头时距在 10min 或以内的微公交服务中衡量系统可靠性的重要指标。一般地，该评价指标用统计期内车辆运营车头时距变异系数的平均值表示，其计算公式如下：

$$O_{51} = \frac{H_s}{H_a}$$

式中，H_s 表示车头时距偏离的标准差；H_a 表示平均计划车头时距。

(2) 平均行车准点率

定义平均行车准点率为 O_{52}，描述车辆发车、按规定时间进出站的规律性。提高平均行车准点率可以保障微公交运营公司的服务质量。通常平均准点率不应低于 80%～90%。行车准点率与公交运营方调度管理、运营组织及道路条件等因素相关，各方面的关系越是协调，准点率越高。行车准点率越高，说明行车准时性越好，线路运行越稳定，公交系统的服务水平越高。平均行车准点率可以用运营车辆正点运行次数与全部行车次数之比表示，其计算公式如下：

$$O_{52} = \frac{Z_0}{Z} \times 100\%$$

式中，Z_0 表示运营车辆正点运行次数；Z 表示全部行车次数。

(3) 到站时刻偏离量

定义到站时刻偏离量为 O_{53}，描述微公交车运行间隔的离散程度，是衡量微公交系统可靠性的重要指标。随着微公交车到站时刻偏离量的增大，乘客候车等待时间将会额外增加。到站时刻偏离量的计算公式如下：

$$O_{53} = T_a - T_e$$

式中，T_a 表示实际到站时刻；T_e 表示预计到站时刻。

一般地，偏离量取绝对值；微公交车辆到站时刻偏离量在可接受的限定范围内，则认为"准点"。

7.5 效用评价指标设计

7.5.1 便捷性

(1) 平均换乘系数

定义平均换乘系数为 U_{11}，用以表示公交乘客总量中有多少乘客不能直达目的地，以描述乘车的方便程度。通常，大城市乘客换乘系数不应大于 1.5，中小城市则不应大于 1.3，微公交系统的乘客换乘系数应该更小。该评价指标越小，表明微公交运行越有效率，乘客更能方便地到达目的地。换乘系数是反映微公交系统线路及走向是否合理的重要指标，因此在布设线网时应该根据调查的交通量大小进行合理布设，力求达到换乘系数最小。

显然，平均换乘系数可以用换乘人数与乘车总人数的比值表示：

$$U_{11} = \frac{H}{T} \times 100\%$$

式中，H 表示需要一次或一次以上换乘的乘客人数；T 表示乘车总人数。

(2) 平均换乘时间

定义平均换乘时间为 U_{12}，表示乘客换乘至未能衔接的微公交车所耗费的平均等待时间。通过建立不同方向车辆在换乘站的时间衔接，能够大幅度缩减乘客换乘的候车时间，衔接方向的选择主要考虑本站换乘客流量、车辆开行间隔、后续站点的地理位置及客流量等因素。平均换乘时间可以反映换乘设施的方便性，可用换乘总时间与换乘总人数之比进行表示，其计算公式如下：

$$U_{12} = \frac{\sum T_{\text{change}}}{\sum N_{\text{passenger}}}$$

式中，T_{change} 表示乘客换乘时间；$N_{\text{passenger}}$ 表示换乘人数。

(3) 信息平台手机端日点击量

定义信息平台手机端日点击量为 U_{13}，表征微公交的信息服务对于乘客的影响程度。在现今的信息社会，乘客越来越习惯接受网络提供的信息资源，从而方便出行。通过评价信息平台的手机端点击量，可以反映乘客对于微公交的满意程度。该指标的计算公式如下：

$$U_{13} = \frac{M}{D}$$

式中，M 表示总的手机端点击量；D 表示实施统计的天数。

(4) 信息网站日浏览量

定义信息网站日浏览量为 U_{14}，表征微公交信息服务平台对乘客出行的影响程度。微公交信息服务平台除了提供手机端服务之外，同样也有配套的网站资源与丰富的服务信息，以方便乘客查询。信息网站日浏览量越高，代表微公交运营的影响程度越大。该指标的计算公式如下：

$$U_{14} = \frac{B}{D}$$

式中，B 表示总的网站浏览量；D 表示实施统计的天数。

7.5.2 快速性

(1) 平均出行时间

定义平均出行时间为 U_{21}，表征乘客自出发地出发至目的地花费的时间。出行者都希望在最短的时间完成位置移动，因而出行时间越短，快速性越好。出行时间的长短是微公交快速性表现的首要指标，其计算公式如下：

$$U_{21} = 2T_w + T_b + T_c + T_h$$

式中，T_w 表示由出发点或目的地到微公交站点的平均步行时间；T_b 表示乘客到站至上车之间的时间；T_c 表示乘车时间；T_h 表示换乘车辆时两个微公交站点之间的步行时间。

(2) 平均运送速度

定义平均运送速度为 U_{22}，表征微公交车辆的运送速度。该指标是正值，值越大说明微公交车辆的运营效率越高。微公交运行速度越高，说明运送乘客完成位移的过程越快，快速性越强。可以用车辆在运营线路上运送时间内的平均每小时行程描述，其计算公式如下：

$$U_{22} = \frac{L}{T_r}$$

式中，L 表示起终点站之间的距离；T_r 表示运营线路起点至终点的乘客运送时间。

(3) 平均候车时间

定义平均候车时间为 U_{23}，表征乘客在站台等待目标车辆的时间。该指标与车辆的发车频率和车辆的准点率相关。当指标值过大时需要增加发车频率，过小时需要减少发车频率。该指标的计算公式如下：

$$U_{23} = \frac{T}{2} \times (1+U_{11})$$

式中，T 表示行车间隔；U_{11} 表示平均换乘系数。

7.5.3 舒适性

(1) 园区沿途观赏性

定义园区沿途观赏性为 U_{31}，表征园区微公交线路通过的园区主要景点数量和园区内所有主要景点数量的比值，体现的是乘客通过乘坐微公交能够经过或到达园区景点数量的能力。园区沿途观赏性指标越高，表明该条线路的服务性越好，乘客越能享受到园区的优美景色，乘客满意度越高。该指标的计算公式如下：

$$U_{31} = \frac{N_{busview}}{N_{allview}}$$

式中，$N_{busview}$ 表示微公交线路通过园区主要景点数量；$N_{allview}$ 表示园区内所有主要景点数量。

(2) 无线网络覆盖率

定义无线网络覆盖率为 U_{32}，表征微公交车运行线路中，有无线网络覆盖的长度占总的运行长度的比值。无线网络覆盖率越高，微公交能够提供的信息服务水平越好，乘客的舒适性越强，其计算公式如下：

$$U_{32} = \frac{L_i}{L_t}$$

式中，L_i 表示公交线路上有无线网络覆盖的长度；L_t 表示园区微公交线路的运行长度。

(3) 平均座位率

定义平均座位率为 U_{33}，表征车辆统计时间内运营次数提供的总座位数与乘行总人数的比值。该指标的计算公式如下：

$$U_{33} = \frac{ST}{P} \times 100\%$$

式中，S 表示车内固有座位数；T 表示车辆统计时间段内运送班次；P 表示乘行总人数。

7.5.4 实用性

(1) 交通费率

定义交通费率为 U_{41}，表征乘客对票价的接受程度。该指标可以用普通乘客每月实际支付的乘车费用占该乘客工资的比例进行表示，其计算公式如下：

$$U_{41}=\frac{M}{W}\times 100\%$$

式中，M 表示乘客平均每月个人实际支付的乘车费用；W 表示园区乘客平均工资。

(2) 居民月乘微公交车次数

定义居民月乘微公交车次数为 U_{42}，表征微公交服务区域内，平均每个居民每月乘坐微公交车的次数。该指标反映了园区居民对微公交的依赖程度，同时也可反映微公交的实用性，其计算公式如下：

$$U_{42}=\frac{N}{N_t}$$

式中，N 表示微公交服务区域内微公交系统全年客运量；N_t 表示园区人口数量。

第 8 章 微公交系统服务水平评价

8.1 微公交系统服务水平评价方法

本节将介绍四种典型的服务水平评价方法，包括层次分析法、灰色关联分析法、模糊综合评价法和数据包络分析法。

8.1.1 层次分析法

(1) 层次分析法定义

层次分析法 AHP（analytic hierarchy process）是指将一个复杂的多目标决策问题作为一个系统，将目标分解为多个目标或准则，进而分解为多指标（或准则、约束）的若干层次，通过定性指标模糊量化方法算出层次单排序（权数）和总排序，以作为目标（多指标）、多方案优化决策的系统方法。也就是说，该方法是根据问题的性质和要达到的总目标，将问题分解为不同的组成因素，并按照因素间的相互关联影响以及隶属关系将因素按不同层次聚集组合，从而构建一个多层次的分析结构模型，最终使问题归结为最低层（供决策的方案、措施等）相对于最高层（总目标）的相对重要权值的确定或相对优劣次序的排定。这里所说的"优先权重"是相对值，是各备选方案在某一特定评价准则或子目标下优越程度的相对量度，以及各子目标对上一层目标而言重要程度的相对量度。层次分析法比较适合目标系统的评价指标分层交错且相关目标值难于定量描述的决策问题。

(2) 层次分析法实现步骤

层次分析法分解和继承了系统的思维方式,将人们的主观判断、定性分析与定量分析有机结合起来,并逐级分层进行分析,以实现最终目标。

实际应用过程中,层次分析法能够抓住复杂决策问题的本质,应用网络系统理论和多目标综合评价方法,在对影响因素及其相关关系进行深入分析的基础上,采用较少的定量信息实现决策过程分析,具体实现步骤如下:

① 通过对系统的深刻分析,确定该系统的总目标;
② 建立一个多层次的梯阶结构,将系统分为几个等阶;
③ 确定梯阶结构中相邻层次元素间的相关程度——相对权重;
④ 计算各层元素对系统目标的合成权重,进而确定梯阶结构中最底层各个元素在总目标中的重要程度;
⑤ 根据分析结果,确定相应的决策方案。

(3) 层次分析法优缺点

层次分析法广泛适用于优化决策问题,具备以下优点:

① 系统性的分析方法　层次分析法把研究对象作为一个系统,其思想在于不割断各个因素对结果的影响。层次分析法中每一层的权重设置最后都会直接或间接地影响到分析结果,且在每个层次中各因素对结果的影响程度都是量化的。这种方法尤其适用于具有无结构特性以及多目标、多准则、多时期等的系统评价。

② 简捷实用的决策过程　层次分析法将定性方法与定量方法有机地结合起来,可以分解复杂系统的决策问题。它能将人们的思维过程数学化,便于人们接受应用,且能把多目标、多准则且难以全部量化处理的决策问题化为多层次单目标问题,然后通过两两比较确定同一层次元素相对上一层次元素的数量关系,最后进行简单的数学运算得到重要性排序。

③ 所需定量数据或信息较少　层次分析法主要是从评价者对评价问题的要素和关系的理解出发,比一般的定量方法更讲究定性的分析和判断,是模拟人们决策过程的方法。这种思想能处理许多用传统的最优化技术无法实现的复杂问题。

层次分析法在应用中也存在一定的局限性,具体体现在:

① 指标过多,权重难以确定　当需要分析的问题较为复杂时,需要分析的指标数量过多。一般情况下我们对层次分析法的两两比较是用 1~9 来说明其相对重要性的,需要分析的指标越多,对每两个指标之间的重要程度的判断

就越困难,甚至会对层次单排序和总排序的一致性产生影响,难以通过一致性检验。也就是说,由于客观事物的复杂性或对事物认识的片面性,通过所构造的判断矩阵求出的特征向量(权值)不一定是合理的,因此使得所有权重的确定越发困难。

② 特征值和特征向量的精确求解复杂　由于求解判断矩阵的特征值和特征向量所用的方法与多元统计所用的方法具有相同特性,在阶数较低时处理过程相对简单,但随着指标的增加阶数也随之增加,计算复杂程度也相应增加。故在实际求解过程中常采用三种近似计算方法取而代之,即和法、幂法和根法。

8.1.2　灰色关联分析法

(1) 灰色关联分析法定义

灰色关联分析法 GRA(gray relative analysis)是根据因素之间发展趋势的相似或相异程度亦即"灰色关联度"来分析衡量因素间关联程度的一种方法。两个系统之间的因素随时间或不同对象而变化的关联性大小的量度,称为关联度。在系统发展过程中,若两个因素变化的趋势具有一致性,即同步变化程度较高,则称两者关联程度较高;反之,则称关联程度较低。因此,灰色关联分析法是以因素之间发展趋势的相似或相异程度,来分析衡量因素间的关联程度。

(2) 灰色关联分析法实现步骤

实现灰色关联分析的具体步骤如下:

① 分析数列确定　确定反映系统行为特征的参考数列和影响系统行为的比较数列,其中反映系统行为特征的数据序列称为参考数列,影响系统行为的因素组成的数据序列称为比较数列。

② 变量无量纲化　由于系统中各因素的数值可能拥有不同的量纲,无法进行比较或在比较时难以得到正确的结论,因此在进行灰色关联分析前,一般都需要对相关数值进行无量纲化处理。

③ 关联系数计算　关联系数的计算实际上就是关联程度的求取。所谓关联程度,实质上是曲线间几何形状的差别程度。因此曲线间差值的大小,可作为关联程度的衡量尺度。

④ 关联度计算　关联系数是比较数列与参考数列在各个时刻(即曲线中各点)的关联程度值,所以关联系数不止一个,即在曲线的每个时刻都有一个对应的关联系数。而信息过于分散不便于进行整体比较,因此有必要将各个时

刻（即曲线中各点）的关联系数整合为一个值，通常选用其平均值作为比较数列与参考数列间关联程度的表示。

⑤ 关联度排序　各类关联系数的平均值称为数列关联度。在计算获得的数列关联度的基础上，将关联度按大小排序，即可得到关联性关系。

（3）灰色关联分析法优缺点

灰色关联分析法的优点主要在于其对系统的发展趋势进行分析，因此对样本量的多少没有过多的要求，也不需要样本具有典型的分布规律，而且计算量较小，其结果与定性分析结果比较吻合。因此，灰色关联分析法是系统分析中比较简单、可靠的一种分析方法。

然而，由于灰色关联分析法是借助灰色关联度模型完成计算分析的，而目前已有的一些计算灰色关联度的量化模型都有各自的适用范围。针对灰色关联分析法应用领域的不断扩大，相关模型存在的不足使得该方法不能很好地解决普适的实际问题，且灰色关联分析的理论体系目前还不是很完善，其应用受到了相应的限制。

8.1.3　模糊综合评价法

（1）模糊综合评价法定义

模糊综合评价法 FCE（fuzzy comprehensive evaluation）是一种基于模糊数学的综合评价方法。该综合评价法根据模糊数学的隶属度理论把定性评价转化为定量评价，即用模糊数学对受到多种因素制约的事物或对象做出一个总体的评价。该方法具有结果清晰、系统性强的特点，能较好地解决模糊的、难以量化的问题，适合各种非确定性问题的评价。

（2）模糊综合评价法实现步骤

模糊综合评价法的实现步骤主要包括以下内容：

① 模糊综合评价指标构建　模糊综合评价指标体系是进行综合评价的基础，评价指标的选取是否适宜，将直接影响综合评价的准确性。进行评价指标的构建应广泛涉猎该评价指标系统行业资料或者相关的法律法规。

② 权重向量构建　构建完成模糊综合评价指标之后，通过专家经验法或者层次分析法（AHP）构建权重向量，为后续的分析与计算打下基础。

③ 评价矩阵构建　在已有的权重向量的基础之上，建立适合的隶属函数，从而构建评价矩阵，以便进行体系评价。

④ 合成权重和评价矩阵　从实际评价问题的需要出发，采用适合的合成因子对权重和评价矩阵进行合成，并对结果向量进行解释，给出评价结果。

(3) 模糊综合评价法优缺点

模糊综合评价法的优点主要在于模糊评价是通过精确的数字手段处理模糊的评价对象，因此它能对蕴藏信息呈现模糊性的资料作出比较科学、合理、贴近实际的量化评价；同时，该方法的评价结果是一个矢量而非点值，因此包含的信息比较丰富，既可以比较准确地刻画被评价对象，又可以进一步获得相关参考信息。

但模糊综合评价法也存在一些缺点，由于其计算复杂，对指标权重矢量的确定主观性较强。当指标集个数较大时，在权矢量和为 1 的条件约束下，相对隶属度权系数往往偏小，会出现超模糊现象，无法区分谁的隶属度更高，甚至造成评判失败。

8.1.4　数据包络分析法

(1) 数据包络分析法定义

数据包络分析法 DEA（data envelopment analysis）是根据多项投入指标和多项产出指标，利用线性规划的方法对具有可比性的同类型单元进行相对有效性评价的一种数量分析方法。该方法以相对效率为基础，按多指标投入和多指标产出，应用凸分析和线性规划，对同类型单元相对有效性进行评价，并基于选定的标准来确定相对有效性。

(2) 数据包络分析法实现步骤

数据包络分析法的实现步骤主要包括以下部分：

① 因素集提取　因素集是各种因素的集合，也是影响评价对象的合集。在进行数据包络分析之前，应该提取评价对象的特征，建立因素集。

② 权重集构造　各种因素对评估目标的贡献是不一样的，即可以拥有不同重量性的权利。为了区分各种因素对评价目标的影响程度，需要对各因素赋予相应的权重，并形成权重集。各因素的权重要满足归一性和非负性两个条件。

③ 评价集建立　评价集是指评价者对评价对象作出的各种评价所组成的集合。一般建立的评价集会有相应的评价标准，根据标准给出评价结果。

④ 单因素模糊评判　单因素模糊评判仅仅依靠一个因素来评价对象，需要建立单因素评价矩阵，以确定各种因素对于评估结果的影响。

⑤ 模糊综合评判　获得权重集和单因素评价矩阵后，可以通过模糊矩阵的运算进行综合评判。综合考虑评价集中各个因素的影响程度，建立各元素的隶属度，根据最大隶属原则确定评价对象的评价结果。

(3) 数据包络分析法优缺点

数据包络分析法适用于多投入/多产出的多个决策单元的效率评价问题，其优点主要体现在可以比较明确地找出单元薄弱环节并加以改进，同时对具有可比性的同类型单元进行相对有效性评价，因此非常适合于多输入多输出的复杂大系统。

数据包络分析法也有其局限性，其对异常值相当敏感，在实际应用中由于存在统计数据质量、测量误差等问题，使得构成数据包络曲线的点非常敏感；另外，数据包络分析法只能表征被评价单元的相对发展指标，而无法表征其实际发展水平。

8.2　评价方法对比分析

综合评价是十分复杂的问题，它涉及评价对象集、评价目标（指标）集、评价方法集、评价人集，综合评价结果由以上诸因素特定组合所决定。从总体上看，评价方法可分为两大类：主观赋权评价法和客观赋权评价法。前者是采用定性的方法，由专家根据经验进行主观判断而得到权值，如层次分析法、模糊综合评价法；后者的原始数据也来源于实际数据，根据指标之间的相关关系或各项指标的变异系数来确定权数，如数据包络分析法。为了更好地对比分析各种评价方法的适用范围，我们对当前经常运用的综合评价方法进行比较分析，如表 8-1 所示。

表 8-1　四种评价方法比较

评价方法名称	方法描述	优点	缺点	适用性分析
层次分析法	针对多层次结构的系统,用相对量的比较,确定多个判断矩阵,最后得出权重进行排序	比较全面,在相对重要度比较准确的情况下可靠度比较高	权重需要咨询专家,主观影响大	适用多层次复杂系统的方案比选
灰色关联分析法	根据建立评价等级标准,确定评价灰类,进而得到灰色评价权矩阵,最后计算综合评价结果	对于信息不确切的系统具有明显的分析优势,所需样本量少,计算简单	不能使已有的信息得到充分利用	适用于多层次、多因素、多方案的综合评价和决策

续表

评价方法名称	方法描述	优点	缺点	适用性分析
模糊综合评价法	引入隶属函数,确定评价对象属性值的隶属度,建立模糊综合评价矩阵,并将约束条件量化表示,运用模糊数学工具进行解答	考虑客观事物内部关系的错综复杂性和模糊性,根据可能性得出多层次的问题解	不能解决评价指标间相关造成的信息重复问题,隶属度函数的确定需继续研究	适用于处理定性指标较多或指标界限不明的综合评价
数据包络分析法	以相对效率为基础,按多指标投入和多指标产出,应用凸分析和线性规划,对同类型单元相对有效性进行评价,基于一种标准来确定相对有效性	适合多输入多输出的复杂大系统,可以比较明确地找出单元薄弱环节并加以改进	只能表明评价单元的相对发展指标,无法表示出实际发展水平	适合于效率评价

综合比较不难发现,相对于其他几种方法,层次分析法是应用最为广泛的主观评价方法,它能够将定性分析和定量分析有机结合起来,既能避免繁杂的数学运算,又能克服通常定性分析时的含糊与主观因素影响,使定性因素得到较为科学的量化。

层次分析法采用了成对比较的数量化标度方法,这就使得其可以很方便地用于目前还没有统一度量标尺的社会、政治、人的行为和科学管理等问题的分析中。本章主要针对电动微公交的运营情况进行对比分析,将涉及评价多个事物的评价方法。综合考虑分析认为,层次分析法将决策者的思维过程数学化,提供了一种能够综合人们不同的主观判断并给出具有数量分析结果的方法,最终把非常复杂的系统研究简化为各种因素间的成对比较和简单计算,如图 8-1 所示,不仅使系统分析的判断和计算过程得到简化,还有助于分析者思维过程

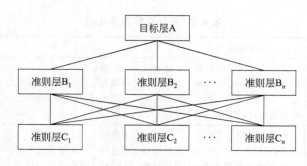

图 8-1 层次分析法的一般模型结构

的一致性，并可用定量化方法加以检验。由此确定将层次分析法作为微公交系统评价方法。

8.3 校园电动微公交系统案例分析

本节以清华大学校园电动微公交系统为例介绍微公交系统评价方法的具体应用过程。

8.3.1 评价方法选择

清华大学绿色校园电动微公交系统是在车路协同平台环境下，由电动车、配套充电设施、运营调度平台、安全预警平台和信息服务平台等组成，可支持绿色园区微循环电动车系统运营指挥调度和线路实时调整、多模式通信环境下的安全预警、个性化定制出行与智能化信息服务等。因此建成后的微公交系统涉及的现代信息技术多、集成度较高，系统结构层次多、相对复杂，服务对象类型多、内容齐全，实际需求繁杂、动态变化显著。因此，该微公交系统需要确定的实施方案属于多目标、多准则的决策优化问题，故选用层次分析法（AHP）对微公交系统方案进行评价分析。

8.3.2 典型案例分析

本小节以清华大学校园电动微公交系统的新旧线路为例，具体介绍微公交系统评价分析的实现过程。

(1) 原有微公交线路（方案一）

清华大学校内旧的园区微公交线路于1999年4月开通，运行车辆为普通柴油客车；运行时间为工作日7:00～18:00，周六、周日及法定节假日8:00～18:00；首发地点为西校门，发车间隔为单向开行20min一班次，行车路线为双向对开环线。设置的站点有：西校门、游泳池、后勤综合服务平台、老年活动中心、洁华幼儿园、南校门、主校门、美术学院、东主楼、综合体育馆、游泳馆、东北校门、紫荆公寓17号楼、紫荆公寓14号楼、北校门、图书馆、西北校门、校医院、游泳池、西校门，如图8-2所示，图中公交线路标为粗实线。

(2) 设计的微公交新线路（方案二和方案三）

计划中的校园微公交系统的新线路分为两个方案。方案二不与校外城市公

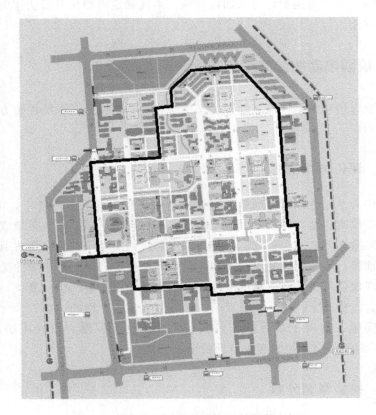

图 8-2　清华大学微公交系统原有线路示意图

交线路接驳，即新线路只在园区内运行，不对园区外城市主公交系统进行接驳；方案三与校外城市公交线路接驳，即新线路在园区运行的同时，对园区外城市主公交系统实现接驳。

① 方案二　经过调查和计算，方案二设计了三条线路，如图 8-3 所示。

线路一：南门—东门—美院—东北门—紫荆公寓—北门（━×━×━线路）。主要为校内学生的东侧通勤线路。

线路二：北门—西北门—校医院—西门—照澜院—南门（━△━△━线路）。主要为校内退休教师和家属的通勤线路，以及校内学生的西侧通勤线路。

线路三：西门—二校门—音乐厅（校史馆）—中央主楼—美术学院（━●━●━线路）。主要为校内教师和家属以及学生提供东西方向出行需求的通勤线路。

第 8 章 微公交系统服务水平评价

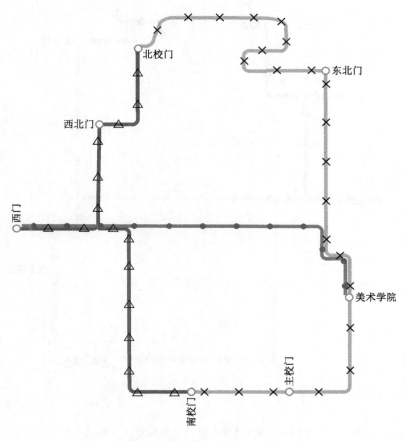

图 8-3 清华大学校园微公交线路（方案二）

② 方案三 针对清华大学周边有三个地铁站，即 4 号线上的圆明园站和北京大学东门站、13 号线上的五道口站，增加一条地铁站接驳线路。考虑到圆明园站和北京大学东门站同处于 4 号线上，且圆明园站距离清华西门较近，故只设计了北京大学东门站和五道口站的接驳线路，如图 8-4 所示。

针对清华大学校园暑期旅游观光人员较多，系统设计了"五一"、"十一"、暑假、寒假等假期专线，如图 8-5 所示。假期专线的设计目的是可有秩序地引导游客观光校园，缓解私家车进入校园造成的乱停车状况；同时假期专线的设立还可规范校园旅游，便于学校成立的暑期观光小组为参观游客进行讲解和引导。

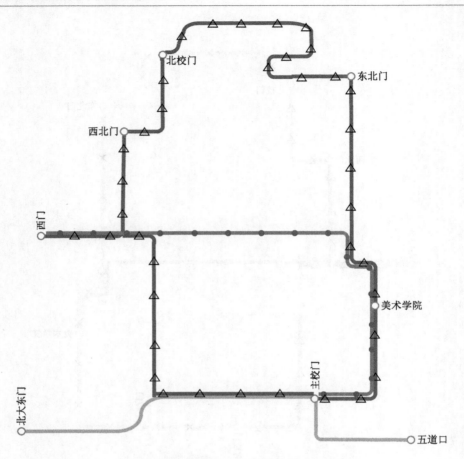

图 8-4　清华大学校园微公交线路（方案三）

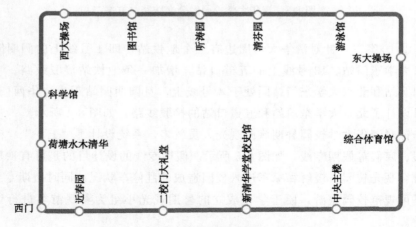

图 8-5　清华大学校园微公交假期专线线路

(3) 清华大学校园微公交新旧线路评价分析

按层次分析法的实现要求，可将评价分析工作分为五个步骤：

① 问题层次化分解：将问题按照决策要求进行层次分解，得到决策层；

② 决策元素值计算：采用两两比较（专家打分）的方法计算各决策元素值；

③ 判断矩阵构建与一致性检验：构造判断矩阵，实现对决策元素值的一致性检验，若判断不一致返回第②步重新比较，若满足一致性要求则进入第④步；

④ 相对权重计算：计算决策表的相对权重；

⑤ 决策排序：归一化处理相对权重值，并得到各方案的分数值及排序结果。下面将详细介绍评价分析的实现过程：

① 问题层次化分解　根据第 7 章介绍的指标体系，运用层次分析法对清华大学校园电动微公交新旧方案进行对比评价，以选出园区最优微公交方案。参照上述指标体系可将微公交系统优化问题进行分解，如图 8-6 所示。

图中目标层 A 表示清华大学校园电动微公交最优方案，分解后可得到准则层 B、准则层 C 和准则层 D，分别对应不同层次的准则与目标，最后形成三种实施方案构成的方案层 E，即方案一（旧线路）、方案二（新线路，无对外接驳）和方案三（新线路，含对外接驳）。

② 决策元素值计算与判断矩阵一致性验证　根据一致性指标 $C.I$ 和随机一致性比率 $C.R$ 可以判断矩阵的一致性，即：

$$C.I = \frac{\lambda_{\max} - n}{n-1}, C.R = \frac{C.I}{RI}$$

式中，RI 是对应指数标度的随机一致性比率；$\lambda_{\max}$ 表示最大矩阵特征值；n 表示矩阵的阶数。

对最优方案展开的目标层进行判断矩阵构造及一致性检验，其结果如下：

最优校园微公交方案	系统评价	运营评价	效用评价
系统评价	1	2	3
运营评价	1/2	1	2
效用评价	1/3	1/2	1

通过 MATLAB 编程计算最大特征值、最大特征值对应的权向量及对判断矩阵进行一致性检验有：

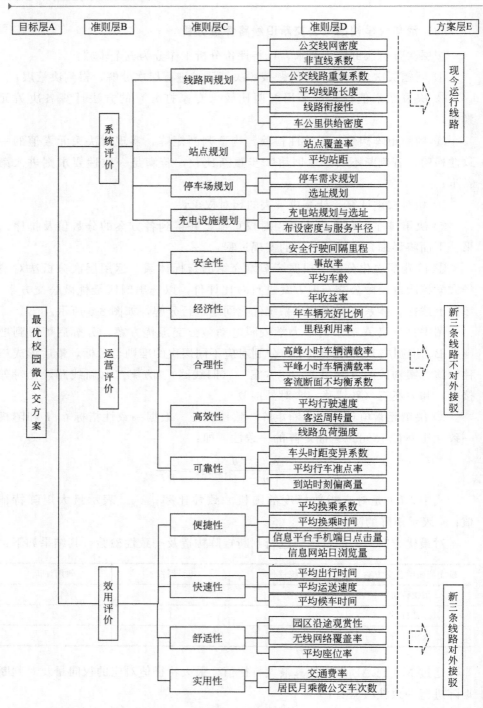

图 8-6 基于层次分析法的微公交方案优化评价问题层次化分解模型

$$\lambda_{\max}=3.0092, \mathbf{W}=\begin{bmatrix}0.5396\\0.2970\\0.1634\end{bmatrix}$$

其中，$C.R=0.0046$，$C.R<0.1$，表明此矩阵的一致性可以接受。

同理，可对展开的其他准则层及方案层进行判断矩阵构造及一致性检验，其结果分别如下。

系统评价：

系统评价	线路网规划	站点规划	停车场规划	充电设施规划
线路网规划	1	3	4	3
站点规划	1/3	1	2	2
停车场规划	1/4	1/2	1	1/2
充电设施规划	1/3	1/2	2	1

$$\lambda_{\max}=4.0813, \mathbf{W}=\begin{bmatrix}0.5104\\0.2262\\0.1040\\0.1594\end{bmatrix}$$

其中，$C.R=0.0304$，$C.R<0.1$，表明此矩阵的一致性可以接受。

运营评价：

运营评价	安全性	经济性	合理性	高效性	可靠性
安全性	1	3	3	3	3
经济性	1/3	1	3	4	4
合理性	1/3	1/3	1	3	2
高效性	1/3	1/4	1/3	1	2
可靠性	1/3	1/4	1/2	1/2	1

$$\lambda_{\max}=5.4025, \mathbf{W}=\begin{bmatrix}0.4053\\0.2816\\0.1479\\0.0914\\0.0739\end{bmatrix}$$

其中，$C.R=0.0898$，$C.R<0.1$，表明此矩阵的一致性可以接受。

效用评价：

效用评价	便捷性	快速性	舒适性	实用性
便捷性	1	2	3	3
快速性	1/2	1	2	2
舒适性	1/3	1/2	1	1/2
实用性	1/3	1/2	2	1

$$\lambda_{max}=4.0710, W=\begin{bmatrix}0.4512\\0.2609\\0.1190\\0.1689\end{bmatrix}$$

其中，$C.R=0.0266$，$C.R<0.1$，表明此矩阵的一致性可以接受。

③ 准则层 D 对准则层 C 的判断矩阵计算评价。

线路网规划：

线路网规划	公交线网密度	非直线系数	公交线路重复系数	平均线路长度	线路衔接性	车公里供给密度
公交线网密度	1	3	4	6	3	4
非直线系数	1/3	1	3	5	2	3
公交线路重复系数	1/4	1/3	1	4	1/3	1/2
平均线路长度	1/6	1/5	1/4	1	1/4	1/2
线路衔接性	1/3	1/2	3	4	1	3
车公里供给密度	1/4	1/3	2	2	1/3	1

$$\lambda_{max}=6.3483, W=\begin{bmatrix}0.3944\\0.2226\\0.0818\\0.0408\\0.1716\\0.0888\end{bmatrix}$$

其中，$C.R=0.0553$，$C.R<0.1$，表明此矩阵的一致性可以接受。

站点规划：

站点规划	站点覆盖率	平均站距
站点覆盖率	1	4
平均站距	1/4	1

$$\lambda_{\max}=2, \boldsymbol{W}=\begin{bmatrix}0.8000\\0.2000\end{bmatrix}$$

停车场规划：

停车场规划	停车需求规划	选址规划
停车需求规划	1	3
选址规划	1/3	1

$$\lambda_{\max}=2, \boldsymbol{W}=\begin{bmatrix}0.7500\\0.2500\end{bmatrix}$$

充电设施规划：

充电设施规划	充电站规划与选址	布设密度与服务半径
充电站规划与选址	1	1/3
布设密度与服务半径	3	1

$$\lambda_{\max}=2, \boldsymbol{W}=\begin{bmatrix}0.2500\\0.7500\end{bmatrix}$$

安全性：

安全性	安全行驶间隔里程	事故率	平均车龄
安全行驶间隔里程	1	1/3	3
事故率	3	1	6
平均车龄	1/3	1/6	1

$$\lambda_{\max}=3.0183, \boldsymbol{W}=\begin{bmatrix}0.2499\\0.6548\\0.0953\end{bmatrix}$$

其中，$C.R=0.0176$，$C.R<0.1$，表明此矩阵的一致性可以接受。

经济性：

经济性	年收益率	年车辆完好比例	里程利用率
年收益率	1	5	7
年车辆完好比例	1/5	1	3
里程利用率	1/7	1/3	1

$$\lambda_{\max}=3.0649, W=\begin{bmatrix}0.7306\\0.1884\\0.0810\end{bmatrix}$$

其中，$C.R=0.0624$，$C.R<0.1$，表明此矩阵的一致性可以接受。

合理性：

合理性	平均站距	高峰小时车辆满载率	平峰小时车辆满载率	客流断面不均衡系数
平均站距	1	3	2	4
高峰小时车辆满载率	1/3	1	1/2	2
平峰小时车辆满载率	1/2	2	1	3
客流断面不均衡系数	1/4	1/2	1/3	1

$$\lambda_{\max}=4.0310, W=\begin{bmatrix}0.4673\\0.1601\\0.2772\\0.0954\end{bmatrix}$$

其中，$C.R=0.0103$，$C.R<0.1$，表明此矩阵的一致性可以接受。

高效性：

高效性	平均行驶速度	客运周转量	线路负荷强度
平均行驶速度	1	1/5	1/3
客运周转量	5	1	2
线路负荷强度	3	1/2	1

$$\lambda_{\max}=3.0037, W=\begin{bmatrix} 0.1095 \\ 0.5816 \\ 0.3090 \end{bmatrix}$$

其中，$C.R=0.0036$，$C.R<0.1$，表明此矩阵的一致性可以接受。

可靠性：

可靠性	车头时距变异系数	平均行车准点率	到站时刻偏离量
车头时距变异系数	1	1/3	1/4
平均行车准点率	3	1	1/2
到站时刻偏离量	4	2	1

$$\lambda_{\max}=3.0183, W=\begin{bmatrix} 0.1220 \\ 0.3196 \\ 0.5584 \end{bmatrix}$$

其中，$C.R=0.0176$，$C.R<0.1$，表明此矩阵的一致性可以接受。

便捷性：

便捷性	平均换乘系数	平均换乘时间	信息平台手机端日点击量	信息网站日浏览量
平均换乘系数	1	3	4	4
平均换乘时间	1/3	1	3	3
信息平台手机端日点击量	1/4	1/3	1	2
信息网站日浏览量	1/4	1/3	1/2	1

$$\lambda_{\max}=4.1440, W=\begin{bmatrix} 0.5234 \\ 0.2611 \\ 0.1261 \\ 0.0894 \end{bmatrix}$$

其中，$C.R=0.0539$，$C.R<0.1$，表明此矩阵的一致性可以接受。

快速性：

快速性	平均出行时间	平均运送速度	平均候车时间
平均出行时间	1	4	3
平均运送速度	1/4	1	1/2
平均候车时间	1/3	2	1

$$\lambda_{\max}=3.0183, W=\begin{bmatrix}0.6250\\0.1365\\0.2385\end{bmatrix}$$

其中，$C.R=0.0176$，$C.R<0.1$，表明此矩阵的一致性可以接受。

舒适性：

舒适性	园区沿途观赏性	无线网络覆盖率	平均座位率
园区沿途观赏性	1	3	2
无线网络覆盖率	1/3	1	1/2
平均座位率	1/2	2	1

$$\lambda_{\max}=3.0092, W=\begin{bmatrix}0.5396\\0.1634\\0.2970\end{bmatrix}$$

其中，$C.R=0.0088$，$C.R<0.1$，表明此矩阵的一致性可以接受。

实用性：

实用性	交通费率	居民月乘微公交车次数
交通费率	1	1/4
居民月乘微公交车次数	4	1

$$\lambda_{\max}=2, W=\begin{bmatrix}0.2000\\0.8000\end{bmatrix}$$

④ 方案层 E 对准则层 D 的判断矩阵计算评价。

公交线网密度	现今运行线路	新三条线路 不对外接驳	新三条线路 对外接驳
现今运行线路	1	1/5	1/6
新三条线路 不对外接驳	5	1	1/2
新三条线路 对外接驳	6	2	1

$$\lambda_{\max}=3.0291, W=\begin{bmatrix}0.0811\\0.3420\\0.5769\end{bmatrix}$$

其中，$C.R=0.0279$，$C.R<0.1$，表明此矩阵的一致性可以接受。

非直线系数	现今运行线路	新三条线路 不对外接驳	新三条线路 对外接驳
现今运行线路	1	1/4	1/6
新三条线路不对外接驳	4	1	1/2
新三条线路对外接驳	6	2	1

$$\lambda_{\max}=3.0092, W=\begin{bmatrix}0.0890\\0.3234\\0.5876\end{bmatrix}$$

其中，$C.R=0.0088$，$C.R<0.1$，表明此矩阵的一致性可以接受。

公交线路重复系数	现今运行线路	新三条线路 不对外接驳	新三条线路 对外接驳
现今运行线路	1	1/3	1/4
新三条线路不对外接驳	3	1	1/2
新三条线路对外接驳	4	2	1

$$\lambda_{\max}=3.0183, W=\begin{bmatrix}0.1220\\0.3196\\0.5584\end{bmatrix}$$

其中，$C.R=0.0176$，$C.R<0.1$，表明此矩阵的一致性可以接受。

平均线路长度	现今运行线路	新三条线路 不对外接驳	新三条线路 对外接驳
现今运行线路	1	1/4	1/6
新三条线路不对外接驳	4	1	1/3
新三条线路对外接驳	6	3	1

$$\lambda_{\max}=3.0536, W=\begin{bmatrix}0.0852\\0.2706\\0.6442\end{bmatrix}$$

其中，$C.R=0.0515$，$C.R<0.1$，表明此矩阵的一致性可以接受。

线路衔接性	现今运行线路	新三条线路 不对外接驳	新三条线路 对外接驳
现今运行线路	1	1/2	1/5
新三条线路不对外接驳	2	1	1/3
新三条线路对外接驳	5	3	1

$$\lambda_{max}=3.0037, W=\begin{bmatrix}0.1220\\0.2297\\0.6483\end{bmatrix}$$

其中，$C.R=0.0036$，$C.R<0.1$，表明此矩阵的一致性可以接受。

车公里供给密度	现今运行线路	新三条线路 不对外接驳	新三条线路 对外接驳
现今运行线路	1	1/4	1/6
新三条线路不对外接驳	4	1	1/2
新三条线路对外接驳	6	2	1

$$\lambda_{max}=3.0092, W=\begin{bmatrix}0.0890\\0.3234\\0.5876\end{bmatrix}$$

其中，$C.R=0.0088$，$C.R<0.1$，表明此矩阵的一致性可以接受。

站点覆盖率	现今运行线路	新三条线路 不对外接驳	新三条线路 对外接驳
现今运行线路	1	1/5	1/7
新三条线路不对外接驳	5	1	1/3
新三条线路对外接驳	7	3	1

$$\lambda_{max}=3.0649, W=\begin{bmatrix}0.0719\\0.2790\\0.6491\end{bmatrix}$$

其中，$C.R=0.0624$，$C.R<0.1$，表明此矩阵的一致性可以接受。

平均站距	现今运行线路	新三条线路 不对外接驳	新三条线路 对外接驳
现今运行线路	1	1/4	1/6
新三条线路不对外接驳	4	1	1/2
新三条线路对外接驳	6	2	1

$$\lambda_{\max}=3.0092, \boldsymbol{W}=\begin{bmatrix}0.0890\\0.3234\\0.5876\end{bmatrix}$$

其中，$C.R=0.0088$，$C.R<0.1$，表明此矩阵的一致性可以接受。

停车需求规划	现今运行线路	新三条线路 不对外接驳	新三条线路 对外接驳
现今运行线路	1	1/5	1/7
新三条线路不对外接驳	5	1	1/3
新三条线路对外接驳	7	3	1

$$\lambda_{\max}=3.0649, \boldsymbol{W}=\begin{bmatrix}0.0719\\0.2790\\0.6491\end{bmatrix}$$

其中，$C.R=0.0324$，$C.R<0.1$，表明此矩阵的一致性可以接受。

选址规划	现今运行线路	新三条线路 不对外接驳	新三条线路 对外接驳
现今运行线路	1	1/5	1/7
新三条线路不对外接驳	5	1	1/3
新三条线路对外接驳	7	3	1

$$\lambda_{\max}=3.0649, \boldsymbol{W}=\begin{bmatrix}0.0719\\0.2790\\0.6491\end{bmatrix}$$

其中，$C.R=0.0324$，$C.R<0.1$，表明此矩阵的一致性可以接受。

充电站规划与选址	现今运行线路	新三条线路不对外接驳	新三条线路对外接驳
现今运行线路	1	1/6	1/7
新三条线路不对外接驳	6	1	1/2
新三条线路对外接驳	7	2	1

$$\lambda_{max}=3.0324, W=\begin{bmatrix}0.0695\\0.3484\\0.5821\end{bmatrix}$$

其中，$C.R=0.0311$，$C.R<0.1$，表明此矩阵的一致性可以接受。

布设密度与服务半径	现今运行线路	新三条线路不对外接驳	新三条线路对外接驳
现今运行线路	1	1/4	1/6
新三条线路不对外接驳	4	1	1/3
新三条线路对外接驳	6	3	1

$$\lambda_{max}=3.0536, W=\begin{bmatrix}0.0852\\0.2706\\0.6442\end{bmatrix}$$

其中，$C.R=0.0515$，$C.R<0.1$，表明此矩阵的一致性可以接受。

安全行驶间隔里程	现今运行线路	新三条线路不对外接驳	新三条线路对外接驳
现今运行线路	1	1/2	1/3
新三条线路不对外接驳	2	1	1/2
新三条线路对外接驳	3	2	1

$$\lambda_{max}=3.0092, W=\begin{bmatrix}0.1634\\0.2970\\0.5396\end{bmatrix}$$

其中，$C.R=0.0088$，$C.R<0.1$，表明此矩阵的一致性可以接受。

事故率	现今运行线路	新三条线路 不对外接驳	新三条线路 对外接驳
现今运行线路	1	1/2	1/3
新三条线路不对外接驳	2	1	1/2
新三条线路对外接驳	3	2	1

$$\lambda_{\max}=3.0092, W=\begin{bmatrix}0.1634\\0.2970\\0.5396\end{bmatrix}$$

其中，$C.R=0.0088$，$C.R<0.1$，表明此矩阵的一致性可以接受。

平均车龄	现今运行线路	新三条线路 不对外接驳	新三条线路 对外接驳
现今运行线路	1	1/4	1/4
新三条线路不对外接驳	4	1	1
新三条线路对外接驳	4	1	1

$$\lambda_{\max}=3, W=\begin{bmatrix}0.1111\\0.4444\\0.4444\end{bmatrix}$$

其中，$C.R=0$，$C.R<0.1$，表明此矩阵的一致性可以接受。

年收益率	现今运行线路	新三条线路 不对外接驳	新三条线路 对外接驳
现今运行线路	1	1/4	1/6
新三条线路不对外接驳	4	1	1/2
新三条线路对外接驳	6	2	1

$$\lambda_{\max}=3.0092, W=\begin{bmatrix}0.0890\\0.3234\\0.5876\end{bmatrix}$$

其中，$C.R=0.0088$，$C.R<0.1$，表明此矩阵的一致性可以接受。

年车辆完好比例	现今运行线路	新三条线路不对外接驳	新三条线路对外接驳
现今运行线路	1	1/3	1/4
新三条线路不对外接驳	3	1	1/2
新三条线路对外接驳	4	2	1

$$\lambda_{max}=3.0183, W=\begin{bmatrix}0.1220\\0.3196\\0.5584\end{bmatrix}$$

其中，$C.R=0.0176$，$C.R<0.1$，表明此矩阵的一致性可以接受。

里程利用率	现今运行线路	新三条线路不对外接驳	新三条线路对外接驳
现今运行线路	1	1/4	1/6
新三条线路不对外接驳	4	1	1/2
新三条线路对外接驳	6	2	1

$$\lambda_{max}=3.0092, W=\begin{bmatrix}0.0890\\0.3234\\0.5876\end{bmatrix}$$

其中，$C.R=0.0088$，$C.R<0.1$，表明此矩阵的一致性可以接受。

高峰小时车辆满载率	现今运行线路	新三条线路不对外接驳	新三条线路对外接驳
现今运行线路	1	1/3	1/5
新三条线路不对外接驳	3	1	1/3
新三条线路对外接驳	5	3	1

$$\lambda_{max}=3.0385, W=\begin{bmatrix}0.1047\\0.2583\\0.6370\end{bmatrix}$$

其中，$C.R=0.0370$，$C.R<0.1$，表明此矩阵的一致性可以接受。

平峰小时车辆满载率	现今运行线路	新三条线路不对外接驳	新三条线路对外接驳
现今运行线路	1	1/3	1/6
新三条线路不对外接驳	3	1	1/3
新三条线路对外接驳	6	3	1

$$\lambda_{\max}=3.0183, \boldsymbol{W}=\begin{bmatrix}0.0953\\0.2499\\0.6548\end{bmatrix}$$

其中，$C.R=0.0176$，$C.R<0.1$，表明此矩阵的一致性可以接受。

客流断面不均衡系数	现今运行线路	新三条线路不对外接驳	新三条线路对外接驳
现今运行线路	1	1/3	1/6
新三条线路不对外接驳	3	1	1/3
新三条线路对外接驳	6	3	1

$$\lambda_{\max}=3.0183, \boldsymbol{W}=\begin{bmatrix}0.0953\\0.2499\\0.6548\end{bmatrix}$$

其中，$C.R=0.0176$，$C.R<0.1$，表明此矩阵的一致性可以接受。

平均行驶速度	现今运行线路	新三条线路不对外接驳	新三条线路对外接驳
现今运行线路	1	1/2	1/3
新三条线路不对外接驳	2	1	1/2
新三条线路对外接驳	3	2	1

$$\lambda_{\max}=3.0092, \boldsymbol{W}=\begin{bmatrix}0.1634\\0.2970\\0.5396\end{bmatrix}$$

其中，$C.R=0.0088$，$C.R<0.1$，表明此矩阵的一致性可以接受。

客运周转量	现今运行线路	新三条线路不对外接驳	新三条线路对外接驳
现今运行线路	1	1/3	1/4
新三条线路不对外接驳	3	1	1/2
新三条线路对外接驳	4	2	1

$$\lambda_{max}=3.0183, W=\begin{bmatrix}0.1220\\0.3196\\0.5584\end{bmatrix}$$

其中，$C.R=0.0176$，$C.R<0.1$，表明此矩阵的一致性可以接受。

线路负荷强度	现今运行线路	新三条线路不对外接驳	新三条线路对外接驳
现今运行线路	1	3	2
新三条线路不对外接驳	1/3	1	1/2
新三条线路对外接驳	1/2	2	1

$$\lambda_{max}=3.0092, W=\begin{bmatrix}0.5396\\0.1634\\0.2970\end{bmatrix}$$

其中，$C.R=0.0088$，$C.R<0.1$，表明此矩阵的一致性可以接受。

车头时距变异系数	现今运行线路	新三条线路不对外接驳	新三条线路对外接驳
现今运行线路	1	1/3	1/4
新三条线路不对外接驳	3	1	1/2
新三条线路对外接驳	4	2	1

$$\lambda_{max}=3.0183, W=\begin{bmatrix}0.1220\\0.3196\\0.5584\end{bmatrix}$$

其中，$C.R=0.0176$，$C.R<0.1$，表明此矩阵的一致性可以接受。

平均行车准点率	现今运行线路	新三条线路 不对外接驳	新三条线路 对外接驳
现今运行线路	1	1/3	2
新三条线路不对外接驳	3	1	5
新三条线路对外接驳	1/2	1/5	1

$$\lambda_{\max}=3.0037, W=\begin{bmatrix}0.2297\\0.6483\\0.1220\end{bmatrix}$$

其中，$C.R=0.0036$，$C.R<0.1$，表明此矩阵的一致性可以接受。

到站时刻偏离量	现今运行线路	新三条线路 不对外接驳	新三条线路 对外接驳
现今运行线路	1	1/2	1/4
新三条线路不对外接驳	2	1	1/2
新三条线路对外接驳	4	2	1

$$\lambda_{\max}=3, W=\begin{bmatrix}0.1429\\0.2857\\0.5714\end{bmatrix}$$

其中，$C.R=0$，$C.R<0.1$，表明此矩阵的一致性可以接受。

平均换乘系数	现今运行线路	新三条线路 不对外接驳	新三条线路 对外接驳
现今运行线路	1	1/3	1/6
新三条线路不对外接驳	3	1	1/3
新三条线路对外接驳	6	3	1

$$\lambda_{\max}=3.0183, W=\begin{bmatrix}0.0953\\0.2499\\0.6548\end{bmatrix}$$

其中，$C.R=0.0176$，$C.R<0.1$，表明此矩阵的一致性可以接受。

平均换乘时间	现今运行线路	新三条线路不对外接驳	新三条线路对外接驳
现今运行线路	1	1/3	1/6
新三条线路不对外接驳	3	1	1/3
新三条线路对外接驳	6	3	1

$$\lambda_{max}=3.0183, W=\begin{bmatrix}0.0953\\0.2499\\0.6548\end{bmatrix}$$

其中，$C.R=0.0176$，$C.R<0.1$，表明此矩阵的一致性可以接受。

信息平台手机端日点击量	现今运行线路	新三条线路不对外接驳	新三条线路对外接驳
现今运行线路	1	1/4	1/7
新三条线路不对外接驳	4	1	1/3
新三条线路对外接驳	7	3	1

$$\lambda_{max}=3.0324, W=\begin{bmatrix}0.0786\\0.2628\\0.6586\end{bmatrix}$$

其中，$C.R=0.0311$，$C.R<0.1$，表明此矩阵的一致性可以接受。

信息网站日浏览量	现今运行线路	新三条线路不对外接驳	新三条线路对外接驳
现今运行线路	1	1/4	1/7
新三条线路不对外接驳	4	1	1/3
新三条线路对外接驳	7	3	1

$$\lambda_{max}=3.0324, W=\begin{bmatrix}0.0786\\0.2628\\0.6586\end{bmatrix}$$

其中，$C.R=0.0311$，$C.R<0.1$，表明此矩阵的一致性可以接受。

平均出行时间	现今运行线路	新三条线路 不对外接驳	新三条线路 对外接驳
现今运行线路	1	1/3	1/6
新三条线路不对外接驳	3	1	1/3
新三条线路对外接驳	6	3	1

$$\lambda_{\max}=3.0183, W=\begin{bmatrix}0.0953\\0.2499\\0.6548\end{bmatrix}$$

其中，$C.R=0.0176$，$C.R<0.1$，表明此矩阵的一致性可以接受。

平均运送速度	现今运行线路	新三条线路 不对外接驳	新三条线路 对外接驳
现今运行线路	1	1/3	1/4
新三条线路不对外接驳	3	1	1/2
新三条线路对外接驳	4	2	1

$$\lambda_{\max}=3.0183, W=\begin{bmatrix}0.1220\\0.3196\\0.5584\end{bmatrix}$$

其中，$C.R=0.0176$，$C.R<0.1$，表明此矩阵的一致性可以接受。

平均候车时间	现今运行线路	新三条线路 不对外接驳	新三条线路 对外接驳
现今运行线路	1	1/4	1/5
新三条线路不对外接驳	4	1	1/2
新三条线路对外接驳	5	2	1

$$\lambda_{\max}=3.0246, W=\begin{bmatrix}0.0974\\0.3331\\0.5695\end{bmatrix}$$

其中，$C.R=0.0236$，$C.R<0.1$，表明此矩阵的一致性可以接受。

园区沿途观赏性	现今运行线路	新三条线路不对外接驳	新三条线路对外接驳
现今运行线路	1	1/3	1/3
新三条线路不对外接驳	3	1	1
新三条线路对外接驳	3	1	1

$$\lambda_{\max}=3, W=\begin{bmatrix}0.1429\\0.4286\\0.4286\end{bmatrix}$$

其中，$C.R=0$，$C.R<0.1$，表明此矩阵的一致性可以接受。

无线网络覆盖率	现今运行线路	新三条线路不对外接驳	新三条线路对外接驳
现今运行线路	1	1/4	1/4
新三条线路不对外接驳	4	1	1
新三条线路对外接驳	4	1	1

$$\lambda_{\max}=3, W=\begin{bmatrix}0.1111\\0.4444\\0.4444\end{bmatrix}$$

其中，$C.R=0$，$C.R<0.1$，表明此矩阵的一致性可以接受。

平均座位率	现今运行线路	新三条线路不对外接驳	新三条线路对外接驳
现今运行线路	1	1/3	1/4
新三条线路不对外接驳	3	1	1/2
新三条线路对外接驳	4	2	1

$$\lambda_{\max}=3.0183, W=\begin{bmatrix}0.1220\\0.3196\\0.5584\end{bmatrix}$$

其中，$C.R=0.0176$，$C.R<0.1$，表明此矩阵的一致性可以接受。

交通费率	现今运行线路	新三条线路不对外接驳	新三条线路对外接驳
现今运行线路	1	1/3	1/6
新三条线路不对外接驳	3	1	1/3
新三条线路对外接驳	6	3	1

$$\lambda_{\max}=3.0183, \boldsymbol{W}=\begin{bmatrix} 0.0953 \\ 0.2499 \\ 0.6548 \end{bmatrix}$$

其中，$C.R=0.0176$，$C.R<0.1$，表明此矩阵的一致性可以接受。

居民月乘微公交车次数	现今运行线路	新三条线路不对外接驳	新三条线路对外接驳
现今运行线路	1	1/3	1/6
新三条线路不对外接驳	3	1	1/3
新三条线路对外接驳	6	3	1

$$\lambda_{\max}=3.0183, \boldsymbol{W}=\begin{bmatrix} 0.0953 \\ 0.2499 \\ 0.6548 \end{bmatrix}$$

其中，$C.R=0.0176$，$C.R<0.1$，表明此矩阵的一致性可以接受。

(4) 新旧三个方案相对权重计算与决策

基于以上计算出的每组元素对其上一层某元素的权重向量，可计算方案层相对于目标层的权重，其计算公式如下。

假设 $w^{(k-1)}$ 为 $k-1$ 层上的元素相对于目标层的权重向量：

$$w^{(k-1)}=[w_1^{(k-1)},w_2^{(k-1)},\cdots,w_{n_{k-1}}^{(k-1)}]^{\mathrm{T}}$$

第 k 层上的 n_k 个元素对 $K-1$ 层上第 j 个元素为准则的排序权重向量设为：

$$\boldsymbol{p}_j^{(k)}=[p_{1j}^{(k)},p_{2j}^{(k)},\cdots,p_{n_kj}^{(k)}]^{\mathrm{T}}$$

其中不受 j 支配的元素的权重为零；令 $\boldsymbol{p}^{(k)}=[\boldsymbol{p}_1^{(k)},\boldsymbol{p}_2^{(k)},\cdots,\boldsymbol{p}_{n_{k-1}}^{(k)}]^{\mathrm{T}}$，则第 k 层元素对总目标的合成权重向量 $w^{(k)}$ 为：

$$w^{(k)}=\left[w_1^{(k)}, w_2^{(k)}, \cdots, w_{n_k}^{(k)}\right]^{\mathrm{T}}=p^{(k)} w^{(k-1)}$$

利用 MATLAB 编程对各层相对权重进行计算，可获得新旧三个线路方案相对于目标最优校园微公交系统方案的权重为：

$$W = \begin{bmatrix} 0.1039 \\ 0.3005 \\ 0.5957 \end{bmatrix}$$

由此可看出，方案三（含对外接驳的新线路）为最优校园微公交方案。

(5) 评价结果分析

运用已建立的评价指标体系，通过采用层次分析法，经过构造各层次间的判断矩阵，实现了对三个方案的评价分析，并最终得出含对外接驳的新线路为最优校园微公交系统的结论。

由评价分析结果可以看到，相对于清华大学原有的微公交旧线路，两个新方案由于都采用电动公交车代替了传统的燃油公交车，且车辆数量增加，线路更加丰富，站点设计更加合理，使得系统在微公交设施合理性、对乘客出行行为的影响和微公交与环境协调性三个方面都有了很大的提高，这也是两个新方案较旧线路评价分析结果较高的原因。在方案二和方案三之间，由于方案二只包含日常运行的微公交线路，而方案三提出了暑期公交线路和地铁接驳线路，使得方案三在微公交设施合理性、微公交对乘客出行行为的影响和微公交与环境协调性三方面上比方案二又有了提高。设立接驳线路可使在校园生活和工作的人群出行更加方便，增加了公交运营的收益；乘客年乘坐公交车次数可以增加，且可减少园区人群的出行成本，有效减轻环境污染。

当然，需要引起设计者注意的是，虽然方案三中校园微公交系统增加了与校外城市主公交系统的接驳，但校园微公交开出校园也将遇到相应的困难。因为校园微公交开出校园必须满足城市公交运行的一系列规范和要求，将涉及主公交系统附近的停靠、高峰期公交专用道使用权限、公交车运营许可与管理以及校园安全等问题，这些都需要研究者在政策与管理方面进行深入的研究和探索。

第 9 章
微公交系统政策建议

园区微公交系统的建设系统性强、涉及的关键技术多、集成度高，为使各级政府能够加速园区微公交系统的建设与推广，本章将从系统规划、建设、运营、管理和服务等层面，提供必要的相关政策建议。

9.1 系统规划建议

9.1.1 园区微公交标准规划

园区微公交系统既是解决园区出行"最后一公里"的有效途径，也是城市交通系统的重要组成部分。为了更好地发挥园区微公交在城市交通系统中的作用，园区微公交系统的建设标准需要规范。首先，园区微公交系统的技术标准需要规范。园区应采用可兼容交互的技术标准，既方便不同园区微公交系统的建设和维护，也方便建立统一的技术平台和信息发布平台，提高技术支持和服务水平。其次，园区微公交系统的建设规格标准需要规范。对于不同类型的园区，按照面积大小、人口密度、出行需求等，提供不同的微公交建设规格与规范，可有效提高园区微公交系统的效率。

具体而言，基于园区的功能类型、规模大小、交通出行需求、道路交通状况，以安全、便捷、舒适、经济、环保作为优化目标，分析园区微公交系统的优化目标；采用仿真实验及实证研究分析微公交系统的不同规模、不同运营模式对优化目标的影响。为便于确定不同园区的微公交建设规模、运营方式等，需统筹规划与设计全市园区微公交系统的建设标准。图 9-1 是园区微公交系统优化目标的分析示意图，描述了园区微公交系统标准规划同系统建设的输入条

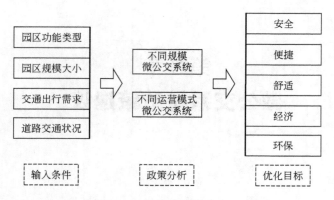

图 9-1　园区微公交系统优化分析示意图

件和优化目标之间的关系。

9.1.2　园区微公交系统规划

园区微公交系统规划对于实现安全性、经济性、合理性、高效性和可靠性十分重要。公交规划一直是交通领域的重要研究课题，海内外有很多学者对该领域问题进行过系统的研究。相对于较成熟的公交规划，园区微公交系统的规划还是一个有待研究的新领域。根据清华大学校园电动微公交系统的研究和建设经验，园区微公交系统的规划涉及需求分析、线路规划、站点设计等，每个环节都可以根据深入的研究选取科学的方法指导园区微公交系统的规划设计，保证系统建设的有效性。图 9-2 给出了园区微公交系统站点布设与线路规划方案的设计示意，它将系统规划分为四部分：园区与周边交通枢纽道路渠化信息调研、园区与周边交通枢纽人群分类、园区与周边交通枢纽出行时空特征分析以及园区与周边交通枢纽出行偏好分析。

针对园区与周边地区的道路渠化信息进行调研，确定以园区为主体、辐射周边主要公交站、地铁站等主要交通枢纽的综合园区路网拓扑结构信息；采用问卷调查、视频监测及路侧传感器等方法或设备对各类人群的出行需求、出行过程的相关信息进行感知，进一步处理获取各类人群出行过程的时间及空间分布特征，统计确定客流集散中心及主要通行路径，从而对园区微公交站点分布进行规划与布设。

结合主体服务对象的出行偏好和管理者需求，如出行时间最短、旅途观赏性最佳、出行过程舒适度最高、车辆能耗最低等，对车辆行驶于园区内不同路

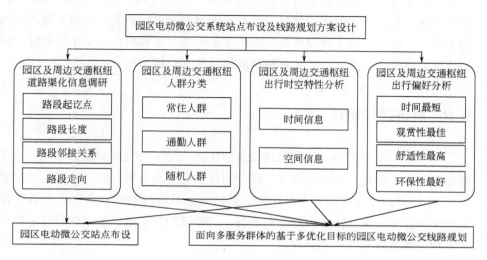

图 9-2　园区微公交系统站点布设与线路规划方案设计

径上的上述指标进行评估，确定面向不同服务群体的、以不同优化指标为目标的车辆运行线路，最终形成面向多用户群体的、基于多优化目标的园区微公交站点布设与线路规划方案。

9.1.3　园区微公交形态规划

园区微公交形态对于微公交系统功能的发挥具有重要影响，是城市交通形态的重要组成部分。考虑到园区微公交的社会属性，建议逐步开放园区，打开城墙，打破园区的封闭性。园区微公交系统可以引入园区，小的园区不一定要单独建设自己的微公交体系，可以允许干路公交、相邻园区微公交进入园区；同样，园区微公交系统也可以向外延伸，延伸到园区外的地铁站点、公交站点，真正解决大型城市"最后一公里"的出行问题。

2012 年北京市政规划部门就已经对"大院"造成拥堵的问题进行过较为深入的调研，在改善城市道路的报告中提出：由于"历史形成的单位大院和规模较大的居住区对道路系统的割裂和阻断等原因"，"本市路网系统先天不足、密度较低"。不少园区通往多方向的大门，会因为"方便管理"而堵上，以节省成本的简单操作来保证治安安全，降低了市政道路的连通性，减小了城市交通网络对拥堵的适用能力，加重了城市道路交通拥堵。打开封闭区域有助于缓解城市拥堵，同时也要防止造成新的断头路、形成新堵点。

园区微公交系统建设是打开园区的好契机。建设园区微公交系统的同时，根据园区与周边路网的连接情况，以及园区用户的出行需求，将园区微公交延伸至园区之外，与城市公交衔接，走出围墙，真正实现城市公交系统的统一规划建设，将极大地提升城市交通路网的连通性和抗拥堵性。

9.2 系统建设建议

园区微公交系统固定设施的建设是园区微公交系统发挥功能的基础。建议要做好"两个网络"的优化设计，即"园区微公交充电网"和"园区微公交数据网"，并且建立完善的管理系统和体系，对运营进行监视和管理。前者可保证电动微公交系统在园区内的顺利运行，后者则构成了园区电动微公交系统运营管理和增值服务的物理基础。

9.2.1 园区微公交充电网建设

园区微公交充电网包括电动微公交在园区内可停放的车位、相应的充电线路和充电桩的布设等。首先，充电网的规划需要考虑微公交系统的需求，即微公交的投放数量、规划得到的公交站点和公交线路；其次，需要结合园区内已有的停车设施，包括大规模停车场以及分布在路侧、楼前的小规模停车位，同时还需考虑园区内既有的输电网络；再次，需要针对微公交调度的便捷性、占用车位的成本、充电装置在园区内的分布性以及输电线路的改造成本，构建优化模型；最后，需要给出一套微公交停车以及充电桩布设的方案，包括总站和停靠站，哪些停车位有充电桩、哪些停车位仅用于停泊等。在园区停车、充电网布设方案确定后，还需在充电设施上加装监控和管理模块，以监视充电设备的运行健康和充电状况，以及管理充电桩的开关等；在系统建设后期还应该实现这些模块的集成，以实现对整个充电网的实时监控和远程管理。

9.2.2 园区微公交数据网建设

园区微公交系统数据网主要由分布在公交车内和园区路侧的5大类设备组成。图9-3给出了园区微公交系统数据网设备的组成示意，这些设备分别负责相应范围内的数据感知、数据传输和数据发布。因此，园区微公交数据网是整

第9章 微公交系统政策建议

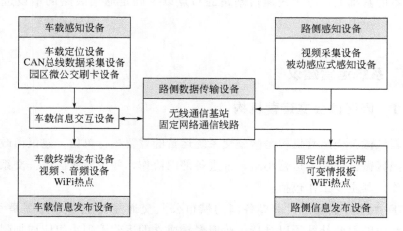

图 9-3　园区微公交系统数据网设备组成

个系统运营管理和提供增值服务的重要基础。

① 车载感知设备。车载定位装置实时采集车辆的运行位置，CAN 总线数据采集设备实时获取车辆的运行速度、剩余电量和健康信息，刷卡设备记录乘客的上下车信息。根据系统的运营和服务需求可以确定设备的具体技术参数和布设规范，从而形成系统而成熟的技术标准。

② 车载信息发布设备。微公交各种信息的发布主要由车载终端设备、音视频设备完成。前者主要针对司机发布一些安全和调度信息等，而后者则主要面向乘客发布一些出行信息、增值服务信息等。此外，车内还应提供 WiFi 热点，供乘客在途接入使用。

③ 路侧感知设备。通常路侧感知设备主要包括视频采集设备和被动式的感应设备。根据园区内微公交线路的发布情况，可对这些采集设备的布设进行优化设计，并根据系统建设需求，优化信息有效性和精确性，增大覆盖密度，减少布设成本，从而形成相关设备的技术指标与布设方案。

④ 路侧信息发布设备。路侧的信息发布设备主要由固定信息指示牌与可变情报板组成，显示园区内的交通安全警示和出行辅助信息。基于园区交通出行行为分析，可根据具体场景的需求和特点，有针对性地选择布设固定信息指示牌或可变情报板，并对其布设地点和显示内容进行优化。同时，也可在部分路侧布设 WiFi 热点，如微公交站点。

⑤ 路侧数据传输设备。结合园区内已有的固定或无线通信网络，对微公交系统的数据上下行传输线路进行优化设计，在保证网络覆盖、传输质量和建

设成本的基础上，对无线通信基站的布点以及固定通信线路的增设进行综合优化。

9.3 系统运营建议

9.3.1 园区微公交运营机构

园区微公交运营机构是微公交系统运营的重要执行单位，建议由政府牵头成立园区微公交系统运营小组，推进各部门协作，并统筹园区微公交系统的运营工作。其主要工作包括：

① 加强资金运营。世界各国的城市公共交通经营绝大部分都是亏损的，需要政府的财政补贴予以维持，政府牵头成立的运营管理小组应该加强对园区微公交系统的成本控制，增加收入，实现"开源节流"。在"节流"方面，建设过程中在满足性能要求的前提下，应提高机电设备的国产化率，减少进口设备的高费用支出，并积极采用新工艺、新技术，降低园区微公交系统的造价；采用高效的运营设备，提高运营效率，降低运营成本。在"开源"方面，主要体现在运营收入和资源开发业务收入上，应借鉴香港"以业养公"的模式，对微公交附属资源进行大力开发，加强广告、通信、商贸等核心业务的开发经营，并由此带动园区经济；适当增加票务收入，使运营与资源开发形成良性循环。

② 加强人员运营。政府应有计划的储备园区微公交运营的相关人才，建设人才梯队，逐步提高运营管理水平，并保持政策的稳定性；同时，加强对园区相关人才引进的指导和支持，为科学有效地运营微公交系统提供人才保障；此外，加强对工作人员的绩效管理，定期评估园区微公交系统的运行情况，并以此为基础对工作人员进行绩效考核，不断提高微公交系统的运行质量。

③ 加强车辆运营。政府应对统一采购的园区微公交车辆实行全生命周期管理。车辆的全生命周期管理包括车辆基本信息的维护，车辆保养维护计划的生成与管理，车辆维修管理和车辆报废管理等。由于不同生命周期阶段的车辆会产生大量的数据和信息，而这些数据和信息一般又都来自不同的信息系统，在物理上都是分布存储的，因而会造成数据在各部门之间的流通存在困难，也会对后期的数据分析带来不便。所以对车辆全生命周期管理的核心是对不同阶段产生的各种数据实施有效管理。

9.3.2 园区微公交运营模式

园区微公交系统是城市公交系统的有机组成部分，具有很强的社会性和公益性，因此，引入社会力量建设灵活的园区微公交系统运营模式能够有效提高微公交的社会效益。

① 管理层引入社会力量。管理层引入包括专家教授、公益组织等社会力量，群策群力，让社会力量发挥作用做出贡献，一方面能够提高管理决策的有效性，另一方面也能够提高信息的透明度。

② 运营层引入社会力量。面向社会公开招募志愿者提供园区微公交系统的运营服务，包括和相关的公益组织合作，如服务老幼残病群体志愿者、退休职工志愿者等，既可以提高微公交系统人性化服务的比例，又可以降低运营成本。

③ 监管层引入社会力量。鼓励社会力量对园区微公交系统的运营进行监管，对于服务质量不好、线网设计不合理、票务管理不善等问题进行监管和反馈，帮助园区微公交管理机构全面了解系统的运行状态，为提高微公交系统的整体水平提供基础。

9.4 系统管理建议

园区电动微公交系统的管理是发挥微公交系统功能的重要保障。建议建立统一的管理平台，整合感知的各类交通状态信息，实现园区微公交系统的优化调度和智能维护；同时通过移动终端APP、手机短信、可变情报板、网站等多种发布渠道提供包括基础出行信息和本地生活信息在内的信息服务。针对园区电动微公交系统的运营管理需求，采用车联网、云计算及大数据分析等技术，开发集安全辅助驾驶、实时监控、车辆调度、运营管理、客流分析、紧急报警、救援处置等管理为一体，且融合GIS地理信息系统的运营管理与信息服务平台。

9.4.1 园区微公交管理水平

在提高微公交系统的实时管理水平方面，应通过对车载传感器和路侧传感器感知获取的信息进行分析，实时监测微公交车辆的位置和运行状态信息、各站点排队人数、停车场车位信息、充电桩占用信息、信息感知和信息发布等设备的工作状态信息，全面了解园区内整个微公交系统的工作状态。结合实时车辆运行信息，自动完善车辆运营调度表，当各站点排队人数过多时通过平台向调度人员发出预警，由平台自动生成或调度人员手动增加新的调度方案；当园区系统如任一设备工作状态发生异常时，平台可向管理员发出故障预警并自动生成故障信息，对设备进行维护后由管理员手动补充设备维护信息；在设备维护次数过多时平台可自动生成设备老化预警，提示管理员及时更换设备。

9.4.2 园区微公交技术水平

依托大数据技术可有效提高微公交系统的管理水平。根据园区微公交的应用特点和数据安全需求，构建满足数据实时存储和调用的数据库模型和安全防护机制；建立具备数据独立性、完整性的园区电动微公交运营管理数据库存储体系，建立数据在多应用平台间交换的安全机制和数据传输控制策略；建立数据库备份、异地存储、定期维护、数据恢复等数据存储安全机制；建立园区电动微公交的大数据存储平台，具备三年以上的应用数据存储能力。采用多种数据分析处理技术，结合园区电动微公交运营特征，进行统计分析指标研究，逐步探索建立标准化统计分析指标参数，从车辆工况、行驶路线、调度班次、客流分布、电动车能耗、充电时间分布等多个纬度，形成园区电动微公交运营管理、服务的参数指标体系，用于有效支撑园区电动微公交系统的运营。

9.5 系统服务建议

9.5.1 园区微公交信息发布服务

通过可变情报板、网站等渠道可提供基本出行信息发布。通过移动终端APP、手机短信等方式可向用户提供园区地理信息、公交出行信息、路径导航、安全提示等基础出行信息和景点介绍、餐饮住宿、休闲购物、银行网点查询等本地生活信息，有效实现微公交运营信息发布、管理信息推送、服务信息定制、线路信息定制、相关景点介绍、餐饮服务预订等个性化信息服务。

以旅游园区为例，在信息服务云端可存储园区内各景点的相关信息、景点间的路径信息以及园区内和园区周边的风景区、交通枢纽、餐饮住宿等信息。

当用户进入园区后，可根据用户的手机定位信息获取实时位置，免费提供其所在位置附近的景点介绍、微公交到达附近站点的时间预测信息和路径信息等，并可根据用户请求检索园区内及园区周边的交通枢纽、交通方式以及餐饮住宿信息等。图 9-4 描述的就是园区微公交系统信息服务的示意图。

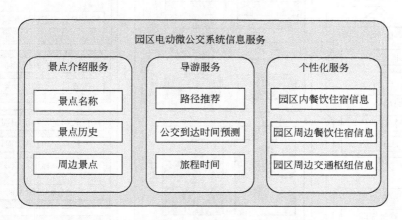

图 9-4　园区微公交系统信息服务示意图

9.5.2　园区微公交安全辅助服务

对于园区交通而言，出行安全是最重要、最基本的因素。园区内交通流状况复杂，步行和骑车出行在园区内居民的出行方式选择中仍占有相当重要的地位，机动车和非机动车交叉混行，具有较大的安全隐患。因此，园区微公交系统应注重在行驶过程中对行驶路线及其附近周边的行人和非机动车的安全状态进行识别和判断，从而采取相应的措施来确保其安全行驶，同时为公众提供出行安全辅助信息服务。

如图 9-5 所示，园区微公交安全辅助服务系统的建设应开发安全辅助路侧系统，通过路口摄像头等传感器提供的数据准确识别周边车辆、行人并获取位置、速度等信息，通过车车、车路相关信息识别潜在冲突，完成向微公交车辆的预警，实现冲突消解。具体而言，要利用路侧摄像头采集的实时视频数据为源数据，对图像进行目标提取和分割并提取目标特征，对可能发生的威胁安全事件类型进行判断，进而对事件进行正确的分类，并对危险事件进行报警，把报警信息传送给途经的微公交车辆。

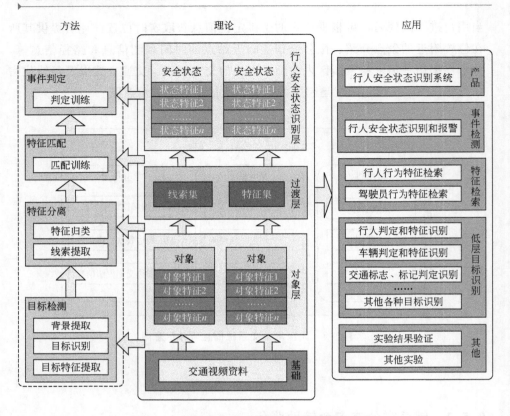

图 9-5　园区微公交系统的安全辅助服务系统

9.5.3　园区微公交智慧出行服务

园区应建立如图 9-6 所示的智慧出行服务系统。基于微公交系统收集到的出行数据进行分析，结合出行者个人出行偏好和公众群体出行需求的变化规律、园区停车场车位的变化规律，实现个性化信息推送服务，包括考虑出行时间、距离、费用、舒适性等多目标的微公交出行方案优化、定制化微公交出行服务、微公交运营查询和推送服务等，从而有效降低整个园区的出行成本，大幅提升园区微公交资源的利用和运行效率。

利用园区微公交系统中建设的"园区微公交数据网"，感知微公交的车辆运行信息、线路信息、安全信息、调度信息，同时将园区内基于位置的各类服务信息，包含楼宇办公信息、停车服务信息等纳入该数据网，打造园区微公交智慧出行信息平台。

第 9 章 微公交系统政策建议

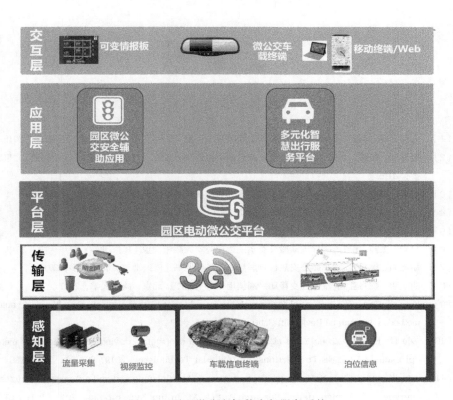

图 9-6 园区微公交智慧出行服务系统

参考文献

[1] 张毅, 姚丹亚. 基于车路协同的智能交通系统体系框架 [M]. 北京: 电子工业出版社, 2015.

[2] 金勤献, 张毅, 姚丹亚, 等. 绿色校园微循环电动车示范: 项目实施方案 [R]. 北京: 北京市科委, 2015.

[3] 张毅, 李力. 清华大学校园微公交系统规划方案研究 [R]. 北京: 清华大学, 2017.

[4] 裴欣, 姚丹亚. 基于车路协同的安全分析 [R]. 北京: 清华大学, 2017.

[5] 胡坚明, 张毅. 清华大学校园微公交评价指标与体系 [R]. 北京: 清华大学, 2017.

[6] 封硕, 张毅. 北京市园区电动微公交系统建设与实施政策建议 [R]. 北京: 清华大学, 2017.

[7] 胡坚明, 姚丹亚. 清华微公交后台管理系统使用说明书 [R]. 北京: 清华大学, 2017.

[8] 胡坚明, 姚丹亚. 清华微公交移动终端使用说明书 [R]. 北京: 清华大学, 2017.

[9] Feng S, Zhang Y, Li S, et al. String stability for vehicular platoon control: Definitions and analysis methods [J]. Annual Review in Control, 2019, 47: 81-97.

[10] Xu H, Feng S, Zhang Y, et al. A grouping based cooperative driving strategy for cavs merging problems [J]. IEEE Transactions on Vehicular Technology, 2019, 68 (6): 6125-6136.

[11] Guo Q, Li L, Ban X. Urban traffic signal control with connected and automated vehicles: A survey [J]. Transportation Research Part C: Emerging Technologies, 2019, 101: 313-334.

[12] Ding J, Peng H, Zhang Y, et al. Penetration effect of connected and automated vehicles on cooperative on ramp merging [J]. IET Intelligent Transport Systems, 2019.

[13] Shi M, Zhang Y, Yao D, et al. Application-oriented performance comparison of 802.11 p and LTE-V in a V2V communication system [J]. Tsinghua Science and Technology, 2019, 24 (2): 123-133.

[14] Feng S, Wang X, Sun W, et al. A better understanding of long-range temporal dependence of traffic flow time series [J]. Physica A-Statistical Mechanics and Its Applications, 2018, 492: 639-650.

[15] Li W, Wu G, Zhang Y, et al. Safety analysis of the eco-approach and departure application at a signalized corridor [J]. Tsinghua Science and Technology, 2018, 23 (2): 157-171.

[16] Ding J, Zhang Y, Li L. Accessibility measure of bus transit networks [J]. IET Intelligent Transport Systems, 2018, 12 (7): 682-688.

[17] Wang D, Pei X, Li L, et al. Risky driver recognition based on vehicle speed time series [J]. IEEE Transactions on Human-Machine Systems, 2018, 48 (1): 63-71.

[18] Sun C, Pei X, Hao J, et al. Role of road network features in the evaluation of incident impacts on urban traffic mobility [J]. Transportation Research Part B, 2018, 117: 101-116.

[19] Ding J, Feng S, Li L, et al. Campus bus network design and evaluation based on the route property [J]. Tsinghua Science and Technology, 2017, 22(5): 539-550.

[20] Wang X, Hu J, Liang W, et al. Short-term travel flow prediction method based on FCM-clustering and ELM [J]. Journal of Central South University, 2017, 24(6): 1344-1350.

[21] Chen H, Feng S, Pei X, et al. Dangerous Driving Behavior Recognition and Prevention Based on Autoregressive Time Series Model [J]. Tsinghua Science and Technology, 2017, 22(6): 682-690.

[22] Zhao Y, Liang Y, Hu J, et al. Traffic Signal Control for Isolated Intersection Based on Co-ordination Game and Pareto Efficiency [C]. 2019 IEEE Intelligent Transporttion Systems Conference (ITSC), 2019: 3508-3513.

[23] Hou K, Hu J, Zhang Y. On-Road i-Vics Management for Blockage of Abreast Low Speed Vehicles Near Signalized Intersections [C]. IEEE Intelligent Vehicles Symposium, 2018: 1509-1514.

[24] Gui Z, Chen H, Yang Z, et al. Driving Risk Evaluation Based on Multidimensional Data [C]. Intelligence, Connectivity and Mobility -Proceedings of the 18th COTA International Conference of Transportation Professionals, 2018: 1957-1966.

[25] Feng S, Ding J, Liu S, et al. A Cooperative Intersection Control for Automated Vehicles [C]. IEEE International Conference on Intelligent Transportation Systems (ITSC), 2017.

[26] Chen X, Yao D. An Empirically Comparative Analysis of 802.11 n and 802.11 p Performances in CVIS [C]. IEEE 12th International Conference on ITS Telecommunications, 2012: 848-851.

[27] Chen X, Li H, Yang C, et al. An Empirical Analysis of V2I Communication in Vehicular Ad-Hoc Network Based on IEEE 802.11n [C]. 19th ITS World Congress, 2012.

[28] Chen X, Yao D, Zhang Y, et al. Design and Implementation of Cooperative Vehicle and Infrastructure System Based on IEEE 802.11n [J]. Transportation Research Record: Journal of the Transportation Research Board, 2011, 2243(1): 158-166.

[29] "中国智能运输系统框架"专题组. 中国智能运输系统体系框架 [M]. 北京: 人民交通出版社, 2002.

[30] 王笑京. 转变发展方式自主发展中国智能交通系统 [J]. 城市交通, 2011(6).

[31] Washington, DC: ITS Joint Program Office US Department of Transportation. Vehicle Infrastructure Integration: VII [R]. (2008-04).

[32] Amanna A. Overview of IntelliDrive/Vehicle Infrastructure Integration (VII) [J]. VriginiaTech Transportation Institute, 2009.

[33] 陈超, 吕植勇, 付珊珊, 等. 国内外车路协同系统发展现状综述 [J]. 交通信息与安全, 2011, 29(1): 102-105.

[34] 美国运输部. 智能交通系统战略研究计划: 2010-2014 [EB/OL]. (2010). http://www.its.dot.gov/strategic_plan2010_2014/.

[35] 美国运输部. 车联网 (Connected Vehicle) 研究 [EB/OL]. http://www.its.dot.gov/connected_vehicle/connected_vehicle.htm.

[36] 日本国土交通省. 智能交通系统研究 [EB/OL]. http://www.mlit.go.jp/road/ITS/.

[37] An S, Lee B H, Shin D R. A Survey of Intelligent Transportation Systems [C]. IEEE, Third International Conference on Computational Intelligence, Communication Systems and Networks, 2011: 332-337.

[38] Yamamoto S, Mizutani K, Seto M. AICHI DSSS (Driving safety support system) Field Verification Test [C]. Proc. 13th World Congress on Intelligent Transport Systems, 2006 (1125).

[39] 李宏海, 刘冬梅, 王晶. 日本 VICS 系统的发展介绍 [J]. 交通标准化, 2011 (15): 107-113.

[40] Toulminet G, Boussuge J, Laurgeau C. Comparative Synthesis of the 3 Main European Projects Dealing with Cooperative Systems (CVIS, SAFESPOT and COOPERS) and Description of COOPERS Demonstration Site 4 [C]. IEEE, 11th International Conference on Intelligent Transportation Systems, 2008: 809-814.

[41] Stahlmann R, Festag A, Tomatis A, et al. Starting European Field Tests for Car-2-X Communication: The DRIVE C2X Framework [C]. Proceedings 18th ITS World Congress and Exhibition, 2011.

[42] 交通部. 国家道路交通安全科技行动计划 [EB/OL]. (2008). http://www.most.gov.cn/fggw/zfwj/zfwj2008/200804/t20080418_60847.htm.

[43] 国务院. "十三五"现代综合交通运输体系发展规划 [R]. 2015.

[44] 国务院. 交通强国建设纲要 [R]. 2019.

[45] 北京交通发展研究院. 北京交通发展年度报告: 2015—2019 [R].